逸脱する百姓

菅野八郎からみる一九世紀の社会

須田 努 編

東京堂出版

目次

Ⅲ　史　料

Ⅰ 総論

菅野八郎のクロッキー

須田　努

はじめに

本書は菅野八郎という豪農でも、地方文人[1]でもない小前百姓の青年期から晩年までの活動を分析することから、一九世紀の社会・文化の様相をも考察するものである。

宮負定雄や根岸友山（後述）という、地域社会において政治・経済及び、文化的に屹立した豪農・地方文人などを対象とした人物研究は数多く存在している。しかし、同じ百姓身分であっても、彼らより経済的下位、政治・社会的劣位に位置づけられる階層＝小前百姓を扱ったまとまった研究は深谷克己『八右衛門・兵助・伴助』（朝日新聞社、一九七八年）、『南部百姓命助の生涯』（朝日新聞社、一九八三年）しかない。

本書は六人のメンバーによる六年間にわたる共同研究の成果である。わたしたちの共同研究は、一九世紀に生きた陸奥国信達郡金原田村出身の菅野八郎という小前百姓の活動を、生産・生活・文化・社会から多面的に解析したものとなっている。

菅野八郎は民衆史・民衆思想史の研究領域ではよく知られ、引用される〝有名人〟である。共同研究発足当初は、菅野八郎という〝有名人〟を今さら素材にしても、既存の研究に屋根を重ねるしかないのでは、あるいは、菅野八郎という小前百姓は共同研究の素材たりえないのではないか、といった危惧があった。しかし、養蚕製糸地域の特性（阿部論文）、家意識・身上がり願望（早田論文）、夷狄意識・救世主願望（檜皮論文）、技術と風雅伝播（杉論文）、思想の非一貫性と陰陽説受容（佐野論文）、地域社会と情報（水村論文）などといった多角的な切り口からの実証的研究はない、という自負もあった。わたしたちの共同研究は、先行研究の論点を新たな史料によって演繹していくという方法はとっていないことも付言しておきたい。

民衆史・民衆思想史の研究領域では、一九世紀に入ると、活動領域を広げ、さまざまな世間知を身につけ、幕藩領主にも抵抗していく「強か者」とよばれるタイプの百姓が出現し、実践行為を展開した、と理解されている[(2)]。先行研究が「強か者」として類型化した人物の多くは、三浦命助（後述）のように、百姓一揆の頭取として捕縛され、刑死していった者たちであった。これは一八世紀には見られない様相であり、「強か者」という存在から、一九世紀の在地社会を理解することは魅力的である。彼らは「小ざかしく口きく」百姓一揆の頭取として覚悟を決めて死んでいったがゆえに「強か者」なのである[(3)]。

わたしたちの試みは、天寿を全うできた菅野八郎の生涯を、青年期から晩年までトレースすることによって、一九世紀に生きた小前百姓の思想・心性の変容をつかみ出し、彼が生きた社会を考察することにある。

わたしたちは、菅野八郎を「逸脱する百姓」と表象した。八郎は、自らを「よのつねのものにあらず」と表現していた[(4)]。確かに八郎は、幕末のある時期、他者からはみれば逸脱した存在であった。

鯨井千佐登は、菅野八郎を「律儀百姓の範疇から大きく逸脱した人物」としてとらえたが（後述）、わたしたちは「逸脱する百姓」という表現に次の二点の意味を込めた。①八郎は逸脱したが、百姓存在であり続けた。②時代と社会が変われれば、八郎の思想・心性も変容していく。「逸脱する百姓」八郎はつねに行動していた。

わたしたちは、八郎の在所である福島県伊達市はもとより、八丈島での現地調査も行った。その成果から、「変革者」「農民思想家」という一面からだけ、一方的に解釈されてきた菅野八郎とは、実は魅力あふれる球体であることがわかってきた。彼にはさまざまな角度から光を当てることが可能なのである。共同研究当初の危惧は、研究の進展とともに消えていった。

本書はⅢ部構成となっている。Ⅰ部は総論として須田が担当し、Ⅱ部で展開されている各論へのつなぎ役として、八郎の生きた時代の政治情勢と、彼を取り巻く人びと、そして彼の実践行為を通年的に論じてみた。Ⅱ部の各論は、菅野八郎の存在をローカルなものにとどめず、彼を通じて一九世紀の社会と文化を考えるものとなっている。阿部俊夫・早田旅人・檜皮瑞樹・杉仁・佐野智規・水村暁人の論文は、それぞれ読み応えある実証論文となっている。Ⅰ部とⅡ部をあわせることによって、「逸脱する百姓」菅野八郎の具体像と、一九世紀の社会と文化の諸相が理解できるように編集した。

共同研究の進展と議論のなかで、わたしたちの八郎に対するイメージは、おおかた一定の方向にまとまっていった。ただ、各自が到達した一九世紀像はさまざまであり、共同研究ではあっても、これを一定方向に調整することはしなかった。

Ⅲ部では、従来活字として紹介されていない八郎に関係する史料を掲載した。それぞれに簡単な解説をいれてある。参照していただければ幸いである。

1、研究史整理

菅野八郎を直接あつかった研究のうち、庄司吉之助・鯨井千佐登・布川清司の研究を紹介していおきたい。Ⅱ部の各論では、それぞれ論者の問題関心から、三人の研究に触れ、また他の先行研究にも言及している。

庄司吉之助の研究

庄司吉之助は一九五〇年代の「戦後歴史学」形成期に活躍した歴史家であった。一九五〇年六月に朝鮮戦争が勃発、五一年には、サンフランシスコ平和条約・日米安全保障条約が締結され、朝鮮戦争による特需景気をきっかけに日本経済は復興し、政治は「逆コース」の時代となった。マルクス主義歴史学を中核にすえた「戦後歴史学」というデシィプリンは、「逆コース」への対抗を意識し、日米安保条約の存在による対米従属を民族の危機ととらえ、日本共産党の影響の下、石母田正らのリードにより国民的歴史学運動を展開した。そして、国民的歴史学運動に対する共感、あるいは批判を含みながら、階級闘争史研究が盛んになり、林基・堀江英一の研究が生まれ(5)、地域密着型の百姓一揆研究者として庄司吉之助が登場した(6)。

庄司の菅野八郎に関する最初の著作は、一九五六年の『世直し一揆の研究』であった(7)。庄司は「第一節　問題の所在」で、堀江英一『明治維新の社会構造』(有斐閣、一九五四年)、林基『百姓一揆の伝統』(新評論、一九五五年)に触れつつ、政治・経済と連動させた両人の「世直し一揆」研究を評価した。ただし、庄司の研究の立場は、福島県の信達・会津両地域での実証研究から、「世直し一揆」の発生の地域的分布と、その目標・実践を明確にする、というものであった。「第十節　世直し始末と小作運動」では、慶応二年信達地方の世直し騒動に触れ、この世直し騒動の指導者は菅野八郎であるとしている(後述)。

一九七〇年、庄司は菅野八郎関係史料を『民衆運動の思想』（岩波書店）で取り上げ、「いつでも実践と結びついていた八郎の「思想は進化する」とのべている。このように、庄司の菅野八郎評価は、一九五〇年代当時の政治・社会状況を強く意識したものであり、一九世紀に生きた百姓の実践を変革に帰結させよう、という百姓一揆研究のテーゼを演繹したものとなっていた。

日本近世を対象とした民衆史・百姓一揆研究の領域において、菅野八郎を〝有名人〟としたのは庄司であった。現在でも、東北地域の幕末状況を語る場面や、梅辻規清を分析する際に、菅野八郎は脇役として登場している。その場合、八郎は〝有名人〟であるがゆえに、もはや分析されることなく「最良の民衆思想家(8)」、「農民運動家(9)」として語り続けられているのである。

鯨井千佐登の研究

鯨井千佐登は、善＝孝と信とをキーワードとして、八郎の思想を分析し、「自分の家の命運やその幸福を問題にすることによって既存の幕藩制的秩序の枠組から逸脱して行ったわけでは必ずしもない」と論じた。鯨井は、八郎の内面を深くえぐりだすことに成功した（「幕末の民衆思想」『歴史』六五号、一九八五年）。ただ残念ながら、八郎の実践行為や心性を、年次をおって追いかけたわけではないので、静態的な解釈となっている。また、「日常的抵抗者」という規定は、「日常」よりも「抵抗」に重点をおいたものとなっており、その結果、八郎の行動をあまりにも政治的にとらえ「外圧に深刻な危機感を抱き、それだけに中央政局の動向にも強い関心を示」していたという解釈となっている。八郎の実践行為を「日常」＝八郎が生きた百姓的世界から問い直す必要があるのではなかろうか。

布川清司の研究

近世民衆思想史を専門とする布川清司には、一九七〇年代以降『農民騒擾の思想史的研究』

（未来社、一九七〇年）、『近世町人思想史研究』（吉川弘文館、一九八三年）などの研究があり、八郎に関しては、『近世日本民衆思想史料集』（明石書店、二〇〇〇年）で、庄司が扱わなかった史料を公開し、解説を行っている。たとえば「八『判断夢ノ真暗』」の解説では、八郎の心性に触れ、以下のように論じている。

弱気な心の内を正直にさらけ出している点である。これら人間的・民衆的な部分はさきの『日本思想大系五八』ではすべて集録されていない。つねに自分の生命を省りみず、正義のために活躍した八郎にふさわしくないと意図的に忌避されたのであろう。

右は明らかに庄司批判である。「人間的・民衆的」な八郎像にこだわる布川であるが、八郎関係史料の解説では、八丈島における「利右衛門騒動」を「流人一揆」とし「一揆をおこした流人がつぎつぎと捕われ、島の法といわれる干殺しで殺されていくのは残酷である」とするなど、精密さにかけると言わざるを得ない情動的記述が散見しており、八郎を取り巻く状況に対する分析には疑問点が残る。

われわれは、史料調査と巡見踏査を行い、その成果に基づき、原史料に依拠して共同研究を進めていった。ところが、本書を執筆する段階で問題が発生した。先述したように庄司吉之助・布川清司が、菅野八郎に関する史料を、活字史料集として公刊しているが、両者ともに、史料に独自のタイトルを付与しているため、原史料のタイトルとの整合性に欠けてしまう点である。

われわれは、本書を執筆するにあたり、史料引用はすべて原史料から行った。そのため、本書で掲示した史料タイトルは、庄司吉之助『民衆運動の思想』＝庄司本や、布川清司『近世日本民衆思想史料集』＝布川本のタイトル表記と相違している。この場合、煩雑ではあるが、その都度注記で整合を図った。一例を挙げておきたい。

「菅野氏より申伝并八郎遺言」『八郎死後之為心得ト置條之事　七巻ノ内一』福島県歴史資料館、菅野隆雄家文書二（布川本「八郎死後之為心得置条之事」）。

『　』は冊子であることを、「　」はその冊子の一部につけられたタイトルを表し、（　）は庄司本・布川本の表記のあり方を示している。

2、金原田・梁川・桑折という空間

菅野八郎は陸奥国伊達郡の金原田・梁川・桑折という阿武隈川を挟む在地社会で頭角をあらわしていった。この地域の概要を、複数の自治体史を参照して整理しておきたい(10)。

支配関係

菅野八郎は文化一〇年（一八二七）、石高一三二石余の金原田村に生まれた。後述するように、一九世紀における金原田村の支配関係は梁川村と同じく、松前家領から幕領と複雑に変遷した（**【表1】**）。八郎の日常的生活空間の一部である近隣の桑折村には、幕府代官所が置かれていた。八郎の生涯は、金原田・梁川・桑折という在地社会と密接に関係していた。

文化四年（一八〇七）、幕府は蝦夷地防衛の観点から、蝦夷地の直轄地化を企図、領主であった松前家を陸奥伊達郡その他へ転封することを決定した。翌年松前家藩士らが梁川村に到着、新陣屋などを建設したため、梁川村は松前家の城下町となり活況を呈した。同地域における松前家の支配領域は梁川村・大門村・金原田村・東泉沢村・大久保村・五十沢村であった。松前家領（梁川藩領）となった金原田村の年貢負担は増加している(11)。

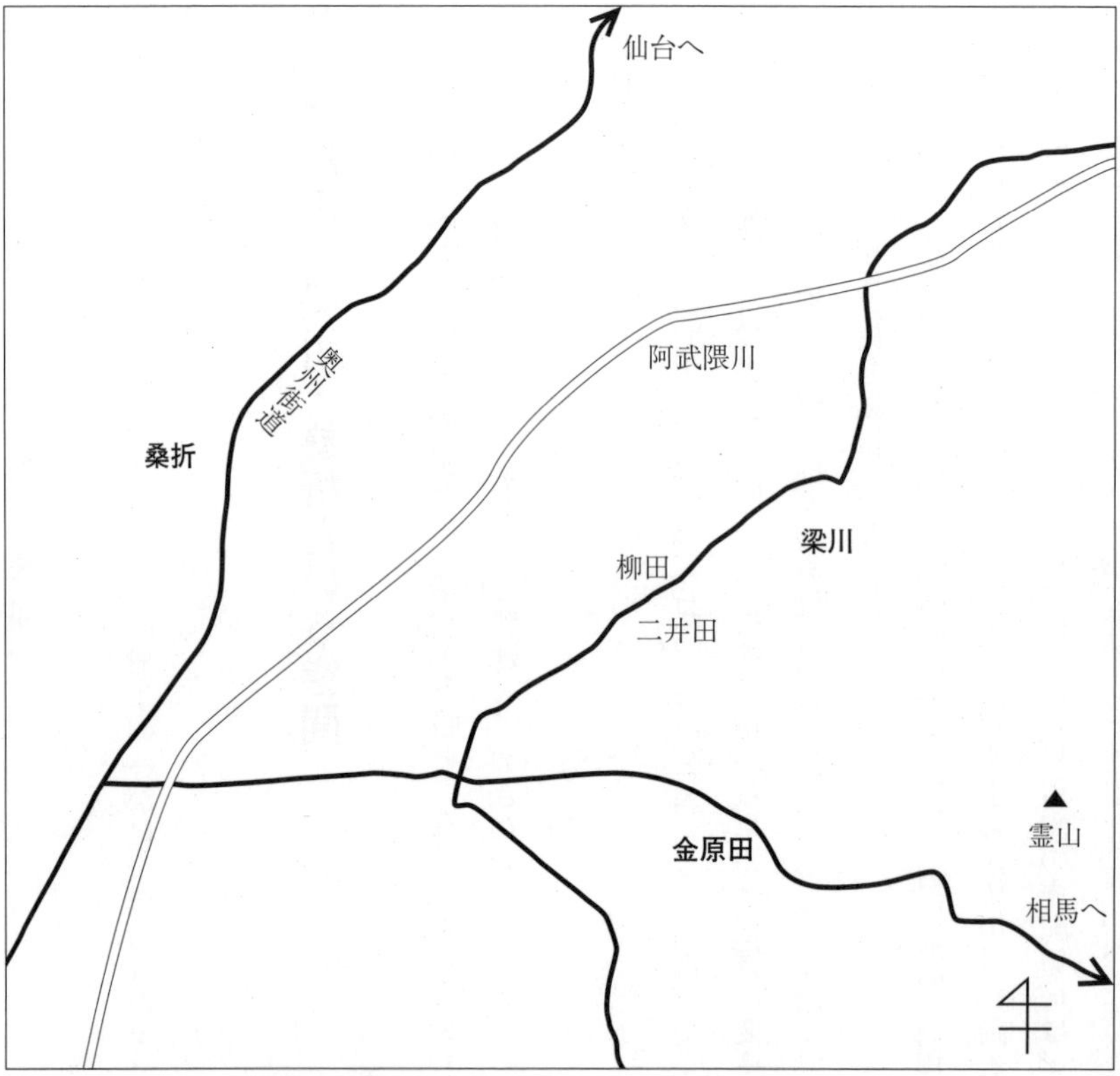

金原田・梁川・桑折　概念図

【表１】　一九世紀　金原田村の支配変遷

享和３から文化４（1803～1807）	幕領
文化４から文政５（1807～1822）	松前家領
文政５から安政３（1822～1856）	幕領
安政３から明治３（1856～1870）	松前家領

松前家は梁川村に着任した後も、実収が多い旧領（蝦夷地）への復帰運動を展開していた。文政四年（一八二一）、老中水野忠成は松前家の旧領転封を決定、金原田村などの松前家領は幕領（浅川代官所支配）となった。天保九年（一八三八）に金原田村が作成した「村明細書指出帳」の宛先は「川又御役所」となっている。[12]金原田村の直接支配は川俣代官所であるが、ここは代官常置ではないので、代官が常住した桑折代官所が川俣・梁川代官所を預かることが多かった。さまざまなトラブルの解決先は、桑折代官所であった。

嘉永六年（一八五三）、プチャーチンの長崎来航をきっかけに、蝦夷地防衛の重要性を再認識した幕府は、安政二年（一八五五）、ふたたび松前家領の一部を幕府領とし、代償として梁川村・大門村・西五十沢村・大久保村・金原田村を松前家に与えることとした。安政三年（一八五六）以降明治期まで、金原田村は再び松前家の支配となった。ただし、松前家は梁川に着任することはなく、代官を派遣するだけであった。

生業の様子

一八世紀後半から、金原田・梁川・桑折の地域では製糸業と養蚕業・蚕種製造が盛んとなり、各種の蚕種が製造され、品種改良も繰り返されていた。幕末開港を契機に生糸値段は高騰し、絹業・機屋にとって深刻な原料不足となり、福島地域の絹商人などではつぶれる店が相次いだ。しかし一方、この地域における蚕種生産は急増し、金原田・梁川・桑折は、奥州蚕種生産の本場となった。文久元年（一八六一）の『蚕種銘鑑』には、蚕種業を営む者として、信達地域二五三名中、梁川村は五八名を数えている。梁川村の中村善右衛門は寒暖計を利用した養蚕法を実践し、文久四年（一八六四）には『蚕当計秘訣』を著してこの養蚕法を広げようとした。菅野八郎はこのような生業環境に生きた百姓であり、養蚕技術に関する知識も豊富であった。この問題は杉論文を参照されたい。

金原田村の西方には奥州街道が仙台に通じ、また、東方に聳える霊山の麓を通り玉野村から相馬領へ出る街道も

【写真１】　菅野八郎の生家跡（2004年撮影、現在の当主は菅野隆雄氏）

あった。阿武隈川を利用した舟運も盛んであり、桑折河岸（正確な所在地不明）が幕末まで機能していた。阿武隈川を利用して、桑苗・蚕種などが仙台藩・南部藩領域へ、さらには箱館から海外へと輸出されていった。生糸は近在の問屋が買い集め、奥州街道を南下、江戸・京都に輸送された。

八郎が生きた金原田・梁川・桑折という在地社会は、たがいに密接な関係をもちつつ、一九世紀に入ると、製糸・養蚕、蚕種生産をつうじて、ひろく外界へと結びついていった（阿部論文参照）。

3、駕籠訴以前の八郎

金原田村名主不正一件

史料上、菅野八郎が金原田・梁川・桑折という在地社会のなかで最初に登場するのは、天保一一年（一八四〇）五月の金原田村名主不正に関する村方騒動であった。菅野八郎は、年貢・諸役に関する不正に関連して、元名主莫蔵を川俣代官所に訴えた中心人物であった(13)。以後、八郎は複数の村方騒動に関与する形で、在地社会で頭角を現していった。

砂子堰改修記念碑一件

阿武隈川東岸の金原田・梁川地域では、寛文・延宝期、阿武隈川に堰を開削することによって新田開発が進んだ。弘化三年（一八四六）、この堰＝砂子堰は改修され、泉原地内の片貝山に新しい取り入れ口が開削された。嘉永元年（一八四八）、地元ではこの難工事の成功を祝い、工事記念碑建設の計画が持ち上がった。これに対して、八郎は世話人上仁井田村庄蔵・東泉沢村藤七・下保原村儀三郎を相手に訴訟を起こした。

訴訟理由につき八郎は、砂子堰改修に関して「多ク金銀を費し骨を砕」いた亡父（和蔵）の功績が無視されているとしている。彼は「如此汝等にかすめられ恥をすゝがずんば、亡父へ不孝之罪大クならんと…因之折を見合せ、汝等三人之生肉ヲ取て父之霊前ニ備へ、亡魂之怒りを止め」といった激しい言葉で、世話人たちをののしった。この八郎の攻撃に世話人たちは激怒、結局八郎が陳謝することで、この一件は鎮まったようである[14]。

父和蔵と熊坂定邦（台州）

砂子堰改修記念碑一件から、菅野八郎の激しい〝気性〟と、彼の父親に対する尊敬の念が見て取れると同時に、八郎が在地社会で、その存在を強く印象づけていくには父、和蔵という存在が重要であったことがわかる。菅野家の問題、八郎と父和蔵との関係に関しては早田論文を参照されたい。ここでは、少々時代をさかのぼり、父和蔵に関して解説しておきたい。

自著『菅野実記　嘉伝次　和蔵之伝上』[15]（以下、『実記　上』）の中で八郎は、父和蔵（明和七年／一七七〇～天保八年／一八三七）のことを、幼少期から手習・学問を得意とし、青年期には「器量人」として農耕に出精し、熊坂定邦

（台州　元文四年／一七三九から享和三年／一八〇三）の学塾に入門し「学才よ」く「先生の御気ニ入」であったと記している。和蔵が教えをうけた熊坂定邦の学問にも触れておく必要があろう。

熊坂家は代々朱子学を修めてきたが、定邦は古学から心学へと学究の途を進めていった。定邦は、実践家でもあり貯穀・貧民手当・水旱損への対応、災害、堰普請資金負担など、地域の救恤活動にも積極的に関わり、天明三年（一七八三）から文政九年（一八二六）までの間、天明の飢饉後の疲弊する在地社会復興のために、籾米麦一一一石余、金二〇三〇両を救恤している。(16)

定邦の学問・思想は『道術要論』（享和三年／一八〇三）に収められている。(17)この書物の中で、定邦は荻生徂徠を徹底的に批判している。徂徠は「則流毒於海内」、道徳を嘲笑して、功利に走った人物である、というのが批判理由である。そして、徂徠の毒とは、「天下」を重視して「修身」を軽んじていることにあり、このおかげで、後輩の「学者」たちは風雅に流れ、その結果智と信とがなくなってしまった、というのである。『道術要論』の後半では、「寛政の初めに、文武奨励が命じられ、諸大名は学館＝藩校を建て、ここに庶民も入学できるようになったが、ここで教育をうけた人物がかならずしも任用されていない、国＝諸藩は財政難のため過酷な取り立てを行い、百姓が困窮している」という政治批判の言説が続く。儒者であった定邦がもっとも重視した徳目は礼と信であった。彼は自己の立場を明確にした学者であり、礼と信から外れた学問・実践、政治を手厳しく非難する。論文・筆法は容赦ない過激さである。

熊坂定邦を師とし、定邦から評価された和蔵の言動も過激であった。青年の和蔵は、師定邦の教えを踏襲するかのように行動した（以下、とくに注記がないものは『実記　上』からの引用である）。寛政七年（一七九五）七月、和蔵は金原田村平右衛門とともに江戸に出て、奥羽地域で広く行われていた間引を根絶するための法度を発令してほしいと、老中戸田氏教に駕籠訴した。

駕籠訴とは、「幕府老中をはじめ、政務（支配）の枢要にある者が、駕籠にて通行するさいに、農民、町人、僧侶、下級武士等が訴状を提出する行為」である。[18] 一八世紀に入り、老中に対する駕籠訴が多く発生したため、寛政三年（一七九一）、松平定信の公用人が駕籠訴を扱うマニュアル「駕籠訴・駆込訴取扱帳」を作成した。

老中に駕籠訴した和蔵と平右衛門は、「奉行」から関係部署（直接の支配役所）＝平藩梁川奉行所への訴状提出を命じられたため（この措置は、マニュアルの規定通りである）、結局、彼ら二人は村に帰ることになる。この間、江戸での逗留は五ヶ月以上におよび、その費用は膨大であったと思われる。金銭を使い果たした和蔵・平右衛門は寛政七年一二月二二日の真冬に江戸を出立し、金原田村に向かった。間引と百姓困窮根絶を願い「数万人之命を助ナン」と行動した二人は、「奇特」であると「御公儀」に評価された。しかし、空腹と寒気とが容赦なく二人を襲い、道中和蔵と平右衛門は、ささいなことから仲違いを起こしてしまう。そして、これは金原田村に帰ってからも、二度と修復できない溝となってしまう。

駕籠訴の様子は以上であるが、『実記　上』には、以下の気になる記載がある。

> 又此年従御公儀様被　仰出候は当年より相改難渋百姓子共養育として金子可被下置之間、子害致間敷旨日本国中へ御触ありしかば、和蔵・平右衛門威名リンリンとして近村ニ其名隠れなし、

以下、この部分を分析したい。「当年」とは寛政九年（一七九七）のことである。金原田村は　寛政二年（一七九〇）から享和三年（一八〇三）の一三年間、平藩（安藤家領）であり、和蔵の駕籠訴も右史料の内容も、平藩支配下のことである。「御公儀」とは幕府をさす。史料には「日本国中へ御触が出た」ともあるので、やはり「御公儀」は幕府を意味すると言える。老中松平定信は、寛政の改革において、農村対策として「荒地起返並小児養育御手当御

貸付金」の給付をおこなった。しかし、これは幕府領に限定されたものであった。また寛政の改革は、天明七年（一七八七）から寛政五年（一七九三）の間であり、右記の史料にある「当年」には寛政の改革は終了している。八郎は、寛政九年（一八九七）に幕府から「難渋百姓」に対する子共養育費が給付され、さらに間引の禁令が「日本国中」に出た、と述べている。しかし、そのような事実は確認できない。これをどう考えるか。

『実記　上』は、祖父嘉伝次と父和蔵の事跡を記したものであるが、紙幅の多くは、和蔵の功名と武勇伝で占められている。和蔵駕籠訴のくだりで、八郎がもっとも強調したかったことは、「和蔵の威名が近村に鳴り響いたこと」であった。これが八郎の独特の自意識＝「自満」の始まりであるが（早田論文参照）、この意識は八郎に限らず、父和蔵にも通じるものであったといえよう。金原田・梁川・桑折という在地社会・百姓世界、この限定された空間のなかで、いかに菅野家の存在意義を高めるか、ということに八郎親子は奔走していたのである。ただし、八郎の「よのつねのものにあらず」という〝気性〟・「自満」は父よりはるかに強いものであった。『実記　上』の始まりには『八郎祖父嘉伝次并ニ八郎父和蔵之伝」となっている（傍点須田）。「菅野家第X代嘉伝次并ニ第X代和蔵之伝」ではないのである。おそらく、本書は菅野家子孫に読ませるために作成されたものであろうが、本書のなかで、菅野家の歴史とは、あくまで八郎を中心としたものとして叙述されているのである。

ところで、『実記　上』には、和蔵の師匠＝熊坂定邦が和蔵の駕籠訴という行動を許さなかった、という興味深い記述がある。定邦は、和蔵に手紙を出し「養育願と号し、百姓身分に不相応の訴願をして、公儀へ苦労をかけたのは甚だ不届き山師である、よって勘当する」と厳しく批判したというのである。先述したように定邦は、徂徠をも功利に走った人物と酷評するほどの厳しい学者である。彼は、和蔵の駕籠訴に打算的・売名的臭いを嗅ぎつけたのではなかろうか。いずれにしても、八郎親子は金原田・梁川・桑折という在地社会で〝突出〟していった。

菅野家は、決して経済的に裕福ではなかった。経済力を背景に地域内での存在意義を高め、政治力に結実させてい

【表２】　19世紀における金原田村の名主役・組頭役一覧

年代	名主	組頭	百姓代
文化元年	嘉吉	運八・長作・吉兵衛・嘉伝次	市郎兵衛・清七
文化２年	嘉吉	長作	吉右衛門
文化３年	太兵衛	嘉伝次	藤兵衛
文化９年	伝蔵	勘五郎・佐七・三五郎・吉兵衛	弥五郎
文政11年	和蔵・善蔵		
天保９年	万二（治）	政兵衛・善二郎・恒蔵・ 次郎七（脇屋泰助父）	仙蔵・権蔵（菅野）
天保11年		恒蔵	
天保14年	万七（大橋）	恒蔵・惣次郎・佐蔵・儀兵衛	留吉
弘化５年	与蔵（大橋）	平蔵	嘉七（菅野）
嘉永７年	与蔵（大橋）	嘉代治	弥蔵（長沢）
安政３年	吉蔵（長沢）	藤右衛門（畑）・八郎（菅野）・弥五郎（畑）	源内
安政４年	吉蔵（長沢）	藤右衛門・弥五郎・八郎（菅野）	源内
安政５年	吉蔵（長沢）	弥五郎・庄蔵・八郎（菅野）	源内
安政６年	栄七	浅二郎・直次郎（齋藤）・嘉蔵	栄次郎（畑）
文久２年	常蔵	正蔵（木戸）・善蔵・嘉蔵	藤兵衛
慶応元年	庄蔵	治兵衛・源四郎（富田）・藤右衛門	藤兵衛
明治４年	大橋与蔵	新五郎	佐吉（畑）

（早田旅人作成）

くというタイプだけでなく、一九世紀には、行動・言動によって在地社会から抜きんでようとする個人が登場してきたのである。しかし、彼ら親子の〝突出〟は、他者から見れば、在地社会から逸脱した者と見なされたのではなかろうか。

文政一一年（一八二八）三月、金原田村名主善蔵が眼病のため名主役を退いた。金原田村では入れ札＝選挙を行い、和蔵が「多札」を獲得した。しかし、和蔵は、「金原田村は貧村であり、年貢納入などに関して他村からの借り入れ金がかさんでいるので、わたしがこのまま名主役を引き受けても、とても役義を勤めることはできない、借用金を片付け、その後に名主役就任を引き受けたい」と語った(19)。次の【表２】は、一九世紀における金原田村の名主役・組頭役のリストである(20)。当時、金原田村の名主役・組頭役は世襲ではなかった。和蔵は、頼れると見なされていたのであろう。金原田村における菅野家の存在意義は確実に上昇していた。しかし菅野家は、困窮化する金原田村の名主に就任する財力はなかったのである（早田論文参照）。

他村の債権者は、和蔵が「多札」を得たということを聞きつけ、財力がない和蔵が名主に就任すると、これまでの貸金を回収できなくなると思い、従来の貸金を全額返済してから名主に就任するようにと、金原田村に厳しく借金返済を迫ってきた。金原田村では「和蔵が名主に就任したのでは、従来の借金を即座に返却することとなり、なおかつ他村から金を借りることもできず、難儀してしまう」との意見が出て、村内は和蔵名主賛成派と反対派にわかれ紛糾してしまう。これに幕府川俣代官所が介入、前の名主善蔵の眼病が全快したこともあって、和蔵名主賛成者は和蔵名主支配下に、反対派は善蔵名主支配下に入るという、異例の名主二名体制となった。この文政一一年における名主入札一件に関して、和蔵は正論を述べ、その立場はブレていない。この言動には和蔵という人物の〝気性〟が現れている。和蔵は信と自己主張（多分に売名的ではあるが）の人であった。八郎は父和蔵を尊敬し、その〝気性〟を受け継いでいく。先の史料で見た八郎が和蔵の駕籠訴を語る場面はこの〝気性〟の一端が現れたものではなかろうか。

4、駕籠訴―逸脱のはじまり―

遺書を残す八郎

嘉永六年（一八五三）、ペリー来航の情報は金原田・梁川・桑折という八郎の日常的空間にも伝わった。ペリー来航に刺激された八郎は嘉永七年（一八五四）二月二〇日、「東照太神君」の「霊夢」を見た＝徳川家康の神託をうけた、という語りによって意見書をしたため、江戸に出て、老中阿部正弘への駕籠訴を決行した。早田論文は、この行為を八郎の家格意識から、檜皮論文は八郎の対外観と関連させ、解き明かしている。わたしは両論文への橋渡しとして、駕籠訴直前の八郎の心性につき分析しておきたい。

嘉永七年正月（駕籠訴の一ヶ月前）、四二歳になった八郎は「菅野八郎遺書」(21)（以下、「遺書」）を著した。この書は、「江戸登り」＝駕籠訴を決意した八郎が養子忠五郎へ残した遺言である。

先述したように、駕籠訴は非合法ではあったが、罰則規定は「急度叱」程度の軽いものであり、「駕籠訴・駆込訴に対する人々の恐怖心・躊躇心を減退させ、駕籠訴・駆込訴を当然視する雰囲気まで生み出し」、一九世紀に入ると駕籠訴は増加していた(22)。駕籠訴という行為は死に直結するような刑罰を受けるものではない。父和蔵も駕籠訴を行っていたわけであり、八郎は駕籠訴が重罪にあたる、とは考えていなかったであろう。八郎本人が「拙者病死之節は」と記しているように、「遺書」は江戸までの旅と長逗留での病死を意識して作成されたものである。しかし、もう少し意地悪く解釈し、八郎の〝気性〟も斟酌すると、この「遺書」は駕籠訴そのものを劇的に演出しようと意図して作成されたものであった、とも考えられる。

「遺書」の内容は菅野家子孫に対する戒めの書となっている。この中で、八郎はもっとも信頼する人物として与蔵・泰助・吉蔵・伝八・熊蔵・清蔵の六人をあげ、「万事を可頼上事専要也」としている。とくに実子和蔵（父と同じ名を付けていた）に関する記述が多い。和蔵は「不届き」もので今年欠落したので勘当としたが、この勘当は八郎死後も「後世迄の勘当」である、としている。八郎の死後、不和となっていた和蔵が戻ってきた場合、菅野家の相続問題は混乱してしまう。「遺書」はこれを回避するために作成されたのであろう。当主はあくまでも葬儀の際に位牌を持つこととした養子忠五郎なのである。

嘉永期、八郎はペリー来航を契機に天下国家を意識しはじめるが、彼の世界観の中心にあるのは金原田・梁川・桑折という在地社会と菅野家であった。

駕籠訴・箱訴の失敗

嘉永七年（一八五四）二月、八郎は老中阿部正弘への駕籠訴を決行した。幕府の規定では、老中への駕籠訴を行った訴願人が幕府代官所・預所支配の者であった場合、勘定奉行へ引き渡すこととされていた。(23)

八郎自著『あめの夜の夢咄し』(24)（以下、『夢咄し』）には、田村伊予守＝田村顕影（勘定奉行）へ引き渡しになり、勘定奉行所での吟味によって、箱訴を指示されたとある。勘定奉行所では、八郎の駕籠訴の内容を取るに足らないと見たのではなかろうか、それでも「急度叱り」や過料などの処罰を受けなかったのは、八郎が訴状を「霊夢」「東照太神君」の神託に仮託していたからであろう。この経緯と八郎の意識に関しては早田論文に依られたい。

箱訴に関して『夢咄し』には、焼き捨てられる訴状が多い中「予が訴状は、御奉行之御差図故、焼捨には相成不申候、然ば、御用に相立つヶ条有之候はゞ、後年に至り御呼出し有之哉と、たのしみ居り申事に候」とある。駕籠訴に続き箱訴を実行した八郎は、金原田村に戻り、幕府からの呼び出しを心待ちにしていたと思われる。しかし、幕府からの連絡などなかった。箱訴の場合、訴訟人は三奉行所で吟味、訴願の内容が受理にあたいしない場合は過料となった。(25)しかし、八郎の箱訴は幕府に無視されてしまった。これをもっとも屈辱として意識したのは八郎本人であったろう。

ところで、八郎はいったい誰に読ませようとして『夢咄し』をしたためたのであろうか。『夢咄し』の冒頭には、ペリーの似顔絵と身体的特徴とが記されている。八郎はペリーを「目は少し丸く眼中するどく、声色さわかや也」とまるで会ってきたかのように語る。また「北アメリカ州・メカラニカ州」などを記した世界地図も載せている（この世界観の広がりに関しては檜皮論文を参照されたい）。さらに、箱訴の作法まで長々と記している。この多分にはったり混じりの見聞をいったい誰に残そうとしたのか。文中には「右八郎奉申上候は、私家代々申伝へ有之候趣意」とあり「何卒此書を見る人、 東照神君を深く心信あらまほしく候」ともある。

嘉永七年五月、八郎は自慢と「手がら」の書『夢咄し』を菅野家の身内と、八郎が依拠した在地社会＝金原田・梁川・桑折の人びとに読ませるために記したのではなかろうか。『夢咄し』は、在地社会に住まう人びとは知らないが、自分は広い世界を知っている、という優越観にあふれた書となっている。江戸に出た八郎は、東照神君の「霊夢」、「亜米利駕の軍将水師提督」ペリー、老中阿部正弘、箱訴の作法などを書き連ね、さらに〝世界〟を知った、と語るのである。

待っている八郎

嘉永七年九月、幕府からの連絡＝箱訴の成果を待っている間、八郎は「菅野氏先祖より申伝并八老遺言」(26)（以下「八老遺言」）をしたためた。ここには八郎の世界観が示されている。八郎は先祖への尊敬の念を示しつつ「天下の大道と申は孝行なり」と語り、「親の言葉を背ク事なかれ」「ばくゑき致べからず」「大酒すべからず」といった戒めを七箇条にまとめている。「八老遺言」の後半は、菅野家の歴史的由緒を南北朝時代にまでさかのぼり記している。菅野八郎の先祖意識、由緒論に関しては早田論文、杉論文を参照されたい。ここでは、「八老遺言」を分析して八郎の学問の特徴につき触れておきたい。

「八老遺言」を読む限り、八郎が父和蔵を通じて熊坂定邦の学問を学んでいたとは思えない。八郎は、定邦が重視した信と礼ではなく、孝を徳目の最上位に置いている。八郎は「国家ヲ治ルモ、天下ヲ治ルモ、家ヲ治ルモ孝」と語るが、これは儒学の「修身斉家」の概念ではない。八郎が語る孝とは家の枠内で完結するものであり、これに天下国家を結びつけているのは方便でしかない。

この時期、伊達郡北半田村（桑折の近く）に早田伝之助という大庄屋で心学者が、心学舎中を結成し活発に道話活動を展開していた。伝之助は『心学舎中行記』を著し、公儀法度遵守、先祖崇拝、「御国恩」意識を持つこと、博打禁止などを説き、そして忠義・孝行の重視を唱えていた。(27) 早田論文にあるように、八郎も「御国恩」意識を強くもっていた。

嘉永期、金原田村で農業に勤しみ、箱訴の成果を心待ちにしている八郎の学問と心性は、熊坂定邦よりも、早田伝之助に近いものであった。八郎はのち、早田伝之助を恨むようになるが、この時期、八郎が早田伝之助の道話を聞き影響を受けていたことは否定できないのである。いずれにしても、嘉永期における八郎の学問と心性は、心学的、通俗的教養の中にあったことは事実である。八郎に国学的素養はほとんど見られない。また、彼の意識は菅野家と深く繋がっており、ここから抜け出すものではなかった。

しかし、ついに幕府からの連絡はなかった。八郎の駕籠訴・箱訴という行為は失敗に終わったのである。

太宰清右衛門・脇屋泰助という存在と「自刻の碑」

八郎は駕籠訴・箱訴に失敗、幕府に無視された。このショックは八郎の実践行為を飛躍させた。安政期、八郎は金原田・梁川・桑折という在地社会、百姓的世界から大きく逸脱していくのである。早田論文は、この問題に八郎の家格意識と身分意識とを見いだしている。

安政二年（一八五五）、四三歳になった八郎は、水戸藩への仕官を企図し、『秘書後之鑑』（以下、『秘書』）を太宰清右衛門に送った。『秘書』はのち問題とされ、八郎が八丈島流罪とされる原因となる。この問題は後述するとして、まず太宰清右衛門に関して触れておきたい。

太宰家は保原の「淀屋」という真綿糸問屋を経営する豪商で、江戸本石町に支店を出していた。清右衛門は文政一一年（一八二八）「淀屋」の長男として誕生、八郎の妻の妹と所帯を持った。つまり、清右衛門は八郎から見れば、義理の弟にあたるわけである。清右衛門は妻の死をきっかけに店を弟に譲り、江戸に出、江戸店の店長に収まり、千葉周作の道場＝玄武館に通うようになる。千葉周作は、天保三年（一八三五）、前水戸藩主徳川斉昭の要請から水戸藩剣術師範に登用されていた。この関係もあり、玄武館には水戸藩士が多く入門していた。太宰清右衛門は、玄武館で水戸藩士たちと懇意になり、献金によって水戸藩士の身分を獲得する。そして、水戸藩の尊王攘夷思想に影響をうけ、草莽の志士として活動しはじめ、安政の大獄で幕府に追われる身となり、万延元年（一八六〇）、桜田門外の変に関与（井伊直弼殺害当日は遅参し、不参加）、その後、水戸藩天狗党を支援するようになる。元治元年（一八六四）三月、天狗党が筑波山に挙兵した。清右衛門は、これには参加しなかったが、幕府・水戸藩諸生派から追われ、同年一〇月、穴倉（現　茨城県かすみがうら市）の杲泰寺で自害して果てる。以上が太宰清右衛門の短い生涯である。(28)八郎は、義理の弟太宰清右衛門を通じて、水戸藩に仕官しようとしていた。金原田・梁川・桑折という在地社会で、他者との差違化と菅野家の存在意義の高揚を企図していた八郎は、駕籠訴・箱訴の失敗を跳躍台にして、身上がり願望をいだくまでになったのである。八郎の逸脱は在地社会を超えるまでになった。

しかし、八郎はこの身上がりにも失敗する。先述したように、清右衛門は草莽の志士、水戸藩の過激な尊王攘夷論者として逃亡しはじめ、義理の兄の仕官を援助するどころではなく、八郎自身も八丈島に流罪となってしまうのである。

八郎には太宰清右衛門のほかにも、影響をうけた親類がいる。先述した「遺書」のなかで、もっとも信頼する六人としてあげた一人、泰助＝脇屋泰助である。泰助は八郎の父和蔵の「妾」の兄の子であり、八郎の年下の類縁にあたり、八郎とは兄弟同然であったとされる。(29)泰助の父次郎七は、天保期金原田村の組頭をつとめたことがある（**【表2】**）。

安政四年（一八五七）、八郎が太宰清右衛門を通じて、身上がりの実現を図ろうとしていた一月、脇屋泰助は松前藩梁川役所に奉公願を提出し許可されたのである。先述したように、金原田村は安政三年（一八五六）から松前家領

【写真2】
「自刻の碑」

【写真3】
「自刻の碑」から望む金原田村の耕地

に戻っていた（【表1】）。文政期、金原田村が松前家領であったとき、泰助の父は梁川役所への奉公を許されていたため、泰助は「亡父之志を継」ことを奉公の正統性としていた[30]。この願書には当時組頭をしていた八郎もサインしていた。

泰助が梁川役所に奉公願を提出した二ヶ月後の三月、八郎は「自刻の碑」を彫る。この「自刻の碑」は、八郎の自宅から山道を登った吾妻山の中腹にある。この横幅一メートルを超える自然石には「八老　魂　此留而祈直」と刻まれている。八郎が此＝金原田村に留まるのではなく、八郎の魂が金原田村に留まるのである。「自刻の碑」

は、金原田村の耕地＝水田を眼下に臨む山道に立地している。八郎は水戸藩に仕官して、金原田村を出て行くが、彼の魂は村を護り続けるのである。この思いが「自刻の碑」には込められている。八郎の身上がりは本気であった。「自刻の碑」作成後の閏五月二一日、八郎は『半夏生不順ニ曰』(31)（以下、『半夏生』）を著している。この比較的短い書は子孫に向かった書かれたもので、農業出精の重要性を説き、季節ごとの注意事項を細かく記したものとなっている。八郎は「貧乏して孝ならず、孝ならざれば道を失ふ故、ばかものとなる」と語る。身上がりを企図する八郎であるが、これは八郎一個人のことであり、金原田村に残される家族、菅野家は百姓として永続していくのである。八郎がもっとも重視した徳目である孝が『半夏生』では、百姓経営の安定と結びつけられている。八郎の心性の根っこは、金原田村と菅野家の永続的安定の中にあった。一九世紀、東北地方の百姓、菅野八郎の内面において、身分と職分の乖離がおこっているのである。

八郎が金原田村を出て、仕官するとの意識を自然石に彫りこむという行為＝「自刻の碑」作成が、弟分脇屋泰助による松前藩奉公願の後に行われていたことに着目したい。弟分に身上がりを先んじられたのである。八郎のあせりと、身上がりへの強い願望＝百姓世界・在地社会からの逸脱が「自刻の碑」作成の心性である。

泰助の梁川役所奉公願に組頭としてサインした八郎であったが、安政四年（一八五七）一二月、脇屋泰助の松前藩奉公を糾弾する訴訟を金原田村の百姓たちとともに起こす。翌安政五年（一八五八）には、脇屋泰助陣屋出入差し止めに関する訴状＝「口書三五箇条」を梁川役所に提出している。先述したように、駕籠訴の直前、八郎は「遺書」で泰助をもっとも信頼する人物としていた。しかし安政五年の訴状では、日常的な百姓生活における泰助の所行を「非道非議」であるとして、細かく指摘し罵っている。要するに梁川役所奉公がはじまり、身上がりをはたした泰助は思い上がっている、というのである。泰助の身上がりは、金原田村が松前家領へと支配替したという、他律的かつ偶然的状況によって可能となったのである。積極的な主体的活動により、金原田を離れる覚悟までしている八郎にしてみれば、弟分のこのような〝楽〟な身上がりは許せないのであったろう。また、現実的問題として、泰助の身上りは、金原田・梁川・桑折という百姓的日常空間において、八郎の相対的な存在意義の低下に結びついたであろう。「手がら」を求めた駕籠訴・箱訴に失敗し、太宰清右衛門を通じて、水戸藩への接近を企図している時期に発生した脇屋泰助陣屋出入り差し止め訴訟は、八郎のルサンチマンであった。

余談ながら、明治期に入り、八郎は沈黙するが、脇屋泰助は活躍し、明治五年（一八七二）、福島県第二大区小七区副戸長、翌明治六年、福島県第二大区小七区戸長兼学区取締に就任し、明治一一年（一八七八）には県議会議員となっている。

5、八丈島での異文化コミュニケーション

安政の大獄 捕縛、取り調べ

安政五年（一八五八）四月、大老に就任した井伊直弼は徳川斉昭ら一橋派を抑え、勅許を得ぬまま、日米修好通商条約の調印を断行し、紀州藩主徳川慶福を将軍継嗣とした。これに対し、徳川斉昭らは強引に登城＝「押掛け登城」し、無勅許調印を批判した。七月、斉昭はこの「押しかけ登城」をとがめられ「急度慎」を言い渡された。一方、朝廷は井伊の無勅許調印と一橋派排斥を責める内容をもつ「戊午の密勅」を水戸藩に出した。九月、井伊直弼は水戸藩尊王攘夷派と井伊反対派の徹底弾圧を行う。安政の大獄の始まりである。

このような幕末の中央政治の動向に八郎が翻弄される。身上がりを企図した八郎が頼った太宰清右衛門は、既述したように水戸藩士として尊王攘夷運動に積極的に参加していた。清右衛門も安政の大獄で幕府に追われることとなる。そして、清右衛門の自宅から八郎がしたためた『秘書』が発見され、同年一一月、八郎は町奉行の手によって、

清右衛門の縁者であるとして捕縛されてしまうのである。

江戸伝馬町の牢、吉田松陰が見た菅野八郎

安政五年（一八五八）一一月二八日、安政の大獄によって捕縛された八郎は、北町奉行石谷因幡穆清の屋敷で取り調べを受けることとなった。その後八郎は病となり、のち伝馬町牢に移された。伝馬町牢には安政の大獄で捕縛された水戸関係者が六五人いた。これを八郎は自著『判段夢ノ真暗』[32]で「先ツ平者にハ、伊重郎・せい・八郎、牢者三人、其外京都又ハ水戸家の臣、皆々高位高官、或ハ儒者等夫々名有方々なり」と記している。この史料にある「平者」の捕縛者として記された「せい」とは太宰清右衛門の後妻である。このように尊王攘夷派〝政治犯〟たちと同じ空間に八郎がいた。

安政五年一二月二三日から安政七年四月までの間、八郎はこの伝馬町牢にいた。この時期、同じ伝馬町牢にあの吉田松陰がいたのである。松陰は、安政六年七月に入牢し、安政六年一〇月二七日に処刑された。この約三ヶ月の間、両人は同じ伝馬町牢で、取り調べをうけていた。なんと吉田松陰は書翰のなかで、八郎に触れているのである。

安政六年八月一三日「久保清太郎・久坂玄瑞宛」書翰[33]には、

水戸の事は実に憐むべし、太宰清右衛門など逃げ去り候故、其の妾せい（今隣房女獄に在り）其の僕頼助（是れは病死の由、ふびんなこと）、せいの姉壻奥州信夫郡保原在の八郎（今西大牢に生存す）皆人質に捕へらる

とあり、安政六年九月六日「堀江克之助宛」書翰[34]には、

昨日評定所は三條家の森寺因幡守・伊達の吉見長左衛門・信州の豪士何某の外、小生・八郎・せいまでに御座候としたためられている。「せいの姉聟奥州信夫郡保原の八郎」とは、菅野八郎以外にありえない。

八郎はのち、安政の大獄による入牢を「実ニ難有御事也」[35]とまで表現したが、松陰の目には、せいと八郎の入牢は、太宰清右衛門捕縛のための「人質」と映っていたのである。松陰は憐憫を含んだまなざしで八郎を見ていた。しかし一方、八郎は松陰をまったく認識していない。この時期、吉田松陰の名は長州藩内と尊王攘夷派ネットワークの一部に知られていたにすぎない。八郎が松陰とは何者かを知っているはずはないであろうが、問題は、水戸藩への接近を企図した八郎が、伝馬町牢内で吉田松陰も含め「水戸家の臣、皆々高位高官、或ハ儒者等夫々名有方々」[36]とコミュニケーションを図った様子はない、という事実である。八郎は彼らに関心を示していない。八郎は、彼らの思想＝水戸学や尊王攘夷思想に共鳴していないのである。ここに、安政期における八郎の心性が現れている。『秘書』をしたためるという行為は、危機意識の高揚や尊王攘夷といった政治的活動の類ではなく、駕籠訴・箱訴の失敗、そして脇屋泰助一件を契機にした身上がり、金原田・梁川・桑折という在地社会・百姓世界から飛翔するための戦略であったといえよう。

八丈島への流罪

安政六年（一八五九）六月一一日、八郎は『秘書』の執筆を認め、遠島が決定する。通常遠島が決定した百姓・町人・無宿には金二分を銭に換算して与えらる。縁者からの金銭・食物・物品の差し入れも許可された。流刑人を乗せた船は、品川沖から相州浦賀の番所で流人改めを受け、伊豆下田まで南下して、新島・式根島を経由して、一旦三宅島に上陸、ここで数ヶ月を過ごし、八丈島に向かうというコースをとった[37]。

安政七年（一八六〇）三月三日、桜田門外の変によって大老井伊直弼は暗殺された。八丈島への出航を待つ八郎は、この情報を入手している。(38)八郎の入牢・遠島は、本人が「百姓之身として適共又冥加共難有事」と語ったとしても、(39)水戸藩尊王攘夷派太宰清右衛門処断の一端であり、いわば安政の大獄のとばっちりであった。その政治弾圧の張本人井伊直弼が殺害されても、万延元年（三月一八日万延元年に改元）四月一二日、八郎たちを乗せた船は出航していった。八郎が井伊直弼をいかに認識していたのかは檜皮論文を参照されたい。

八郎たちは、まず三宅島に上陸した。ここで事件が起こった。三宅島の古参流人たちは、三宅島の流人頭や古参流人によって、所持金・衣類を身ぐるみはがされてしまったのである。三宅島の古参流人たちは、挨拶・諸経費と称して、あたらしく到着した「新流人」たちから金銭・物品などを奪い取っていた。これは慣習的行為となっていた。正義感の強い八郎は（杉論文参照）、この行為を許せなかった。八丈島に到着のち、八郎は「三宅島之者共不仁非道言語道断」であり、三宅島の村役人・百姓・流人が結託して「新流人」を貪り取っている、と厳しく糾弾する訴状を八丈島の地役人に提出した。(40)流罪となっても、八郎の〝気性〟はくじけていない。

万延元年七月七日、四八歳の八郎は、八丈島の八重根港に上陸した。地役人・名主・組頭・書役・流人頭らが港に向かい、「新流人」の居住地が決定され、村々の百姓家・流人小屋に引き取られることになる。その後、五人組組頭の指図で当人勝手次第の生活となる。なお、私信は役所を通じて許可された。八郎は当初末吉村に入るが、すぐに、大坂・樫立村・中之郷村を経由して三根村の高橋新宅に逗留する。しかし、万治元年一〇月一〇日の「利右衛門騒動」（後述）の影響で、末吉村に戻りここに居住することになる。

流人間の文化交流

八郎は、万延元年（一八六〇）七月七日に八根港に上陸し、赦免され出航する元治元年（一八六四）九月一〇日ま

（八丈島概念図）

【表３】　八丈島における八郎の活動

年月日	出来事
万延元年７月７日 ８～９月 10月10日	八郎、八重根港上陸 八丈島強風　サツマイモ凶作 「利右衛門騒動」 婿入り
文久元年２月29日	「闇之夜汁」執筆　水戸領安食村竹内専右衛門に送る
文久２年２月15日 ５月	「判段夢ノ真暗」執筆　松沢村神官三浦日向頭に送る 三宅島での金子横領に関する訴状作成　地役人に提出 「子孫心得之事」執筆 梅辻規清に出会う
文久３年２月 11月１日	「小児早道案内」執筆 『八丈島物語』執筆
元治元年　９月10日	赦免　八丈島出帆

での約五年間、八丈島で生活していた。【表3】はこの間のおもな事跡、出来事を関係史料から抜き出したものである。

八郎が流罪となった時期、幕府代官江川太郎左衛門家が、八丈島を支配していた（安政二年から文久二年まで江川英敏、文久二年から慶応三年まで江川英民）。また、流人の数は、嘉永五年から文久元年の間一三五人、文久二年から明治四年の間は一〇四人であった(41)。彼らの流罪となった罪状で圧倒的に多いのは、賭博関係・女犯・喧嘩口論・付け火などであったが、中には幕政を批判した人物や、危険な思想・宗教集団のリーダーと目された人物など、いわば政治犯・思想犯（以下、文人流人）もいて、さまざまな文化活動を展開していた。八郎と同時期の文人流人として【表4】のような存在がわかっている(42)。

八丈島の海岸線は険しく、また八丈富士と三原山があるため、北西地域（三根・大賀郷）と、南東地域（末吉・中之郷・樫立）とは地理的に分断されている。昭和四三年（一九六八）年に大阪トンネルが全面開通するまで、南東地域と北西地域との交流は希薄であったという。南東地域から島の東側の山道を通行し、北西部にいたるルートがあるが、頻繁な往来は難儀であった。南東地域に居住する八郎にとって、同地域内の人びとと、北西地域居住の人びとでは、交流の密度に濃淡が生じていたと考えられる。【表4】のうち八郎と同じ南東地域に居住していたのは、梅辻規清（中之郷村）・大橋庫太郎（中之郷村）・俊明（三根村）・日香（三根村）・日迨（末吉村）・蜂須賀寅蔵文敏（三根村）・金山金十郎＝石潤蘭風（末吉村）の七人である。八郎は、八丈島流刑の間、筆まめに記録を残したが、これらの記録に登場するのは、梅辻規清・石潤居蘭風の二名だけである。梅辻に関しては佐野論文、蘭風については杉論文を参照されたい。

【表4】掲載の文人流人のうち近藤富蔵がもっとも著名である。富蔵は、文化二年（一八〇五）、近藤重蔵の長男として誕生したが、隣家との地所争いから隣人一家を殺害して、文政一〇年（一八二七）八丈島に流罪となった。八丈

【表 4】 文人流人

氏名	居住（生存）年	居住村	特記事項
近藤富蔵	文政10年～明治13年	大賀郷村	本文参照
荒井力之進	天保13年～明治２年	不明	一風舎自楽　俳諧　近藤富蔵・鹿島則文主催の詩会メンバー
飯島可参忠亨	弘化４年～明治２年	大賀郷村	小普請組土岐信濃守支配　大賀郷書記 近藤富蔵・鹿島則文主催の詩会メンバー
梅辻　規清	弘化４年～文久元年	中之郷村	烏伝神道（佐野論文参照）
伊三五郎	安政４年～明治２年	大賀郷村	武州高麗郡上井上村百姓　養蚕書執筆
大橋庫太郎	天保８年～明治２年	中之郷村	書・俳諧　芝居狂言　近藤富蔵・鹿島則文主催の詩会メンバー
往誉	弘化４年～明治元年	大賀郷村	僧侶　上総国望陀郡木更津村浄土宗東岸寺 八丈島念仏講　白蓮会の指導的立場
鶴窓帰山	天保10年～明治元年	不明	俳諧　戯作　浄瑠璃本を執筆『やたけの寝覚草』執筆
実勝	嘉永７年～明治元年	不明	真言宗僧侶　近藤富蔵・鹿島則文主催の詩会メンバー
志道	嘉永元年～明治２年	不明	上州群馬郡高崎　普化宗慈上寺看主　俳諧
順覚	天保15年～慶応３年	三根村	増上寺地中月窓院住職　八丈島念仏講白蓮会の講中の指導者
金山金十郎	嘉永３年～明治２年	末吉村	石潤蘭風　元金山検校倅（杉論文参照） 近藤富蔵・鹿島則文主催の詩会メンバー
俊童	天保14年～明治元年	不明	江戸本郷丸山曹洞宗長泉寺　僧侶 近藤富蔵・鹿島則文主催の詩会メンバー
俊明	嘉永３年～明治２年	三根村	常州筑波郡真瀬村真言宗東光寺 近藤富蔵・鹿島則文主催の詩会メンバー
日香	天保12年～慶応３	三根村	銀牛庵　武州葛飾郡柳島村日蓮宗法性寺隠居　儒学・漢詩
日迨	弘化４年～明治元年	末吉村	牛込七軒寺町　日蓮宗久成寺　和歌
蜂須賀文敏	天保14年～明治２年	三根村	上州高崎　無宿　暦学　近藤富蔵・鹿島則文主催の詩会メンバー
羽太重固	文政13年～明治６年	不明	寄合酒井舎人家来　易学　近藤富蔵に易学を教える

（葛西重雄他『増補三訂　八丈島流人銘々伝』第一書房、1982年より）

【写真４】 近藤富蔵の墓（三根）

島では、北西部大賀郷村に居住し、宇喜多秀家の血筋の後裔にあたる、おいつを妻に迎え三人の子供をもうけた。富蔵は八丈島の地理・風俗・歴史・人物などを記載した地誌『八丈実記』全七二巻を執筆した。富蔵は明治一三年（一八八〇）、明治政府によって赦免され、一端東京に帰るが、明治一五年（一八八二）、妻と子供の残る八丈島に戻り生涯を終えた。八丈島の人びとにとって、富蔵の存在と影響力は大きく、現在でも顕彰運動は続いている。

八郎は、信達地方の養蚕技術を八丈島に伝えた（杉論文参照）。近藤富蔵は、八郎を高く評価し、『八丈実記』第一巻に八郎が記した「蚕養八老伝」「奥州伊達八老飼方」を掲載した。もっとも、富蔵自身は八郎に対する人物評を書き入れていない。一方、八郎も現存する史料のなかでは、富蔵に関して一切触れていない。両者の接点はなかったのであろうか。富蔵は北西地域の大賀郷村に居住していたので、八郎との交流は稀薄であったかもしれない。ここでもう一人の人物に着目したい。石潤蘭風である。八郎は、同じ村に居住する蘭風を俳諧の師匠として私淑していた。この蘭風は富蔵・鹿島則文（常州鹿島郡鹿島神宮宮司　慶応二年から明治元年まで大賀郷村に居住）らと詩会を組織していた。

蘭風は八郎と同じ、南東部末吉村に居住しているにもかかわらず、北西部大賀郷村の富蔵や鹿島則文らと同じ詩会に参加している。彼らのレベル（師匠クラス）の風雅公共圏の形成には、地理的悪条件はあまり関係ないのかもしれない。八郎は、どうやら師匠クラスの風雅公共圏に参入できなかったようである。この問題は杉論文を参照されたい。[43]さらに、八郎の世界観と近藤富蔵のそれとが相違していたとも考えられる。富蔵は『八丈実記』[44]という一級の地誌を残したが、この中で、自己の思想を語ってはいない。富蔵は、自然科学的・地誌的関心が強く、ゆえに彼の叙述は客観的な観察が中心となっている。『八丈実記』には多くの人物が登場するが、彼らに関して直裁な評価は下していない。自然・技術・風雅への関心は高く、その分野の記述量は多い一方、八丈島で発生した社会的事件、たとえば、八郎が関心を示した「利右衛門騒動」などへの言及はない。八郎と富蔵とのディス・コミュニケーションの原因は居住地の地理的要因というよりもむしろ、文化レベルの差違や、お互いの世界観・価値観の相違にあるのではなかろうか。

「利右衛門騒動」から赦免へ

八郎が、八丈島に到着した三ヶ月後の万延元年（一八六〇）一〇月一一日、凶作を背景として、流人たちの暴動事件が発生した（「利右衛門騒動」）。布川清司はこの事件を「流人一揆」としているが、[45]後述するにように、これは一揆などではなく、集団で島抜け＝脱出を図った流人の暴動である。

騒動の中心人物利右衛門（無宿）は、当初大賀郷村に預けられたが、同地で軽犯罪を重ねたため、中之郷村に移される、という粗暴な人物であった。彼が中心となったこの騒動は、三〇人の流人が三根村の主立った家や名主家を襲撃し、武器を強奪、大賀郷・樫立・中之郷・末吉各村を襲撃、最終的に陣屋を占拠して官船を奪い、集団で島抜けするという、全島をまきこむような暴動・島抜け計画であった。ところが、万延元年一〇月一一日、まぬけなことに首謀者の一人である兼吉（中之郷村）が、島抜け計画の連判状を落とし、計画は発覚してしまう。末吉村・中之郷村・樫立村で警戒がはじまり、利右衛門は真っ先に捕縛されてしまうのである。他の流人たちは逃亡、久那右衛門・兼吉・弥兵衛・竹松・金太郎・万吉・幸八の七人は、樫立村名主兵吉家を襲撃して、兵吉・儀左衛門（父）らを惨殺、鉄砲などを奪い三原山に逃げ込む。八丈島民たちが山狩りを行ったため、逃げ切れぬことを悟った七人の流人は自害を図り、これに失敗したものは捕縛され、全員拷問の上、処刑された(46)「利右衛門騒動」は、南東地域（末吉村・中之郷村・樫立村）で発生したのであり、当然八郎はこの大事件を経験し記録していた(47)。彼は「利右衛門騒動」をどう見ていたのであろうか。

八郎はこの騒動の経過を詳述し、参加者たちを「天命しらずの馬鹿もの共」としている。八郎には、彼ら対する憐憫などの感情はまったくない。樫立村の名主一家惨殺に関して、八郎は「八人の馬鹿」たちが、名主宅に押し入り、鉄砲を奪ったが鉄砲玉を取り落としている、「あまり狼狽たる馬鹿もの共哉、人を殺して助からん道もあるまじ」と記している。この時、名主兵吉の弟佐助が、逃げ出し無事であったが、このことを八郎は、「親を捨、兄を捨、其場をのがれ、剣道自まんも事おかしや、馬鹿と馬鹿とのより集り」と酷評している。名主兵吉と佐助は八丈島では剣術自慢でとおっていた。八郎は、剣術とは自分一人の身を護るものではなく、家と地域を防衛するためのものである、と述べている。八郎のこの主張＝論理は、八丈島から帰村後、誠心講の結成となって実現される。

元治元年（一八六四）九月一〇日、赦免された八郎は八丈島を出航する。五年間の流人生活であった。この五年間で、八郎の世界観は大きく変容した。この問題は、早田　佐野論文を参照されたい。

ここでは、八郎の赦免となった背景を確認しておきたい。「八老独年代記　巻之中(48)」で八郎は「忝も従　朝庭厚き御趣意に付、出嶋御免被　仰付」と記している。近藤富蔵も「元治元甲子八月御免　是ハ水府一件京都ヨリ　勅免ナリメヅラシキ事也」としている。[49] 八郎の人生は、ここでも大きな政治情勢のなかにあった。

文久二年（一八六二）一月以降、朝廷の政治力は、薩摩藩との連携によって急激に上昇した。四月一六日、朝廷は島津久光による旧一橋派の処分撤回などを含む上書を採用した。五月一一日、孝明天皇は将軍上洛と、徳川慶喜・松平慶永の登用などを命ずる勅諚を出し、その実行を幕府にせまるべく、大原重徳を勅使に任命、島津久光と薩摩藩兵に護衛させ、江戸に下向させた。この動きを事前に察知した幕府は、四月二五日、安政の大獄で弾圧した公家らの赦免を朝廷に要請した。その結果、八月二日に「孝明天皇御沙汰書」が出たのである。ここには「於地下輩ハ今以其儘ノ分モ有之候間、早々赦免可有之様思召候」と記してあった。[50] 孝明天皇が幕府に対して、安政の大獄で処罰された庶民の赦免を命じたのである。これ関する二点の史料をあげておきたい。

①『維新史料綱要　四巻』（維新史料編纂事務局、一九三七年）

文久二年一一月二八日

幕府、朝旨ヲ奉ジテ大赦ノ令ヲ布キ（中略）数十人、逐次釈放セラル

②渋沢栄一著『徳川慶喜公伝　二巻』（平凡社東洋文庫版、一九六七年）

斯くて九月、幕府は御婚礼の済みたる御祝儀として赦を行ひ（中略）、名主八郎（中略）等の御仕置を赦免し（中略）、朝廷に奏聞せり

これらの史料から、文久二年一一月二八日、幕府は朝廷の命をうけ「大赦」を行い、この結果、八郎も赦免された、と解釈することができる。八郎の赦免は、朝廷の幕政への介入という大きな政治変動の一環であった。

八郎は老中駕籠訴を行い、政治活動を始め『秘書』をしたため、在地社会・百姓世界から大きく逸脱し、身上がりを願い、水戸藩への仕官を企図した。ここまでは八郎の主体的行為である。しかし、こののち、彼に降り掛かってきた出来事は、先述したように、太宰清右衛門捕縛の一環であり、いわば、安政の大獄のとばっちりである。その中心人物井伊直弼は桜田門外の変で暗殺されるが、八郎の八丈島流罪は実行され、今度は、文久二年の政治変動のなかで赦免されたのである。

水戸藩を通じて、身上がりの実現をはかろうとして以降、彼の人生は、政治に翻弄されていったのである。確かに、八郎は安政の大獄での捕縛を自慢の一つ「実ニ難有御事也」としていた。しかし、現実は、吉田松陰が見たように「人質」であり、その結果は過酷な八女島への流罪であった。そしてこの生活を終わらせたのも、八郎の手の全く届かない世界からの他律的な波動であった。

6、在地社会への回帰

八郎は、文久二年の政治変動の結果赦免された。安政期、身上がり願望をいだき、百姓世界から逸脱し始めた八郎であるが、八丈島流罪の後、金原田・梁川・桑折という空間と家＝在地社会に回帰した。以後、八郎は身上がりを企図した仕官や、政治的活動をおこなわなくなる。この意味に関しては早田・杉論文を参照されたい。ここでは、八郎の思想・心性の特質を探る一助として、他地域の百姓由来の地域実践者・政治実践者との比較を試みたい。八郎が生きた在地・時代状況の特性を意識して、東日本出身で村を出て他地域での生活を経験したことのある人物、すなわち宮負定雄・三浦命助・根岸友山の三人を選んだ。キーワードは時代性・社会的階層・学問・危機意識である。八郎が大きく逸脱した安政期という時代の特質を理解するために、天保期に活躍した宮負定雄を、八郎の社会的階層と学問を理解するために、在地社会で経済的・政治的に屹立し、国学を修得した根岸友山を、八郎の逸脱の意味を探るために、八郎と社会的階層・立場は近似するが「強か者」のまま死んでいった三浦命助をそれぞれ選択した。

宮負定雄

『千葉県の歴史』通史編二（一九九六年）、岸野俊彦・小田真裕の研究に基づき宮負定雄の活動を紹介したい。(51)宮負定雄は寛政九年（一七九七）、下総国香取郡沢村の名主の家に生まれた。八郎より一六歳年上である。定雄の青年期、下総地域では農村荒廃が進んでいた。彼は、家の復興と繁栄の途を、先祖崇拝と通俗道徳に求めたが、これでは百姓全般の「厚利」を得ることはできないと認識するに至り、文政九年（一八二六）、平田篤胤に入門する。定雄は農書を執筆し、名主として勧農に貢献し、間引きの禁止を唱え、村落上層農の道義に訴える「心がまえ」論を展開した。彼の学問の基盤は国学にあり、名主として、これを地域の百姓に伝えるための教諭を構想していた。

定雄は平田篤胤から篤農と評価されるも、天保五年（一八三四）、出奔する。出奔理由は、彼の学問・村落復興策が、現実の飢饉に対して効果なく、村落指導者として苦悩したからだ、と理解されている。出奔後の定雄は、各地を放浪し、種々の著作をなした。出奔後の定雄は以下のように思想を変化させた。

①外圧への視点：尾張遍歴中、漂流してイギリス船に救助され、外国を周遊して帰国した小栗重吉を訪ね、攘夷論を主体的に表明するようになる。

②村落共同体の矛盾への視座：国学的な卑賤意識や差別意識から、貨幣経済を一層強く否定する。

③イデオロギーとしての「幽冥観」への視点：来世や再生を支配する「幽界」の実体や、神の霊威を明らかにし感得することに没入していく。

嘉永末年、定雄は放浪から帰村した。①から③と思想を変容させた定雄は、村落共同体内における上層農民と小前百姓との対立を、同じ百姓として共有できる外夷と「穢多・非人」を排除する思想＝「幽冥観」のイデオロギー、さらに神国意識に埋没させていった、と理解されている。

村落指導者である宮負定雄は、飢饉と経済的格差が拡大してゆらぎはじめた在地社会＝公共圏を再構築するために、「穢多・非人」・異国という外縁の排除の構造を創り出し、小百姓たちの結集を図ろうとしていたのである。

三浦命助

森嘉兵衛・深谷克己の研究成果(52)から、三浦命助の活動を見ていきたい。三浦命助は文政三年（一八二〇）、盛岡藩太平洋側の山間村上閉伊郡栗林村に誕生した。八郎より七歳年下である。三浦家は天和二年（一六八二）、栗林村の草分け百姓として、村内最大の土地所持（六石五斗一升六合）をほこった三浦左馬之助から始まった。命助はこの家祖左馬之助を尊敬し、自分が彼の子孫であることを強く意識していた。

三浦家がはじめて肝煎として史料に登場するのは、天明四年（一七八四）であった。天保期、命助の父六右衛門も肝煎を勤めていた。しかし、命助家は分家であり（本家と同じ家屋敷で一緒に二つの家族が暮らしていた）、母・妻・五人の子もおり、暮らしは楽ではなかった。命助は、一七歳で天保の飢饉を経験し、秋田藩院内銀山に出稼ぎに出、父の死によって当主になってからも、農間余業（荷駄商い）を始め、盛岡藩領域をこえて、活動範囲を広げていった。命助は、幼少期から学問を好み、栗林村を離れ、遠野町にすむ師匠小沼八郎兵衛の下に住み込んで、四書・五経を修めた。このように、命助は幼少期から栗林村以外の世界を経験していたわけである。

嘉永六年（一八五三）、三四歳の時、命助は大きな歴史の舞台に登場する。栗林村を含む盛岡藩領の百姓たち八〇〇〇人が仙台藩領への強訴を起こした。命助はこの三閉伊一揆の頭取の一人として奔走するのである。一揆沈静後、盛岡藩は一揆勢との約束によって、頭取たちを捕縛しなかった。しかし、命助はその直後の村方騒動に関連して、代官所の追及をうけたため、家族を残し出奔してしまう。

彼は修験者として仙台藩領で暮らしていたが、やがて京都に登り、公家二条家に奉公する。命助のこの行動も身上がりと言える。

安政四年（一八五七）七月、命助は突如、盛岡藩領に戻ってきた。彼は、武士の身なりをして大小を帯び、家来を二人連れ「二条家御用」の旗を立てていた。これは、二条家の権威を利用しての政治的行動（盛岡藩批判）であったと理解されている。深谷克己は命助のこの行動を「〝たった一人だけの一揆〟」と表現した。しかし、彼は盛岡藩役人に捕縛され、盛岡城下の牢につながれてしまう。盛岡城下の獄中で、命助は四冊の書物＝遺言書を執筆した（森嘉兵衛は「獄中記」と名付けた）。この遺言書は四冊からなっている(53)。その内容を簡単に紹介したい。

〈一冊目〉

安政六年（一八五九）九月二七日とあり、冒頭には「このてうめんを栗林村三浦六右衛門家にをんとゞけ被成下置度よう」とある。三浦六右衛門家とは三浦の本家のことである。一冊目の記述内容は、宛先を明記したものと、特に明記していないものに分けられれ、宛先を明記したものは、以下の三つに分類できる。

①三浦本家・分家（命助家）宛

百姓生活全般に関しての記載が中心となり、親孝行によって「子孫長久」に栄えるとしたためられている。

②命助家宛

家族に関する記述が中心であり、命助は貧乏を恐れるな、「人間は三千年に一度さくうどん花」である、と語っている。

③三浦本家宛

百姓生活全般への意見にとどまらず、隣国をも知らずに、過大な話をするな、借金を恐れるな、といった内容となっている。若くから農間渡世に積極的であり、他国で暮らした命助らしい見解が披瀝されている。

〈二冊目〉

安政六年九月二九日とあり「このてうめんをよく〳〵ごらん可被成候　以上　天下泰平　国家安全　二ばんめのてうめんなり　三浦命助」との奥書がある。宛所から二つに分けられる。

①三浦本家・分家（命助家）宛

日常的な病への実践的対応や、薬の製造法が記されている。

②命助家宛

農間渡世の方策として醤油製造法などを記し、醤油・糀・酒・す・みそ・せんべいなどを毎日町場で販売するようにと記されている。

〈三冊目〉

万延二年（一八六一）二月一七日記す、とある。宛所から、二つに分けられる。

①三浦本家・分家（命助家）宛

『太閤記』を差し入れしてもらいたい、命助が万一殺された場合には、残った子孫は、江戸へ出て、豆腐屋を始め、子孫を江戸に残せ、と記している。

②命助家宛

ここまで記した三つの帳面が無事届いたら、祝いをしてもらいたい、とある。

〈四冊目〉

万延二年二月一七日、「大福帳　三浦命助」と記されたもので、最後の記録となった。本編はカタカナ書きである。宛所から二つに分類できる。

①三浦本家・分家（命助家）宛

「国守」＝藩主の「メグミ」がないために、諸事難儀になっているので、盛岡藩からはなれ、松前に移住し「公義ノ御百姓」になれ、とし、松前を「極楽世界」と述べている。

②命助家宛

「公義ノ百姓」になれと述べている。

以上、命助の遺言書四冊を年代順に、宛所に着目して内容を分析してみた。一冊目・二冊目：在地社会、日常的百姓世界における戒めや、三浦家と子孫の繁栄を意識した内容などである。三冊目・四冊目：命助は死を意識し、命助家・三浦本家に対して、南部を捨て他国へ移住することを勧めている。ここで展開されている言説は、盛岡藩への幻滅と、その対極に肥大化され意識される幕府への期待、公儀百姓になることへの願望と、根拠のない松前ユートピア話である。

命助が最後まで願っていたのは、三浦家の繁栄であった。しかし、命助は、南部という空間で、それを実現することはできないと認識していた。松前を極楽とまで記す心性の底にあるのは、現実世界への絶望であった。そして、命助は元治元年（一八六四）二月、七年にも及ぶ獄中生活の末衰弱し、「強か者」そして異端として牢死していったのである。

根岸友山

最後に、武蔵国大里郡甲山村の根岸友山を『新編埼玉県史』通史編四（一八八九年）、及び小野文雄・沼田哲の研究に依拠しつつ紹介したい(54)。

甲山村は、幕領と旗本領からなる村高三九〇石余ほどの畑がちの村落であった。根岸家は享保期から代々名主を勤める家柄で、八〇町余りを所持する周辺地域きっての豪農であった。根岸友山は文化六年（一八〇九）に生まれ（八郎の四歳年上）、文政六年（一八二三）に名主に就任する。

甲山村は荒川の水害にみまわれ、名主友山は荒川堤防工事に尽力した。天保一〇年（一八三九）、荒川堤防工事に関連した不正事件が発生し、普請組合二三か村の百姓たちが、工事を請け負った小泉村彦三郎を幕府に訴えた。この強訴に根岸友山も参加していた。勘定奉行所は強訴の首謀者を捕縛し、友山も入牢とされ、居村構および江戸一〇里四方追放とされた。安政六年（一八五九）に赦免されるまでの二〇年間（三三歳から五一歳）、彼は甲山村から離れ生活していたわけである（この間の二〇年間の詳細は不明）。

赦免後、五〇代になった友山は江戸の長州藩邸に出入りし、長州藩尊王攘夷派や諸藩草莽志士との交流を持つようになり、草莽志士たちに資金を提供していく。この頃から友山の学問・思想は深まり、文久期友山家に滞在した国学者安藤野雁や、平田派国学者権田直助から国学を学んでいる。またこの時期、友山は千葉周作から剣術も習っていた。先述したように、千葉周作の玄武館は尊王攘夷派のメッカであった。友山は、玄武館での修業の成果を生かし、甲山村に振武所という道場を開き（開設時期は不明）、地域の若者に剣術を教えはじめる。振武所は、玄武館から師範が派遣されるなど、本格的な剣術道場として機能していた。慶応二年、武州世直し騒動に際して、友山は振武所で剣術稽古を指導した若者たちを組織し、騒動勢を武力で殺害・圧倒していくことになる。

安政元年（一八五四）、友山の政治活動が始まる。彼は、長州藩から「御国塩其外産物之御用取扱」に任命され、同藩との関係を強化する。この時期、友山の思想・行動は尊王攘夷から反幕、さらに倒幕へと傾斜していった。そして、文久三年（一八六三）二月、五五歳の友山は清河八郎の新徴組に参加し上京、一番組小頭に任命されるが、新徴組の計画が頓挫して帰村している。

元治元年（一八六四）、友山は天狗党の乱に呼応するが失敗、慶応三年（一八六七）、薩摩藩浪士隊に友山の弟子が参加、同年、友山は出流山挙兵の竹内啓らに呼応し挙兵計画をたてるが、またもや失敗している。このように友山は文久期以降、竹内ら草莽志士との連携を深め、倒幕運動に参加しはじめる。

慶応四年（一八六八）、友山は王政復古・新政府の成立を支持するも、皮肉なことに、元関東取締出役渋谷鷲郎を支援したという嫌疑をうけ、官軍に一時捕縛されてしまう（のち釈放）。

幕末には草莽志士として活躍した根岸友山であったが、明治維新以降、五〇代になった彼は、政治活動からまったく身を退き、完全に隠居、神葬祭を勧めたり、古墳の保存運動など地域内での文化・啓蒙活動を展開する。ただし、根岸家は貴族院多額納税者互選名簿に名が載るなど、地方名望家としての地位を確立していた。

四人の比較

以上をもとに、次の【表5】は八郎と三人の百姓由来の地域実践者を比較したものである。

八郎をふくめ四名とも、村役人を経験した人物であり、それぞれ政治・社会に対して危機意識を抱いていた。そして彼らはみな在地社会にとどまることなく、広い世界で行動していた（他律的な場合もあったが）。彼らは、各自が抱く危機意識を基盤にして実践活動を展開していたが、それは当然ながら、時代的特性、政治・社会状況によって大きく異なっていた。宮負定雄・三浦命助・根岸友山のなかで、八郎ともっとも遠いところに宮負定雄が位置づけられる。これは予測できた結果であった。わたしは、八郎の生きた時代背景をすこしでも明らかにするために、あえて宮

【表5】　4人の比較

	菅野八郎	宮負定雄	三浦命助	根岸友山
①	文化10年（1813） 陸奥	寛政９年（1797） 下総	文政３年（1820） 陸奥	文化６年（1823） 武蔵
②	嘉永～安政年間 ペリー来航 安政の大獄 戊辰戦争	文政～弘化年間 農村荒廃 天保の飢饉 外国船接近	嘉永年間 ペリー来航 三閉伊一揆	嘉永～元治年間 ペリー来航 安政の大獄 戊辰戦争
③	中・上層	上層	中・上層	上層　典型的豪農
④	年番　村役人	世襲名主	世襲名主	世襲名主
⑤	心学 梅辻規清からの陰陽思想	平田篤胤の国学	儒学の基本	平田派国学
⑥	江戸への駕籠訴 身上がり行動 八丈島流罪 誠心講	出奔　諸国放浪 江戸居住	出奔 修験活動（仙台） 身上がり行動 二条家奉公（京都）	追放刑 剣術修業（江戸） 新徴組応募（京都） 討幕運動に参加 振武所

①誕生年　②三〇から四〇代（もっとも活発な活動を展開した）のころの政治・社会的状況
③百姓経営の状態　④村内での政治的立場　⑤学問・思想状況　⑥村外での活動

負定雄を対置させてみた。四〇から五〇代の時期＝天保期、名主宮負定雄の危機意識は、農村荒廃と、貨幣経済の広がりによる地域内格差の拡大にいかに対応すべきか、というものであり、対外危機といったものはほとんどみうけられなかった。八郎の逸脱と、彼が生きた社会を理解するには、ペリー来航の問題は大きい。

問題は、八郎とほぼ同時代に生きた三浦命助・根岸友山である。三浦命助の生き様は、八郎と近似している。両者ともに身上がりという行動に出た。命助にとって、身上がりは手段であり、二条家の奉公人となったうえで帰村し盛岡藩政を批判する、という公的な実践が身上がりの目的であった。命助の実践行為を支えていたのは、南部盛岡藩政治に対する身を削るような批判である。その意味で、彼の半生を覆っていたのは三閉伊一揆であった。絶望と死を意識した命助が、家族に対して南部を捨てて江戸・松前へ、と語る姿は凄まじい。このように、仙台や京都という他所での生活経験をもつ命助であったが、彼の意識は逆説的意味も含め、南部から離れることはなかった。

一方、八郎にとって身上がりとは、それ自体が目的であり、徹底して八郎個人と菅野家の問題であった。八郎は水戸藩への仕官という行動に出て、個人として金原田村から飛躍しようとした。これは、八郎のパーソナリティーを考える上で重要であろう。

八郎と命助の世界観を比較すると多くの点で異なっていることに気づく。これは、ペリー来航に対する意識の相違にあったといえよう。命助は、はたしてペリーの存在を知っていたかどうか。これに対して、八郎の実践行為・心性を考察する上で、やはりペリー来航の問題は大きい。

ペリー来航が一人の百姓の世界観を変えた、と理解することは避けたい。早田論文・檜皮論文にあるように、八郎は菅野家の存在意義の上昇や、在地社会に限定された問題群を、ペリー来航を契機にして、異国＝バテレンに対する危機に結合させ、霊夢に仮託しつつ普遍化しようとした。しかし、これらを普遍化するために必要な教養＝国学的素養の欠落は、危機意識の茫漠化をまねき、駕籠訴・箱訴に失敗したわけである。そして、先述したように八郎は自己の抱える問題群を、身上がりという戦略へと収斂させていったのである。

根岸友山の実践行動は、八郎とはかけ離れているように見える。根岸友山は、尊王攘夷を掲げたいわゆる草莽の志士でもあった。檜皮論文にあるように、八郎は攘夷論者ではない。この二人が、同時代に生きていたわけである。両者の相違は、どこに由来するのか。根岸友山は地域有数の豪農であり、八郎は中・上層程度の経済力であるということは自明のこととして、両者の相違をもうすこし掘り下げたい。

平田派国学の徒である友山の危機意識は、尊王攘夷へと普遍化でき、草莽の志士のネットワークへと係属することが可能であった、としたのではあまりに整頓しすぎる。駕籠訴・箱訴で失敗した後の八郎の思想も変化している。わたしは、両者の決定的な相違は文久期の経験にあると考えている（後述）。

八郎と根岸友山とはともに村外で活動していたが、八郎には江戸で剣術稽古した実績がない。八郎がたよった義弟太宰清右衛門は、千葉周作の玄武館に通い、そこでの水戸藩士との交流から天狗党と関係をもった。根岸友山も千葉門出身である。ペリー来航の前後の時期、江戸で剣術稽古を行ったという経験は、尊王攘夷論者たちの情報ネットワークに主体的に入り込める可能性をもつと同時に、政治的主張・行動のためには実力行使も辞さないという、武力・暴力へのバリアーを内面から崩すという側面もあった、といえよう。根岸友山が創設した振武所は本格的な剣術道場であり、武州世直し騒動の際には暴力装置として機能した。打ちこわしが発生した場合、狙われるのは友山などの豪農である。友山にとって世直し騒動などは、地域秩序の崩壊につながる暴動に他ならない。

同じ時期、八郎も誠心講という組織を作り剣術稽古をしていたとされる、しかし、八郎の事跡を確認するかぎり、剣術を本格的に修業したという事実はない。誠心講とは、先述したように八郎の八丈島経験（「利右衛門騒動」）から生まれたもので、具体的には代官と結託して不正をはたらく、博徒勘七や早田伝之助らに対抗する八郎一派という側面が強いのではなかろうか。八郎はこの誠心講を、信達騒動鎮圧に用いていないし、戊辰戦争の際に仙台藩の農兵取り立てがあったにもかかわらず、誠心講メンバーを農兵にすり替えるようなことをしていない。剣術修業の有無も含め、八郎には暴力への禁忌が強いのではなかろうか。この点も八郎のパーソナリティを理解する重要な視点と考える。

草莽の志士という問題

ここまで、八郎と友山とを経済的側面を捨象し、政治的実践行為の側面から比較してみた。ここまでくると、草莽の志士という問題を避けて通ることはできないであろう。

草莽の志士の全体像を構築した研究として、高木俊輔『明治維新草莽運動史』（勁草書房、一九七四年）が現在でも高い水準を維持している。高木は、服部之総・色川大吉・鹿野政直・大江志乃夫・原口清らの見解を紹介しつつ[55]、草

【表6】 関東における草莽の志士による政治事件

万延元年3月3日	桜田門外の変
文久元年5月28日	英公使館東善寺襲撃事件
文久02年1月15日	坂下門外の変
5月29日	英公使館東善寺襲撃事件
12月12日	品川御殿山英公使館襲撃事件
文久03年11月12日	慷慨組　赤城山挙兵計画
11月12日	天朝組　横浜異人街襲撃計画
11月12日	九十九里地方真忠組事件
元治元年3月27日	天狗党挙兵
慶応03年12月	出流山挙兵

莽の志士の概念規定を行い、在野にあり、現状打破を意識し活動する、経済史的側面からは在郷商人・豪農の範疇で、政治史的側面からは尊王攘夷派として位置づけられる、政治行動＝尊王攘夷の挙兵に関しては、関東もしくは、西南雄藩出身の草莽の志士が中心であった、と論じた。

関東地域における草莽の志士による政治事件は、桜田門外の変によって大老井伊直弼が殺害されたことを契機に始まり、文久二年・三年にピークを迎えた。高木『明治維新草莽運動史』および、各自治体史を参考に、これらのうち、坂下門外の変、天狗党の乱、慷慨組・天朝組・出流山事件に関与した草莽の志士たちの動向を確認したい。

①坂下門外の変

坂下門外の変には、小宅文藻（木綿問屋）・横田祈綱（豪農）・横田昌綱（豪農）・小山春山（木綿問屋）ら、下野国東部真岡地域の豪農商が関与した（彼らは襲撃には参加していないが捕縛された）。彼らはみな天保から嘉永期に没落するか没落寸前の経営状態にあり、また小前層からの突き上げをうけるなど、百姓・町人世界において危機的状態にあった(56)。彼らは、地域内および個人的な危機状況を、尊王攘夷運動へと係属させていった。これを可能にしたのは、文久期に形成された大橋訥菴（江戸の儒者）を中心とする下野の草莽志士のネットワークである。

②天朝組・慷慨組

文久三年（一八六三）、慷慨組・天朝組という草莽の志士グループが相互に関連して生まれた。慷慨組とは、桃井可堂（武州榛沢郡北阿賀野村出身）を中心にした北武蔵の豪農層と、大楽源太郎（長州の脱藩士）ら浪士とが提携したもので、中瀬村・血洗島村などの北武蔵の豪農（渋沢栄一・渋沢喜作ら渋沢一族）らが参加し、赤城山での挙兵を計画、失敗した。

天朝組は尾高新五郎（手計村出身）と江戸千葉三郎道場の仲間らが中心となって結成されたもので、渋沢栄一はこちらにも関係していた。慷慨組とおなじく、文久三年に高崎城乗っ取りを計画したが失敗している。高木俊輔は文久三年秋に関東で同時に挙兵を計画した慷慨組・天朝組の動向を分析し「志士の間には、網の目のようなつながりがあったように思われる（中略）、文久三年晩秋の三挙兵計画の背後には、水戸脱藩浪士や上州・野州・武州各地から出た草莽たちの間に、いくつかの連絡網が交錯していたであろう」と分析している。(57)

③出流山挙兵

慶応三年（一八六七）、相楽総三らが薩摩藩の支援をうけて、武州北西部の豪農たちを中心に浪士隊を結成、落合源一郎（武州多摩軍駒木野村）副総裁、権田直助（武州）大監察、小川勝次郎（武州入間郡飯能）監察、小島直次郎（武州大里郡相上村）偵察らとともに、根岸武香（友山の子）も参加した。この浪士隊は竹内啓を隊長とする出流山挙兵組・甲府城攻略組・相州荻野山中陣屋襲撃組の三つに分かれた。(58) 野州出流山挙兵の隊長となった竹内啓は武州川越在の豪農、副隊長の会沢元輔は薩摩藩脱藩（下野安蘇郡石塚村居住）、副隊長山本鼎は伊勢亀山藩脱藩（下野国都賀郡寺尾村居住）であった。彼らは下野の豪農・百姓の若者を勧誘していた。

出流山に挙兵した彼らは、関東取締出役（渋谷鷲郎ら）を総大将とする幕府軍との戦闘にやぶれ、四〇名余りが佐野川原で処刑された。(59)

以上から、文久二・三年の挙兵計画の前提には、草莽のネットワークがあり、これに参加した豪農たちが連携をもちつつ行動していたことがわかる。文久期とは、草莽の志士となる上で決定的な画期といえよう。倒幕への機運が高まる慶応期における草莽の志士の挙兵は、内戦を企図する薩摩藩の支援をうけたものであった。

身上がりという行動に走り、在地社会・百姓世界から逸脱しようとした八郎であったが、彼は草莽の志士とはならなかった。八郎は国学を学んでいたわけではなく、尊王攘夷思想を抱えていたわけではなかった。先述したように八郎は江戸伝馬町の牢で水戸藩関係者・吉田松陰などの尊王攘夷論者とコミュニケーションを図った形跡はない。八郎にとって、義弟太宰清右衛門は、水戸藩への繋ぎとしての存在でしかなかった。八郎は、金原田・梁川・桑折という在地社会で抱えた込んだ危機意識を、尊王攘夷論にリンクさせていくという政治的実践を選ばなかった。また彼は剣術という暴力を会得したわけでもなく、危機意識→尊王攘夷を暴力で実現していく、という発想もなかったのである。

一方、八郎は草莽の志士となれなかったとも言い得る。草莽の志士として活動するためのネットワークに参入するための決定的な時期である文久期、八郎は八丈島にいたのであるから。

草莽の志士による尊王攘夷運動・挙兵計画が進行した文久期、八郎は梅辻規清との出会いにより、百姓世界へと回帰していった。この時期彼が書き残したものは、百姓としての生き方を掘り下げていくものがほとんどであった。赦免をうけ金原田村に帰った八郎は、在地社会で百姓として生きていった。ただし後述するように、現状批判、現実の政治批判の視点は鋭かった。

7、信達騒動から戊辰戦争、そして沈黙の明治

信達騒動

慶応二年（一八六六）六月、八郎が住む金原田・梁川・桑折を含む信達地域で、四〇〇〇人もの百姓が参加した世

直し騒動＝信達騒動が発生した。この騒動の原因は、①諸物価高騰による生活苦、②桑折代官所による蚕種役の制度改正（改印制度による負担増）、③助郷役負担に由来する紛争、などであった。

幕末開港以後、信達地域は上州・信州の養蚕地域との流通を確保し、蚕種生産地域として繁栄していた。これに着目した特権商人が私欲から幕府代官と結託し、改印制度を企画した。この制度は蚕種生産への管理統制強化に結びつくものであり、蚕種を生産する農民たちには、蚕種紙一枚につき、銭二五〇文の手数料が賦課されるというものであった。[60] 以上が原因②の概要である。騒動の最初の段階で、改印制度を企画した中心人物、岡村文右衛門家・忠左衛門家、長倉村伴六家などが打ちこわされた。[61]

原因③の詳細は、この助郷紛争の調停役となった北半田村の豪農早田伝之助（既述した心学者）らが、御伝馬宿入用を横領した、というものである。世直し勢は不正横領をした早田伝之助家などを打ちこわした。

ところで、庄司吉之助は早田伝之助家が打ちこわされた事実に着目し、信達騒動の頭取を八郎であるとした。[62] 嘉永三年（一八五〇）に発覚した国恩金不正事件に伝之助が関与して、八郎はこれを攻撃するために、伝之助家打ちこわしを指揮したというのである。たしかに、八郎は早田伝之助の行状を批判しているが（後述）、原因③で述べたように早田家打ちこわしの直接原因は、国恩金不正事件ではない。国恩金不正事件は、信達騒動時の時点から一五年近く遡るのであり、八郎の八丈島流罪以前の出来事なのである。八郎の〝気性〟からして、このような不正事件をもし糾弾するならば、一五年もそのままにしておくとは思えない。

庄司吉之助『世直し一揆の研究　増補版』は「新版序」にあるように、七〇年安保闘争を目前にして加筆されたものので「幕末の階級闘争を革命的状況」と位置づけ、「そのような状況の中で民衆はどのような条件の下で何をたたかわれたのか」を問うための研究であった。世直し騒動は「革命状況」にあった、という前提＝命題から菅野八郎研究をスタートさせていたのである。既述したように、一九五〇年代から六〇年代にかけての近世運動史研究は、階級闘争として位置づけられた百姓一揆研究が主流であり、そのなかで庄司は地域密着型の研究を牽引していたが、あまりにも現実社会との関係、現在的問題関心にひきつけて八郎の行動や信達騒動を解釈していた。百姓たちの「実践」はアプリオリに「変革」へと結びつけられ、地域での実践者八郎は「変革」のリーダーとされてしまった。一九五〇年代から六〇年代における階級闘争史観にもとづく百姓一揆研究の文脈のなかで、八郎は信達騒動の頭取と「目され」てしまったのである。これに対して、安丸良夫は八郎を「慶応二年の世直し一揆の本当の指導者ではなかった」としている。(63)

われわれの共同研究でも、どうしても八郎頭取説に触れざるを得ない。以下述べる八郎の実践行動の分析①から③を論拠として、わたしは八郎頭取説を否定しておきたい。

①八郎は、既存の地域秩序を維持するべく誠心講を組織していた。

②八丈島での「利右衛門騒動」に対する八郎の対応・意見を確認するかぎり、地域秩序を乱す行為に関して、八郎は厳しい評価を下していた。

③八郎の実践行動の多くは、菅野家の存在意義を高めようとするものであり、八郎の願望は身上がりに収斂されていた。ゆえに八郎個人の実践行為の先には権威・権力というものが存在していた。

以上から、八郎とは他者からは「逸脱する百姓」と見えるかもしれないが、秩序を重視する人物であったことが理解できよう。信達騒動には、騒動中盤以降、諸国から「悪人原」・「悪党」らが大勢参加しはじめた。頭取の統制を無視し「乱妨狼藉いわん方もなく強盗の様子」となり、地域社会の秩序は乱れていった。(64)このような騒動に八郎が荷担するとは考えられない。③に関してさらに付言しておきたい。八郎の実践行為は彼の〝気性〟＝強烈な自己主張に基づくものであり、既存の権力・権威に依拠したものであった。しかし、信達騒動に結集した百姓たちに権力への期待などない。八郎と信達騒動に結集した人びと＝「悪党」の心性は相容れないものである。また、八郎が信達騒動の頭取であったとしたら、たとえ捕縛の恐れがあたったとしても、この行為＝騒動の正当性を堂々と主張し、みずから頭取であることをアピールしたであろう。彼はそういう〝気性〟の持ち主である。八郎は、罪を遡及されない明治期になっても、頭取であることを否定しているのである。さらに（この点が重要なのであるが、）八郎の実践行為には暴力的要素はいっさいないのであり、信達騒動の初発段階（打ちこわし）からして八郎の実践スタイルではない。また、信達騒動の頭取になることは、八郎の自己実現に結びつくものではない。

　八郎は信達騒動の頭取ではあり得ないが、八郎頭取説は当時から流布されていた。水村論文はこの問題を分析している。ここでは八郎頭取説に対する、八郎当人の見解を①から③として紹介したい。八郎は本人の頭取説流布をいかに認識していたのか。

①八郎と対立する桑折の博徒勘七が八郎頭取説を言いふらした。
②八郎「高名」を妬み誹る者が噂を流した(65)
③八郎頭取説が史料として残っているのは他国においてであるが（水村論文参照）、八郎がこれらを入手して自分で頭取説を流布させている、と地元では語っているが、これは「八郎美名なるを心中大ニねた」んだ結果の「あきれたる世の人心」である(66)。

　以上のように、八郎は八郎頭取説を故意による悪意の噂であると淡々と述べている。しかし、八郎は、桑折代官から頭取の嫌疑をうけ、捕縛されてしまう。彼はこの背後に敵対勢力＝博徒勘七と早田伝之助の存在があったと認識していた。養子忠五郎は、八郎の嫌疑をはらすべく、江戸に出て老中まで駕籠訴したが、地元にもどされ、入牢となってしまう。この後、八郎は甥の安蔵を長州に派遣して山口の役所に訴願させている。[67] 慶応四年三月におこなわれたこの訴願は、庄司吉之助によって八郎親子の赦免願いであることが強調されてきた。[68] もちろんその側面は否定できないが、文末が「御賢察之上、御仁政之程奉願上候」として終わっていることに着目したい。八郎は、幕府・仙台藩の支配に失望し、長州藩の仁政に期待をしているのである。八郎は、この訴状で、地域の治安悪化と政治の腐敗がおこっていることを訴えている。ここにも、八郎の秩序観が表れている。

八郎は、「桑折宿勘七、北半田村伝之助、五十沢村福平、岡村馬治、中瀬村義左衛門、此五人邪佞奸智之曲者」が桑折代官と癒着していることこそが、悪政の根源と論じている。代官川上猪太郎は「古今未聞不見之悪政」をおこなったために、信達騒動が発生したのであるが、川上に替わって新しく赴任した代官黒田節平も「同様之悪政ニ而、百姓之愁悲無限」状態であるとしている。八郎は敵対勢力を攻撃することも忘れていない。[69]

この訴状の文末に八郎実践行為の特質が表れている。八郎のこの実践行為の先には例によって権力・権威がある。八郎は、幕府・仙台藩を切り捨て、長州藩を実践行為の目標に替えたのである。

戊辰戦争

慶応四年（一八六八）一月、戊辰戦争が始まり、三月一三日、江戸開城以後、関東各地で旧幕府軍と官軍との戦闘がはじまった。同年四月、八郎は内戦状態となった関東地域に、甥の安蔵を派遣した。慶応二年（一八六六）、信達世直し騒動の頭取説否定を官軍に訴願することと、官軍の情報を事前に入手することが、安蔵派遣の目的と考えられる。八郎は安蔵からの情報を整理し、それに基づく自己の見解を「八老独年代記　巻之中」[70]（以下、「年代記」）に詳述していた。「年代記」のソースは安蔵の見聞にあるが、叙述は八郎の主観によるものである。「年代記」には、以下のように北関東（下野）の戊辰戦争の様相が詳述されている。

四月一四日　宇都宮の様子が記され、下野に入った旧幕府軍＝「脱走歩兵」「脱走の兵士」が「乱妨」しているとある。

四月一六日　小田原に出た安蔵は、同日下野に引き返し、日光街道の石橋宿で周辺の様子を聞き込みしているが、一日で小田原から石橋宿まで移動することは不可能であろう。安蔵の情報に虚偽があったのか。江戸まで駕籠訴に出たことのある八郎が、地理（距離感）に疎いとは思えない。八郎は安蔵の行動日数などにはあまり関心がなかったのではなかろうか。八郎が重視したのは内戦の具体的様相＝官軍・旧幕府軍・東北諸藩の動向であった。

四月一九日　宇都宮での戦闘、およびその後の様子に関して詳細である。「脱走歩兵」＝旧幕府軍が会津藩兵とともに宇都宮城下に放火したため八〇〇〇軒ほどの民家が焼けてしまい、戦禍で親を殺され、子を失い悲嘆に沈む人びとを官軍側が救済している様子が記されている。また「奉行」が死罪とされ梟首されたともある。会津藩と土方歳三らが指揮する旧幕府軍が宇都宮城を攻撃し、城下を焼いたことは事実であるが、官軍が戦災者救済をおこなったこと、「奉行」が梟首された、ということに関して史料では確認できない。

四月二九日　安蔵は桐生から赤銅街道を足尾銅山に向かって北上し、上州勢多郡水沼村に立ち寄った。安蔵は剣術修業で立ち寄ったことがある水沼村の「大庄屋」星野七郎右衛門（名主を世襲、郡中取締役を兼任したが、当時は隠居）の家を訪ねようとした。ところが、この七郎右衛門は会津藩に荷担していた。安蔵は「逆賊に組したる星野が家には行かれじ」としている。この水沼村で以下の重大事件を安蔵は〝見聞〟した。官軍は、七郎右衛門の動向を探知し彼の一家三〇人を捕縛、翌日から厳しい吟味が始まり、七郎右衛門には「重刑」が言い渡され翌日処刑（磔）され、彼の縁者九人も打首・梟木され、近隣はこの事件に恐怖した、と言うのである。さらに安蔵は「常々、貴老＝八郎が言う、信なき者と交際するな、という教えが身にしみた、もしあのとき、会津の不信を憎まず、七郎右衛門家に逗留

【表7】 東北地域における戊辰戦争の状況（慶応4年1月～9月）

月日	事項
3月23日	奥羽鎮撫軍（新政府軍）仙台に入る
3月下旬	庄内藩、旧幕府領諸村を襲撃、新政府への敵対行動に出る
4月10日	会津藩と庄内藩同盟結成
4月11日	江戸城開城　仙台藩、奥羽鎮撫軍の命令により、会津藩征討に出兵
4月20日	仙台藩、会津藩と戦闘（双方戦意なし）
4月	桑折代官黒田節兵衛、仙台藩の申し出により新政府に恭順
閏4月11日	奥羽列藩同盟結成、会津藩謝罪の嘆願書作成へ
閏4月20日	仙台藩、世良修蔵（奥羽鎮撫軍参謀）殺害　新政府に敵対 会津藩、白河城攻略→白河城をめぐる攻防戦
5月1日	新政府軍、白河城奪還
5月上旬	奥羽越列藩同盟成立
6月16日	新政府軍、平潟（福島）に上陸
6月24日	新政府軍、棚倉城を落とす
7月12日	新政府軍、平城を落とす
7月14日	掛田戦争　掛田のまち全焼　奥羽越列藩同盟軍による略奪がおこなわれる 仙台藩、梁川で軍夫調達
7月29日	新政府軍、二本松城を落とす
9月2日	福島藩降伏
9月4日	米沢藩降伏
9月15日	仙台藩降伏
9月22日	会津藩降伏

（『梁川町史』第2巻、1999年、『仙台市史』通史編6、2008年より）

していたら今度の災いに遭い、命をおとしていたであろう」と語っている。

星野七郎右衛門ら三五人が官軍によって、武器を貯え一揆徒党の形跡がある、との理由で捕縛・吟味をうけたことは事実である。しかし、彼らは一人も処刑されていない。五月一七日には、嫌疑がはれ赦免となっている[71]。どうも安蔵の〝見聞〟には疑問が残る。彼の〝見聞〟を整理すると、事実と合致するのは星野七郎右衛門が官軍に嫌疑をうけた、という部分だけである。安蔵情報の多くは、先入観と伝聞・推量によって形成されている。そのため、星野七郎左衛門一家は「信」をおけない会津藩などに荷担したがために、官軍に捕縛され処刑された、という先入観に基づく因果応報的二元論となっている。いやむしろ、安蔵は伯父八郎が語る「信」に基づく二元論の正しさを述べるために、この水沼村情報を語ったのかもしれない。いずれにしても、水沼村情報を入手した八郎は〝今ここにある危機〟＝官軍につくか旧幕府軍・会津藩連合か、という内戦の二項対立を「信」の二元論によって解決していったと考えられる。その前提となっているのは会津藩への憎悪である。

安蔵の情報をもとにして、八郎は自己の時評・見解を披瀝している。奥州地域での評判は「会津・仙台の勝利」となっているが、会津は「佞弁」であり、この会津藩に「内縁の愛情ニ惑」わされ味方した仙台藩主も「愚将」である、奥羽の諸大名はいずれも「衆の心を失」っている、と言うのである。八郎のこの強烈な批判の根底には、会津・仙台両藩が官軍に敵対したために、信達両郡が戦場となり「罪なき町人・百姓」が焼き殺される、という恐怖があるのみならず、これら奥州の藩がいままで「賄賂を貪りて邪政を行」ってきたことに対する憤りもあった。

八郎は、この内乱状態の根元を弘化の頃から諸役人たちが奢侈になり「万民を暴虐」したことにあるとし、嘉永の頃から会津藩らが井伊大老に「喰入」種々の「逆謀」を勧めてきたことにある、と述べている。そして、会津藩の「不信・不仁・暴悪・無道」によって内乱になり、多くの民が殺されたと語る。

一方、八郎は官軍をも批判し、その装束は「異人」と少しも変わらない「浅ましき世の果て」としている。当初、薩摩・長州・土佐は、当初「異人を忌ミ嫌」っていたが、今となっては、攘夷などは一切行わず、ますます「異人を大切ニして、交易大ミ繁昌せさせ」ていると手厳しい。そして、「御一新の儀」は、大赦と年貢免除をおこない「普く、天下に　御仁徳を布き貫き、万民の心を得」ることにあるとし、戊辰戦争という「国同士の合戦」は、「万国に恥をさらすことで「万民を苦しめ」ることであると述べている。

安蔵が情報収集に出ている頃、信達地方の農民一五〇〇人ほどが、奥羽鎮撫総督軍に対して、田植えと養蚕の最中なので戦争はやめてもらいたい、との訴状を提出していた。しかし、仙台藩を中心とする鎮撫軍（このころまで仙台藩は官軍側）は、この訴願を無視し、各地で兵糧米・人馬を現地調達した。その後、奥羽列藩同盟に入った仙台藩は白河城の戦闘で敗れるが、その仙台藩の残党が福島各地で乱暴を働くようになる。信達地域も内乱の渦中となってしまうのである（【表7】参照）。

保原・桑折・梁川の戊辰戦争当時の状況につき、簡単に触れておきたい。慶応四年、保原と梁川は梁川藩（松前家領）、桑折町は幕府領で黒田節兵衛が代官であった。

梁川町の中村家の日記には、慶応四年正月八日における鳥羽・伏見の戦いの様子が記されている（福島藩が戊辰戦争の勃発を知るのは九日である）。八郎の在地社会にも、戊辰戦争の情報は入っていたのである。四月の江戸開城後、官軍がこの地域に入り込んでくる。旧幕府代官は官軍に恭順したため、閏四月二〇日ころまで、保原・梁川・桑折地域は比較的安定していた。ところが、閏四月二〇日以降、仙台藩は官軍に敵対し、会津藩を中心とする奥羽列藩同盟に参画することを決定する。二五日、奥羽列藩同盟と官軍との戦争が始まり、奥羽列藩同盟側の敗戦が続く。金原田・梁川・桑折地域は、仙台藩の以下のような暴力的統制をうけ、いやもおうもなく、戦争に巻き込まれていった。

七月、仙台藩はこの地域に二〇〇〇両余りの御用金を負荷し、人足動員も命じた。八月初旬、仙台藩は桑折町に入り、旧幕府代官黒田節兵衛を捕縛、藩兵数百人は梁川に押しかけ、町に火を放った。このため梁川は「言語に絶し有様」となった(73)。八郎の住まう在地社会は準戦闘地域となったのである。さらに、仙台藩は金原田・梁川・桑折地域で、農兵取り立てを始めた。八郎とも交流がある梁川の豪農河内弥太郎は「村々大騒立」と日記にしたためている(74)。八郎は、戊辰戦争＝内戦を経験した。「年代記」の最後は以下となっている。

異人を恐るゝは是非もなき事なれども、同士軍をするは、愚弱の上の愚弱にして、慙愧遣る過多なかるべし

重い一言である。八郎は、「同士軍」という言葉を使っている。彼は内乱というおろかさ、悲惨さを認識していた。ここには、在地社会を準戦闘地域に陥れた会津藩・仙台藩そして官軍に対する思いがぶつけられている。

八郎は会津藩・仙台藩そして、官軍を批判する一方、将軍慶喜を評価している。評価の理由は、朝敵の汚名を末世に残ることを憂いた、万民の苦しみを哀れんだ、他国の笑いものとなることを恥じ天命を悟り、早々に将軍職を辞し水戸に退いた、というものであった。そして、当時日本の将士に賞賛すべき人はいないが、「将軍様と水戸家の天狗と称する方々は、其志適仁義に叶ふ歟」と結んでる。

檜皮論文にあるように、八丈島にいた八郎は薩摩藩に期待し、先述したように長州藩に救いを求めていた。しかし、戊辰戦争の内乱のなかで八郎が抱いていた薩長＝官軍への期待は薄れていった。在地社会・百姓世界に回帰した八郎は誠心講を結成し、これを護るべく生きた。しかし、内乱はこの世界を押し潰していく。その絶望すべき状況のなかであるが、八郎はすべての治者を否定したのではなかった。官軍批判の対局に浮上したのが、水戸家と将軍慶喜であった。わたしはこの八郎の言説を、被治者としての限界と見るのではなく、彼が八丈島で梅辻規清から学んだ知、現状を陰陽により二元論的に解決していくという術《すべ》からうまれたものであると位置づけたい。それが消極的選択から帰結した幻想であったとしても、その根底には現状への批判があったのである。

沈黙の明治

明治維新後、八郎の活動＝逸脱は止まる。先述した武蔵の草莽の志士根岸友山も明治維新後沈黙している。両者ともに、五〇歳をこえた、という年齢的な落ち着きもあるかもしれない。ただし友山は地域社会において名望家としての地歩を固めた。

先述した在地社会でのライバル脇屋泰助は県議会議員として活躍しているが、八郎は俳諧・連歌という風雅の世界で生きていく。そしてなんと、八郎は八丈島での宗匠石潤蘭風に師事しているのである。この興味深い風雅の世界に関してはぜひとも杉論文を参照されたい。

明治一五年（一八八二）、最晩年（七三歳）の八郎は『夢ノ浮言』[75]を著した。これは夢仕立ての物語で「白面金毛九尾ノ悪狐」が「万人ヲ苦シメ」るというもので、「近ゴロ色々過役ヲ取ラレ、又権現ノ位ヲ落サレ年々月々困苦ニセマリ」との文言が象徴するように、本書は藩閥政府を批判したものではある。ただ、具体的政治（政策）批判の部分はなく、言説に鋭さもない。しかし、わたしは、八郎最晩年の著書が風雅作品ではなく、現実の政治批判の書であったという事実を重要視したい。

おわりに

わたしたちは本書において、「逸脱する百姓」菅野八郎の行動をトレースして、彼の〝気性〟・心性・思想を探りだし、さらに一九世紀の社会を考えた。その詳細は、Ⅱ部の各論文にあたっていただくとして、さしあたりここでは、Ⅰ部「総論」のしめくくりをしておきたい。

たしかに、宮負定雄や根岸友山のような屹立した豪農・活動家を輩出するのが、一九世紀の特質といえる。しかし、あたりまえのことであるが、彼らは社会のごく一部であり、多くの小前百姓は〝衆〟として生きていたわけである。もちろん、菅野八郎を彼ら小前百姓の典型とすることはできない。安政の大獄での捕縛、八丈島流罪など、普通の小前百姓が経験するものではない。その意味で八郎は「逸脱する百姓」であり、特異な存在であったといえよう。

一方、八郎の逸脱は、自己実現のための戦略であったという視点に立つ時、幕末の政治変動は小前百姓にとって、望むならば在地社会・百姓世界から飛翔するチャンスとなった、という見方が成り立つ。そして、この政治変動を飛翔＝自己実現のチャンスと意識し、行動しはじめる小前百姓たちが現れるようになった、と見ることも可能である。立ち現れ方として、もっともわかりやすい事例が草莽の志士という生き方である。しかし、飛翔を望むものの、草莽の志士という方向を選択できなかった、しなかった小前百姓たちも多くいた、という事実が重要である。その一人が菅野八郎なのである。

わたしは、かつて一九世紀の社会を〝万人の戦争状態〟という比喩をつかって表現した[76]。今もその考えはかわっていない[77]。しかしもちろん、社会関係すべてが暴力によって解決すると認識しているわけではない。

菅野八郎の自己実現は、身上がりに他ならなかった。ゆえに、八郎は身分制度や、彼を取り巻く社会関係を自明のこととし、既存の権力・権威を批判はしても、それを否定することはなく、そのための論理も持ち合わせていなかった。八郎の〝気性〟は激しく、行動は逸脱し、八丈島流罪にまでなった。しかし、彼の心性は一九世紀に生きた多くの小前百姓とさほど大きな隔たりはなかったのではなかろうか。

草莽の志士の多くは、幕末の激闘のなかで傷つき死んでいったが、八郎は明治まで生き残った。八郎の発言・実践行為は、在地社会の秩序維持と、自己実現＝身上がりに結ぶつくものであった。江戸時代が終焉し、身分制度という枠組みが崩れ、明治政府によって、地方政治が安定していくと、八郎は、自己実現の方向を見失ってしまった。八郎は明治一五年（一八八二）の記載がある『八老遺書之信言』のなかで、陰陽説によって明治という時代を「陰」の世、「信義勇ヲ知ラザル世」であるとし、「何事モ女房次第ノ世ノ中」となった、と語るしかなくなるのである。

注

（1）地方文人という概念は、塚本学が使用した（『地方文人』教育社、一九七七年）。塚本の概念によると、地方文人とは地方に居住する文人であり、武士や渡辺政香などの神官、広瀬淡窓といった儒者までも含むものである。これに対して、杉仁は百姓でありながらも文化活動を展開する人びとを在村文人、その一般下層を庶民文人と表現している。

（2）深谷克己『八右衛門・兵助・伴助』朝日新聞社、一九七八年、『南部百姓命助の生涯』朝日新聞社、一九八三年、のち一部は『深谷克己近世史論集　第五巻』校倉書房、二〇一〇年、志村洋「地域社会の変容」藤田覚編『日本の時代史一七　近代の胎動』吉川弘文館、二〇〇三年。
（3）青木美智男「近世民衆の生活と抵抗」『一揆』第四巻、東京大学出版会、一九八一年、のち『百姓一揆の時代』青木書店、一九九九年、深谷克己「一揆指導者の人間像」『歴史への招待』一九 日本放送協会、一九八一年、のち『増補改訂版 百姓一揆の歴史的構造』校倉書房、一九八六年、さらに『深谷克己近世史論集 第五巻』校倉書房、二〇一〇年、安丸良夫「民衆運動の思想」『民衆運動の思想』岩波書店、一九七〇年。
（4）「深御勘考奉希上候事」『闇之夜汁 全』、福島県歴史資料館、菅野隆雄家文書七（庄司本「〈慶応二年百姓一揆指導説に対する意見〉」。
（5）林基『百姓一揆の伝統』新評論、一九五五年。堀江英一『明治維新の社会構造』有斐閣、一九五四年。
（6）須田努『イコンの崩壊まで』青木書店、二〇〇八年。
（7）一九七〇年、増補版が校倉書房より出版される。
（8）伊藤重道『東北民衆の歴史』無明舎出版、二〇〇六年。
（9）中村和裕「流謫後の賀茂規清について（下）」『国史研究』九八号、弘前大学国史研究会、一九九五年。
（10）『梁川町史』二巻、一九九九年、『桑折町史』一巻、二〇〇二年、『保原町史』一巻、一九八三年。
（11）『保原町史』二巻、一九八三年。
（12）同右。
（13）『保原町史』二巻、一九八三年、『保原町史』一巻、一九八三年。
（14）同右。
（15）福島県歴史資料館、庄司家文書Ⅰ二四六六。
（16）『福島県史』三 一九七〇年。
（17）高橋章則「熊阪台州著『道術要論』――翻刻と解説――」『東北文化研究室紀要』一九九七年、同「熊阪台州著『道術要論』――翻刻と解説」『東北文化研究室紀要』一九九八年。
（18）大平祐一「近世の合法的『訴願』（一）」『立命館法学』一八三号・一八四号、一九八五年。

(19) 注（13）に同じ。
(20) 保原町歴史文化資料館　富田春男家文書から確認できたもの、早田旅人が作成。
(21) 『八郎死後之為心得ト置條之事　七巻ノ内二』福島県歴史資料館、菅野隆雄家文書二（布川本「八郎死後之為心得置条之事」）。
(22) 大平祐一「近世の合法的『訴願』（三）」『立命館法学』二一一号、一九九〇年。
(23) 大平祐一「近世の合法的『訴願』（二）」『立命館法学』一九四号、一九八五年。
(24) 福島県歴史資料館　菅野隆雄家文書一。
(25) 注（23）に同じ。
(26) 注（21）に同じ（布川本「菅野氏先祖より申伝并ニ八郎遺言」）。
(27) 『桑折町史』第四巻、一九九八年。
(28) 保原町歴史文化資料館『信達世直し一揆と金原田八郎展』保原町教育委員会、一九九六年。
(29) 『保原町史』第一巻、一九八三年。
(30) 注（11）に同じ。
(31) 福島県歴史資料館、菅野隆雄家文書三（庄司本「百姓生活と八郎の意見」）。
(32) 福島県歴史資料館、菅野隆雄家四。
(33) 山口県教育会編纂『吉田松陰全集』第八巻、大和書房、一九七一年。
(34) 同右。
(35) 『判段夢ノ真暗　巻ノ上　三冊之内』福島県歴史資料館、菅野隆雄家文書四（布川本「判断夢ノ真暗」）。
(36) 同右。
(37) 東京都八丈島八丈町教育委員会『八丈島誌』一九九三年。
(38) 注（35）に同じ。
(39) 注（4）に同じ。
(40) 同右、「乍恐始末書を以奉歎願候」『（遠島中書記しの綴）』、福島県歴史資料館、庄司家文書Ⅰ二四六九。

(41) 注(37)に同じ。
(42) 葛西重雄他編『増補三訂　八丈島流人銘々伝』第一書房、一九八二年。
(43) 杉仁『近世の地域と在村文化』吉川弘文館、二〇〇一年、同『近世の在村文化と書物出版』吉川弘文館、二〇〇九年。
(44) 現在、活字本として『八丈実記』全七巻、緑地社、一九六四年から一九七六年がある。
(45) 布川清司『近世日本民衆思想史料集』明石書店、二〇〇〇年。
(46) 注(42)に同じ。
(47) 注(35)に同じ。
(48) 『闇之夜汁　全』、福島県歴史資料館、菅野隆雄家文書七(庄司本「八老独年代記」)。
(49) 近藤富蔵『八丈実記』第四巻　緑地社、一九六六年。
(50) 『幕末政治論集』岩波書店、一九七六年。
(51) 岸野俊彦『幕藩制社会における国学』校倉書房、一九九八年。小田真裕「宮負定雄『民間要術』諸本の関係」『書物・出版と社会変容』五号、二〇〇八年。
(52) 深谷克己『南部百姓命助の生涯』朝日新聞社、一九八三年、森嘉兵衛『森嘉兵衛著作集』第七巻、法政大学出版局、一九七四年。
(53) 「獄中記」『民衆運動の思想』岩波書店、一九七〇年。
(54) 小野文雄「近世関東農村における豪農の成立と経営について」『埼玉大学紀要　人文・社会科学編三』一九五四年。沼田哲「武蔵の豪農と尊攘思想」『季刊　日本思想史』一三、一九八〇年。
(55) 服部之総『近代日本のなりたち』創元社、一九五三年、色川大吉『新版明治精神史』中央公論社、一九七三年、鹿野政直『日本近代思想の形成』新評論、大江志乃夫「維新政府について」『日本歴史講座』第五巻、東京大学出版会、一九五六年、原口清『戊辰戦争』塙書房、一九六三年。
(56) 大町雅美「慶応三年における草莽隊の研究(上)」『日本歴史』二一七号、一九六六年、『真岡市史』第七巻、一九八八年。
(57) 高木俊輔『明治維新草莽運動史』勁草書房、一九七四年。

(58)『新編埼玉県史』通史編四、一九八九年。
(59)『佐野市史』通史編下、一九七九年。
(60)『桑折町史』六巻、一九九二年。
(61)『信達騒動風説記　全』福島県歴史資料館、庄司家文書Ⅰ二四七二。
(62)庄司吉之助前掲著作。
(63)安丸良夫前掲論文。
(64)『梁川町史』二巻、一九九三年。
(65)注（4）に同じ。
(66)注（4）に同じ。
(67)『乍恐以始末書赤心奉歎願候』福島県歴史資料館、菅野隆雄家文書八（庄司本「（代官・名主不正指摘と八郎赦免願い）」）。
(68)庄司吉之助「菅野八郎」『日本思想大系　民衆運動の思想』岩波書店、一九七〇年。
(69)注（4）に同じ。
(70)注（4）に同じ。
(71)『黒保根村誌』本編一、一九九七年。
(72)「諸用留」『梁川町史』六巻、一九八六年。
(73)同右。
(74)「河内家録集」『梁川町史』六巻、一九八六年。
(75)佐藤友治「『真造弁　八郎信演』について」福島大学史学会『福大史学』四六・四七合併号　一九八九年。
(76)須田努『「悪党」の一九世紀』青木書店、二〇〇二年。
(77)須田努『幕末の世直し　万人の戦争状態』吉川弘文館、二〇一〇年。

Ⅱ　各論

一章　幕末期百姓の自意識と家・身分意識
――菅野八郎の「自満」と行動・自己形成――

早田旅人

はじめに

近世後期から幕末期の民衆像―人格類型は主として民衆運動において見出され、「小賢しき者」・「農民的強か者」・「口利き」など、幕藩制解体期における村社会・経済基盤の変容や、民衆の文化的力量の形成などを背景とした民衆運動の闘争主体として論じられた。(1) 本書の研究対象である菅野八郎も民衆運動の指導者、あるいは指導的役割を担った者として論じられることが多く、また、「小賢しき者」・「農民的強か者」・「口利き」の側面もうかがえる。

菅野八郎は老中駕籠訴による海防献策を試みたり、八丈島へ配流されたり、信達騒動の頭取に目されるなど百姓としては特異な人生を歩んだ。しかし、それゆえにこそ彼の人生にはこの時代に顕現しえた民衆の多様な側面、または典型が先鋭なかたちで見出されるのではないだろうか。

本稿はその特異性のなかに混沌とした幕末期を生きた百姓の一類型を見出し、幕末期民衆像・百姓論の豊富化に寄与することを課題とする。ただ、その場合、先験的に彼を民衆運動の闘争主体ととらえたり、先述の人格類型のいずれかに落とし込むのではなく、それらを手掛りとしつつも彼固有の論理・生き方と、そこからみえる当該期の社会の特質を浮き彫りにすることが必要であろう。

さて、従来の菅野八郎研究は八郎の思想を世直し期を頂点に成長するものととらえたり、八郎が示す多様な行動・思想の源泉を専ら「孝」・「義」・「信」や「幕藩制的支配イデオロギー」における「御百姓」意識などの規範意識に求めて理解してきた(2)。しかし、それでは試行錯誤の連続であった彼の生のリアリティを見失うおそれがある。そのため本稿では八郎を幕末期の混沌とした状況下で右往左往する人間の一人ととらえ、彼の思想の変遷を状況に応じた思惟の過程と理解したい。

その際、留意すべきが、「自満《（優）》」という八郎の強い自意識である。従来の菅野八郎研究は彼の規範意識を重視するためか、これを捨象してきた。この自意識は八郎の顕著な個性といえ、彼の思想・行動の意味を理解するうえで重要な論点と思われる。「自満」とは他者との差別化により自己を優位とする意識といえるが、この文言はとくに八郎が自家の由緒を叙述した『菅野実記』など、自家や自身の来歴を語る場においてみられる。

そこで、本稿では八郎のかかる自意識がもった意味について、近年、論点・問題意識の深化をみせている近世由緒論の成果(3)を念頭に考察していきたい。

由緒とは近世において家・村・諸集団がもつ地位や特権、他者に対する優位性の由来を、権力者との関係などから歴史的に説明する言説であり、他者との差別化をはかり、自己の特権・優位性を主張・維持する機能を持つ。とりわけ一九世紀以降は「由緒の時代」とされ、社会秩序の動揺を背景に、さまざまな家・村・諸集団により由緒が語られるようになったとされる(4)。

ただ、由緒を主張し、他者との差別化をはかる歴史認識をもつことが、一方で「公共社会」における自己の使命を自覚し、自己形成を促すことが桑原恵により指摘されている(5)。また、井上攻は外圧期以降、地域を超えた「国」が意識されるなかで、「御国恩」の論理により従来の由緒秩序が相対化される一方、それを組み込んだ「幕末期固有の由緒書の形」が形成されることを指摘している。(6) これらの研究では自家・自地域の由緒・歴史認識が、他者との差別化をはかりつつも、それを超えた社会や「国」への貢献・介入を意識する主体の形成を促すことが指摘されているといえよう。このことは八郎の「自満」をともなう言説・歴史認識のもつ意味と、自家・自村を超えた彼の特異な活動との関係を理解するうえで有効な手掛りになると思われる。

また、これまでの由緒論では、在地社会で由緒を語り主張する主体として、村や諸身分集団、個（家）としては政治的中間層など地域において政治的経済的に有力な立場にある存在が想定されてきた。しかし、菅野八郎は政治的経済的に際立った存在ではない。このような人物が個として由緒を語り、自己主張し、様々な活動を始めるところに幕末期の特徴があるのではないか。本稿はかかる事例としても八郎をとりあげるが、その考察は多様な身分の人々の政治的活動が活性化する当該期の理解にもつながるように思われる。(7)

これらを踏まえ、本稿では八郎の行動・思想を彼の自意識・家意識・先祖意識（由緒）・身分意識などと絡めて理解し、八郎の生き方を民衆運動の指導者・「農民思想家」としてではなく、幕末期に生きた百姓として検討していく。

1、金原田村のなかの八郎——駕籠訴まで——

金原田村菅野家と菅野八郎

八郎の生家である菅野家は元和八年（一六二二）より陸奥国伊達郡金原田村(8)に居住するとの由緒を持つが（後述）、その経営実態など詳細は不明である。

ただ、寛政五年（一七九三）以降、八郎の父和蔵が間引き禁止の触書の発令を求めて江戸へ出たことで「家財道具

【表１】菅野八郎家石高変遷

年	石高	出典
文化10年(1813)	42石	「菅野実記　上」※1
天保14年(1843)	17石余	「御配付」※2
弘化３年(1846)	15石	「当午田畑高本新別帳」※3
安政３年(1856)	30石	「改譲り帳」※4
安政５年(1858)	24石	「判断夢ノ真暗」※5

※１：本書第Ⅲ部所収　※２：庄司家文書Ⅰ№2417　※３：庄司家文書Ⅰ2331　※４：庄司家文書Ⅰ№2419　※５：菅野隆雄家文書№４

不残売払、年とり米も一切なく目もあてられぬ有様」になったといわれる。しかし、和蔵は世人から「千がり和蔵」(9)と呼ばれる働きをして一家を立て直したという（後述）。

それ以降の菅野家の石高の推移をみると【表１】、文化期以降、一五〜四〇石を推移しており、階層としては村の中・上層百姓であったといえる。しかし、その変動からもうかがえるように「上位に上昇するか転落するかの岐路」(10)にあるといえ、家・経営の保守に汲々とする一方で、上昇の芽もある階層であったといえる。

なお、菅野八郎は文化一〇年（一八一三）八月一五日生まれ、一男一女を儲けるが息子の和蔵は嘉永七年（一八五四）に欠落して勘当となり(11)、姉の子忠五郎を養子・家督とした。明治二一年（一八八八）一月二日、七二歳で亡くなった。

金原田村のなかの八郎

金原田村において確認できる八郎の動向の初見は、天保八年（一八三七）四月に発生した名主横領出入である。これは八郎が小前惣代の一人として名主莫蔵を相手に年貢諸役過納分等の小前百姓への返金を要求した訴訟で、一度は内済となるも、莫蔵が返金を実行しないとして天保一一年五月に再度訴訟となった事件である(12)。八郎は「小前難渋」に対比して「莫蔵義は結構成ル別家普請等仕、貯金も有之様子ニ相見え申候間、右莫蔵方より可相返ス迚不残割返シ、農夫食仕、百姓相続ニ相成様」と訴え、名主の不正を富者としてあるまじき姿との視点からも訴えている。

次に確認できる動向は弘化四年（一八四七）の塚原村多蔵父子一件である。[13] これは八郎が多蔵父子に依頼されて調達した芝居興行の衣装の損料を、彼らが支払わないことから発生した事件である。多蔵父子は損料を請求する八郎に「雑言過言」を言い募り、「長刀初五郎」なる者を召抱えて「闇討可致」と脅迫したという。そのため八郎は塚原村役元へ「若シ万一闇討等ニ相当り候ハヽ、多蔵父子相手ニ御座候」と、彼らの「非道非義」を届け出た。ここには八郎の無宿的存在・百姓規範を逸脱する者への非難と恐怖がうかがえる。

以上から八郎は規範意識としては律儀百姓・小百姓側の立場で行動し、富者や無宿であれ、その規範を逸脱する者には厳しい批判意識をもっていたといえる。このような意識は以後も脇屋泰助批判や誠心講結成など彼の言説や運動の根拠となる（後述）。

そのほかの動向としては、弘化五年二月に砂子堰碑の碑文をめぐり八郎が「断文」をもって堰世話人三人を糾弾した事件がある。「断文」で八郎は「先世話人之大功を盗取、反て色々之悪名を附ル事言語道断之曲事」などと、現世話人が八郎の父を含む先世話人の「大功」を盗んでいるとして厳しく批判した。そして「其恥をすゝがずんば亡父へ不孝之罪大クならん」として、「汝等三人之生肉ヲ取て父之霊前ニ備へ亡魂之怒りを止め、次ニハ先世話人一同之鬱憤を散せんものなり」[14]と堰世話人三人に対する強烈な敵意を吐露している。この「断文」からは父和蔵の「大功」に対する八郎の強烈な思い入れがうかがえる。八郎は四月にこの「断文」を出したことにつき詫状を書くが、そこで「断文」を出した理由を「亡父之大功空しく相成儀を短才之私無念至極ニ奉存」[15]と述べており、八郎にとって問題の焦点は父和蔵の「大功」に対する人々の扱いにほかならなかった。

安政期に八郎は自家の歴史を記した『菅野実記』を執筆するが、そのうちの一冊は父和蔵に割かれている（後述）。八郎にとって父の「大功」は自家の歴史の重要な構成要素であり、父の「大功」への思い入れの強さは自家の歴史への思い入れの強さでもあったといえる。

その強烈な自家への意識は嘉永六年九月の菅野家開祖碑と菅野家五百五十回忌碑の建立として一つの頂点を迎えた。菅野家開祖碑は、菅野家の開祖を北畠顕家の家来とされる菅原道植の子道一とし、彼が兜につけていた「七騎の観音」と呼ばれる「千手観音」像を納めた石碑である。これは「七騎の観音ありと知れども菅野氏の開祖なりと知ルものまれなり、又彼の尊像金原田村へ持来るゆへんも知るものまれ也」と憂慮する八郎が、「先祖の由来絶ン事を恐れ」て建立したものであった。同時に建立された菅野家五百五十回忌碑には、八郎の父和蔵の法名が大きく刻まれるとともに、一六〇名以上もの寄付者の名前が刻まれた。八郎はこれらの建立に際して「近村菅野氏不残呼集メ酒飯を施した」といい、これらの石碑建立は近村の菅野氏に自家が菅野家総本家であることをアピールする一大イベントであったといえる。

なお、当時、伊達郡には南朝顕彰の気運が存在していたことが指摘されており、八郎はかかる気運に乗じて南朝方武将を先祖とすることで、地域における自家の威信高揚をはかったと考えられる(16)。

八郎の老中駕籠訴とその意味

八郎の村・地域を越えた政治的行動（以下、政治的行動）は嘉永七年二月の江戸における海防献策の老中駕籠訴に始まる。

嘉永七年正月、八郎は海防策を説く東照宮神使の霊夢を見た。そして二月、その霊夢にもとづく海防策の献策のため江戸へ行き、老中阿部正弘への駕籠訴を実行した。駕籠訴の後、八郎は宿預けとなったが、勘定奉行の指示により箱訴で献策したという。

この駕籠訴のねらい何だったのであろうか。先行研究では外圧に深刻な危機感を抱いたゆえの政局への積極的関与、あるいは「国恩」に報じるための「信」に裏付けられた真摯で熱烈な意識、外圧に「義」・「信」をもって抵抗する攘夷思想にもとづく行動とされてきた。[17]

しかし、八郎は後に一連の行動について同様の海防論の献策者は死罪となった—結局は「水戸卿」に助けられた—が、自分は「三度まで御吟味あり、其上御箱之趣抔御教解」されたこと、「御奉行所之御差図を以直訴仕候事、天下ニまれなる」こと、「予が願書ハ御殿ニおゐて直ニ御老中より御奉行へ御手渡し」され、「御上ニおゐて御取扱ひ甚タ御ていねい」であったことなど、自己の扱いの異例さを「書外に猶難有事共数多ありとゐへ共、筆紙ニ尽シがたし」と誇らしく書き連ねている。そして、「後年ニ至り御呼出し有之哉とたのしみ居り申事ニ候」との期待も抱いていた。すなわち、八郎にとって駕籠訴は父の「大功」に続く自己の「手がら」[19]を作り、前年の開祖碑建立の延長として地域における自己・自家の地位上昇・威信高揚を含意した行動であったと考えられるのである。[20]そしてこの行動は後に自己の「自まん」のひとつに位置づけられた（後述）。

さて、八郎は霊夢に現れた「長ク国恩を乍頂、此節安楽之体何事成哉」という東照宮の神使の言葉から、「国恩」に報じることを駕籠訴など自己の行動の正当性の根拠としていた。井上攻は幕末期の組合村惣代など地域リーダー層の願書や由緒書には「御国恩」・「御国益」の文言を組み込み、それとの関わりから自己の既得権の保持や他者の特権の否定を主張する「御国恩」の論理がみられると指摘した。[21]八郎が海防問題に介入する論理はまさに東照宮の神使に語らせた「御国恩」の論理であり、彼は東照宮の権威を背景にした「御国恩」の論理により地域を超えた問題への介入をはかったのである。それは同時に自己・自家の地位を上昇させる回路への接続をも意味している。「御国恩」の論理は八郎のような地方の一百姓もとらえていたといえよう。

この後、八郎は東照宮信仰と関わらせた家の由緒・「自満」の体系化をはかるようになる。

2、「自満」・由緒の体系化――駕籠訴後の八郎――

八郎の「自満」と由緒・先祖意識

安政三年（一八五六）初夏、八郎は「予か身ニも自まんの心ハ沢山あり」として、「八郎一代自満」の首巻に「八郎先祖之由来　自満之始」を記した『菅野実記　第一』[22]を執筆した。ここには菅野家の由緒が次のように語られている。

まず、先祖を天地開闢・国常立尊から説き起こし、次いで菅野家の祖を菅原道真の四十代の末葉、出羽守菅原道植の曾孫で山野川に居住した菅野六助とする。そして、この六助より一二代の菅野六助が金原田村に居住し、八郎はこれより一〇代目として菅野家の嫡流を自認している。

なお、菅原道植は永仁二年（一二九四）に北畠顕家に召し出され[23]、出羽半国を賜ったが「足利尊氏反逆」により京都で討死したとする。さらに、道植の男子七人も味方の裏切りにより山野川で自害した。ただ、長男道一の兜につけられた千手観音像は付近の農夫に発見され、七人の墓標にされたという。また、道一には二男二女がいたが嫡男が系図を持って尾張へ逃れたので、金原田周辺で菅野氏系図の所持者がいればそれは偽系図であるとする。

さて、千手観音像は「七騎の観音」と呼ばれるようになったが、菅野六助は金原田村への移住に際してこれを守袋に入れて持参した。なお、金原田村付近に菅野姓が多いのは婚姻の際に苗字を由緒ある苗字に改める習慣が地域にあったためと説明する。そして、「先祖の由来絶ン事を恐れ」、嘉永六年（一八五三）に開祖碑を建立し、「近村菅野氏不残呼集メ酒飯を施した」と述べる。先述のように八郎はこの開祖碑建立をもって近村に自家が菅野家総本家である旨をアピールしたのだが、それは他の系図があれば偽系図であると語るほど意識的なものであった。また、菅野六助の金原田村移住の年を元和八年（一六二二）とするが、この年、六助は家内を引き連れて日光へ参詣したという。そして徳川秀忠の社参を目撃して「家康公の大徳を感心」し、東照宮信仰に目覚めたと菅野家の東照宮信仰の由来が述べられている。(24)

以上のように、八郎は先祖の由緒を「自満之始」とし、これを「八郎一代自満」の前章に位置付けた。八郎は安政三年（一八五六）の段階で自己一代の「自満」意識を持ち、それを自家の歴史に位置づけようとしたのである。「八郎一代自満」を記した『実記』は現存していないが、この時期の「自満」の最たるものは嘉永七年二月の老中駕籠訴であろう。(25)東照宮信仰の由来が家の由緒で語られているのも、駕籠訴が東照宮神使の霊夢を根拠にしたことに対応している。八郎は駕籠訴直後の嘉永七年九月に「菅野氏先祖より申伝并ニ八郎遺言」(26)で同様の由緒を語っていたが、そこでは駕籠訴一件で八郎の東照宮信仰が「将軍様迄御披らふ」になり「奉行所より御ほめ御言葉ニ預」った旨を記している。

先祖碑建立を企図して以来、八郎は自家の由緒を考えてきたと思われるが、駕籠訴一件を通して東照宮信仰を家の由緒に組み込み、由緒の体系化を図ったのである。

父和蔵のイメージ

先述のごとく八郎は父和蔵に強烈な思い入れを抱いていた。そのことは安政五年の作成と思われる、和蔵の事蹟を記した『菅野実記　上』にもうかがえる。(27)そこで『菅野実記　上』に描かれた父和蔵像の諸相をみていきたい。

まず、一つめは子害禁止・養育米制度に奔走する父和蔵像である。和蔵は二四歳の時、寛政五年（一七九三）八月、「奥州・羽州・野州・常州・上州五ヶ国」に「子共殺害」＝間引きが多く、「子害之義御法度ニ被仰出度」ことを願うため、同村の平右衛門とともに江戸へ行き、老中戸田氏教と領主安藤信成への駕籠訴を敢行した。これにより領内に「養育米」制度が発足し、間引きがなくなったという。翌年八月にも和蔵は駕籠訴を企てるが、このときは親類の異見で帰村した。しかし、そのことで近郷に「子を害ス事悪事ニは有間敷」との噂が広がり、再び間引きが増えたという。そのため和蔵は翌年七月に三度目の駕籠訴をおこなったが、度重なる駕籠訴により「国元之家も極貧ニ落入」り、「家財道具不残売払、年とり米も一切」ない状態になってしまったという。しかし、寛政九年に幕府より「難渋百姓子共養育として金子可被下置之間、子害致間敷旨、日本国中へ御触」があったとして、「和蔵・平右衛門威名リン〳〵として近村ニ其名隠れなし」となったという。なお、和蔵の法名である「五国養育鐘翁居士」は彼のかかる活動に由来するものであろう。

　次は出精人としての父和蔵像である。和蔵は一八歳で「山居入之荒畑」を買い、「毎日昼ハ畑を起シ、夜ハ学文手習ニ其身を苦しめ、諸人のほめもの」となるなど若くして出精人として知られていたという。しかし、その後の駕籠訴で「極貧ニ落入」ったため、寛政八年に関波村六郎兵衛方に住み込みで奉公することになった。そこで和蔵は「一心ふらん奉公大切に相勤メ」たので、感心した六郎兵衛は「長ク人の下ニつくべきものニあらず」、「自分ニ百姓致すべし」と独立に必要な費用を貸し与え、暇をとらせたという。翌年、和蔵は人から「千がり和蔵」と呼ばれる働きをして、「昼夜之わかちなく動ク《（ママ）》故、月まし日ましニ暮しよく」なっていったという。

　三つめは人の世話をする父和蔵像である。「日々月々ニ身体募り、今ハ何一ツ不足なく」なった和蔵は勘五郎という者の娘を妾にするとともに、「勘五郎家を助ケ」、梁川の堀江与五右衛門が金原田村内に所持する田地を「不残勘五郎方ニ而引受諸世わ」させた。そのため「勘五郎義も此ゑき《（益）》ニ而たちまちヶ成之身体」になったという。ここには妾ではあるが自分の類縁に目配りして世話する和蔵が描かれている。しかし、他家への世話は自家の優越意識にもつながる。八郎は安政五年に勘五郎の孫の脇屋泰助と争論するが、その際脇屋家を「八郎親和蔵取立之身代」であると訴え、泰助の八郎批判を「不義之第一」と非難した（後述）。

最後に正直で短慮な父和蔵像である。和蔵は、ともに江戸で駕籠訴を敢行した平右衛門と、江戸からの帰途の口論がもとで関係が悪化していた。一方、和蔵が世話をした勘五郎も「己か娘人の妾ニして、一生を日かげニ為暮候事を無念」と思うようになっていた。そこで平右衛門は勘五郎と同心して和蔵の悪い噂を立て、さらに勘五郎の娘を和蔵から引き離して婿を取らせようとした。これに和蔵は激昂し、文化九年（一八一二）二月、鎌で妾を負傷させ捕えられ入牢する。翌年七月に赦免されたが、平右衛門が和蔵殺害を企んでいるとの風聞が流れた。この風聞を聞いた和蔵は平右衛門殺害に走り出すが、再度捕縛され入牢となった。

八郎はこのような父を「正直一ぺんニして短慮甚だしき」と評する。しかし、「善正直と短慮と勇気と信と是一ニして同体」であるとして、「義」や「信」も度を越せば弊害が生じるが、「一たん難義ニ及事ありても信より出たる愚ハ天の助ケあり」ともいう。すなわち、八郎は和蔵の行動を「短慮」・「愚」と批判するのだが、最終的には「信」より出た「天の助ケ」がある行動と肯定するのであった(28)。

以上、『菅野実記　上』に描かれた和蔵をみた。ここには慈悲心があり、出精人で「正直」・「信」・「義」をもって地域の問題解決に尽力して名声を得るとともに、類縁への世話もする理想の地域指導者像が描かれている。八郎にとって和蔵は重要な「自満」の構成要素であったといえる。これらの叙述・イメージがどれほど事実に即しているかは不明であるが、八郎がそのように和蔵を意識していたことが重要である。

すなわち、八郎は和蔵を理想の地域指導者像として描くことで自家の歴史の他者との差別化をはかったが、そのことは一方で、八郎にこのような地域指導者像を意識した実践や自己形成を促したと考えられるからである。和蔵の「五国養育鐘翁居士」の法名を大書した菅野家五百五十回忌碑建立の翌年、八郎は海防という一村を超えた問題に介入すべく老中駕籠訴をおこなうが、それは、同じく一村を超えた問題である間引き禁止に向けて老中駕籠訴を敢行した和蔵を意識した行動であったと考えられるのである。

以上のように八郎は駕籠訴後に自家の由緒の体系化をおこなった。それは当該期の南朝顕彰動向を背景にした先祖の由来と、父の「大功」や駕籠訴を頂点とする「八郎一代自満」を家の歴史に位置づけ、地域における自家・自己の優位性を主張する作業であったといえる。そして、これには後世における自家の士分化も意識されていた（後述）。しかし、そのような由緒を意識し「自満」とすることが、その構成要素である父和蔵のイメージ―理想の地域指導者像―を意識した実践や自己形成を八郎に促すことにもなったと考えられるのである。

3、士分化への試みと身分制認識――脇屋泰助松前家奉公一件と八郎の水戸家奉公志願――

八郎の士分化への試みと脇屋泰助松前家奉公一件

駕籠訴以降の八郎の政治的行動は安政五年（一八五八）夏の水戸家奉公志願である。八郎が水戸家奉公を志した理由は、幕府への海防献策に失敗した彼にとって、主君として望みうる人物は「日本無双の御明君」(29)として尊崇する徳川斉昭をおいてほかになかったからである。しかし、彼がこの時期に水戸家奉公を願い出た背景には村内における彼を取り巻く状況があったと考えられる。そこで、八郎の水戸家奉公志願の前後の動向を検討したい。

八郎の水戸家接近が確認できる初見は、安政二年正月に義弟で水戸藩士になっていた太宰清右衛門への『秘書後之鑑』の送付である(30)。その後、安政四年正月に金原田村の脇屋泰助が領主松前家へ奉公を願い出た。泰助は八郎の父和蔵が世話をした勘五郎の孫であり、類縁である（前述）。八郎は泰助の願書に署名した(31)。

しかし、その年の一二月、村内小前百姓六五名が領主松前氏に泰助の陣屋出入り停止を求める願書を提出した。そこでは借金返済の催促の厳しさなど泰助の金融活動に関わる不当性が糾弾され、彼が「御家中並」になれば「村内如何よふニも掠候も難計」と訴えられている(32)。この小前百姓六五名の名前は不明だが、翌年には八郎が「泰助非道之筋」を批判する「口書 三拾五ヶ条」を領主に提出した[33]。そこで八郎は地域の人々に対する「不仁非道之始末」を列挙して泰助を批判するが、最後の二ヶ条では「泰助義身代之義は八郎親和蔵取立之身代ニ候間、たとへ如何様之義出来候而も、八郎え対し逆恨ミ相含ミ譏言等いたし、差障り候而は不義之第一」などと、菅野家と脇屋家との関係から泰助を批判している。強烈な父祖・自家意識をもつ八郎にとって、これが脇屋泰助問題の核心といえる。そしてこの年の夏、八郎は太宰清右衛門を通して水戸家奉公の願書を提出したのである[34]。

しかし、八郎の水戸家奉公は一一月に彼自身が江戸町奉行に捕縛されたことで挫折する。その翌月、脇屋泰助の行状探索の取下げ願いが村から梁川役所へ提出され、一件は終息した[35]。

以上から、八郎は脇屋泰助松前家奉公一件の最中に水戸家奉公の願書を提出したことがわかる。当初、八郎は泰助の松前家奉公に賛意を示していたが、後に反対に転じた。その経緯は不明だが、八郎は以前から泰助に「必至ト異見申聞候処」、泰助は「却而是を遺恨ニ含」む傾向があったと述べており[36]、小前百姓からの批判について八郎が泰助に異見したことから両者の対立が激化したのかもしれない。ともあれ八郎にとっての脇屋泰助松前家奉公一件は、八郎の泰助に対する家格意識が核心といえ、八郎の家格の問題を小前横領など村の問題にからめ普遍化させて争われた事件と考えられる。八郎は遅くとも安政五年八月には訴訟の主導者となっており[37]、この争論の最中に彼は水戸家への奉公を願い出たのである。そして、八郎が捕縛されると一件は告発側から取下げられた。すなわち、徳川斉昭への敬慕があったとしても、八郎のこの時期の水戸家奉公志願には、松前家奉公を願い出た泰助に自らも士分化を遂げることで対抗する家格意識を背景とした意味があったと考えられるのである。

さて、嘉永七年二月の老中駕籠訴から安政五年一一月の捕縛までは八郎の地域を超えた政治的行動（老中駕籠訴・水戸家奉公志願）がみられた時期であるが、それは地域における菅野家・八郎の地位上昇・威信高揚を志向した行動ともいえる。とくに安政期以降の八郎は自家の由緒の体系化を図り、士分化へも動き出した。八郎の由緒の体系化と士分化志向は、嘉永六年九月の先祖碑建立で一つの頂点を迎えた自己・自家の威信のさらなる飛躍を意図したものと考えられる。

従来、老中駕籠訴や水戸家奉公志願といった八郎の政治的行動は外圧への危機意識や幕藩領主の政治に対する批判意識に基づくものと指摘されてきた。しかし、そこには「自満」をともなう家格意識や士分化願望が結びついていたのである。

八郎の身分制認識

それでは八郎は百姓である自己の士分化を可能とする根拠をいかに考えていたのであろうか。彼は『菅野実記　第一』で自家の由緒を語るなかで、「いやしき百姓の我々より上ミ天子に至る迄、皆此神（イザナミ・イザナギ）の子孫末葉ニして、我人ともニ先祖の高下あるべからず」と述べ、その後、数代の間に「名を天下ニあらわし、又ハ其身みじゆくにして名をうしない」、「上下のへだて」ができたとしている。しかし、豊臣秀吉を身分上昇の例証にあげ、「野人農夫の我々も子孫末葉ニ至而は、一合半の米ニありつき、大小をたばさむものも出生せん事もあらん歟」と子孫の士分化の可能性を述べている。八郎はそのための「後覚のはし」にするために自己の「自まん」を記すとしており、『菅野実記』は後世の子孫の士分化を意識した著作だったのである。

ここで八郎は人間同祖論による種としての人間の平等性を自家の士分化を可能とする根拠にしている。しかし、それはあくまでも身分上昇の根拠であり、身分制自体を否定するものではなかった。それゆえその後も八郎は個々の幕藩領主の資質や政治の善悪は論ずるが、幕藩体制自体を否定することはない。

以上のような八郎の身分制認識が百姓の身として政治を論じ、士分化を望む政治的行動を可能にしたといえよう。しかし、彼は政治的行動のみに偏重していたわけではない。一方で、子孫に対して農事への注意や百姓的な孝行も説き、家産――「親のゆづり」の相続も気遣っている。(38) このような一見矛盾した言動や身分制認識は、没落と上昇の岐路に立ち、身分上昇と百姓としての家相続を両睨みする近世後期・幕末の百姓の思惟・行動様式のひとつといえるのではないだろうか。

しかし、彼の士分化はこの後の捕縛・遠島により挫折する。

4、捕縛・遠島と百姓意識――八丈島の八郎――

「百姓」を意識する八郎

安政五年（一八五八）一一月二日、八郎は自宅で町奉行石谷穆清の捕手に捕らえられた。安政の大獄で逃亡した太宰清右衛門の自宅で八郎執筆の『秘書後之鑑』が押収され、太宰の協力者としての嫌疑がかけられたのである。八郎は江戸に送られ、投獄、取調べのうえ八丈島遠島に処されるが、八丈島在島中、彼はその過程を述懐して、かかる極限状況下における自らの立場・精神的弱さを「百姓」という点から内省し、「百姓」身分を強く意識するようになる。

たとえば取調べの場で「如何様之御仕置ニ相成」かわからぬ不安から、彼は「百姓之家ニ生れ賤しき心去りがたく無生ニ命がほしくなり、言ぶき《ママ》事も得不言、御慈悲〳〵と斗り申上」げたという。(39) また、石谷から『秘書後之鑑』執筆の記憶の有無を尋問された際、彼は「根が百姓の浅間しさに、妻子兄弟諸親類の歎き如何斗りと又ぼんのふ引出シ、どふでも命おしくなり」、返答に逡巡した揚句、「覚無御座候」と答えてしまった。(40) しかし、石谷ら幕府役人の態度をみて、彼らが自分のことを「器量もなき百姓の身として入らざる事を書連ね、斯る災ニ逢ふ事愚の甚しき奴かな」と思っているだろうと考えた。そこで「すべによりてハ助かるまじきものにもあらず」と思い、「ア、、命をおしむハ百姓の身分相応ト、ハヤおくびやう神がさそい来て」、結局自分の執筆を認めてしまったという。(41)ここからは八郎が命欲しさに言いたいことがいえない自己の「浅ましさ」の根源を「百姓」であることに求めていることがわかる。

また、自らの八丈島配流については、「予土民にして天下の盛衰直曲抔に心意を苦しめ分限を不顧の罪、車輪に等しく忽ち其身に巡り来りて八丈島の流人となり」(42)と述べ、また、かつての「国地之奢」を省みて、「八丈へ流サレ（中略）天地之定理、身之分限、此所等ガ調度人間界、百姓ノ相応ト思ヘバ、却而難有楽ミ多ク」とも述べている。(43)八郎は八丈島での生活を通して、政治的行動を実践していた自己を「土民」としての「分限」を超えたものとし、八丈島での生活をかえって「百姓ノ相応」であるとしている。これに関連して八郎は薩英戦争で薩摩藩の英艦撃退情報に接した際の心境を「負け給ふな負け給ふなと百姓の身としていらざるをせわ、及ばぬ事と不顧、又例の病再発して、独り崩れたる小屋の内に堅唾を呑、腕をさすり、力瘤をたゝいて嬉しさの限りを知らず、夢中になりて紙墨を費す拙が心情、御推量御推量」(44)と述べている。ここでも政治的関心をもつことを「百姓の身としていらざるをせわ」であるとして自己の「百姓」身分が意識されている。

しかし、一方で八郎は「百姓」を意識するがゆえに、安政の大獄に連座し、『秘書後之鑑』が幕府高官の目に触れたことを、「百姓」の身としての「冥加」、あるいは我が身の「ほまれ」とも意識した。彼は自らの捕縛理由を説明するなかで「水戸一件と呼れし衆中六拾五人、皆々御身分重キ智者学者と唱えられたる人々之中ニ加り」、秘書後之鑑を「勿体なくも御老中様并ニ三奉行様方、其下役人衆ニ至る迄御銘々御扣有之、御吟味度毎ニ被御読聞候を百姓之身として適共又冥加共難有事、天ニも昇る心地ニ御座候」(45)と述べている。また、江戸への連行の際、八郎は友人に「我百姓の身として御大老様御老中様其外重き方々より御疑念筋と有之ハ冥加至極に相叶、譬一命召さるゝ共少も歎く事ハなし」(46)と述べ、家内を慰めてくれるよう頼んだという。取調べの場においても彼は「拙き筆ニ書連ねし壱冊、御大老まで御披見ニ相成、重き天下の御役人衆不残御書留写、皆々御所持之よふすなれば、冥加に叶し我身、此世ニ思置事なし[47]」と思ったという。ここには一介の「百姓之身」である自分に幕府高官が嫌疑をかけ、自著が読まれたことに対する「冥加」が意識されているが、この「冥加」は自己を「百姓」と意識するからこそ一層強く意識されたといえる。

以上のように八郎は捕縛から遠島の過程で自己の「百姓」身分を強く意識した。それは国家権力を前にした自己の無力さを自覚して、自己の行動を百姓の「分限」を超えたものであったと悔悟するとともに、一方でその「分限」を超えた自己を百姓ながら「適れ」と誇らしく思うアンビバレントなものであった。こうした心境を彼は「我土民の身に不応秘書後之鑑と表題して一小冊を認置、其趣意上聞に達し遠流の身となりはんべりぬ、是即ち身分不応を好む罪とは云ながら百姓に不似合適れ手柄なり共可云か[48]」と述べている。彼は「百姓」を強く意識するゆえに自己の「手柄」を意識したのであった。また、薩英戦争の情報に接した際の心境からうかがえるように、「百姓」を意識しながらも政治的関心を捨てきれないでもいる。鯨井千佐登は八郎のなかにある「『分限』を越えて奔騰する意識」と「既存の身分制的差別秩序にもたれかかろうとする自己規制の意識との生身を引き裂くような相剋」を指摘したが[49]、これはまさに捕縛から遠島の間における彼の意識といえよう。

「孝」の体系化

八郎は八丈島在島中の文久二年（一八六二）四月、「孝」の考えを体系化した『(八老十ヶ条)』[50]を故郷金原田村の子孫に向けて執筆した。

『(八老十ヶ条)』では「血筋ノ驕奢ニ異見ノタメ」に「今日我身之上之浅間シサヲ大略書記シ、愧ヲ古郷へ書送ル」と自己の八丈島での見苦しい生活も伝えている。それは、「国地之奢ヲ忽ニ天地之定理ニ取戻サル、我身之上、天道様ノ妻之子勘定、少シモ違フ所ナシ、血筋之者ノ能キ鑑、驕ヲ慎メ、奢ヲ慎メ」と過去の自己の行動を「栄花」・「驕り」・「奢り」とし、その「驕奢」を「血筋ノ者」に訓戒するためであった。彼は自分を「驕奢」で家相続を危うくした負の事例として「血筋之者」を戒めるが、それは彼の遠島にいたるまでの内省を通して強まった「百姓」意識にもとづく教戒であった。彼は捕縛の際、家内の者に「家相続の事而已思へ[51]」と言い残し、残された家の相続と行く末を憂慮していたが、かかる憂慮が「百姓」意識と相俟って次にみる「孝」の体系化を促したといえる。

それでは八郎は「孝」をいかに考えていたのか。彼は人が「孝」へいたる道を「孝行山」への道として四つあげている。

一つは「儒道」で、この道を登る人には「大イなる益」があるとする。しかし、これは「上ノ人心」、「武士・智者・医者・賢者」の道であり、「足達者、自力なくては中々登る事かたかるべし」として「我等ハ只上の方を仰むいて見て居る斗り」の道である。

次の道は「神道」である。これは「正直祖父《じじい》が案内にてそろ〳〵登る」「中ノ人心」の道だが、「穢又ハ祈とふ・祈ねん抔にひま取りて、安心の土に不至、日を暮すもの多」い道でもある。

三つめの道は「仏道」である。これは「女・童・盲目・片輪者も心安く登山する」道であるが、「誠に道法遠くして、めんどふ」であり、案内人たる「今時の坊主共」はかえって「畜生界の案内者」であり、「迷惑して道を失ふ」という。

以上の「神儒仏」の三道は「大道」とされるが、八郎は最後に「早道と言小路」を示す。これは「一時の内に孝行山の巓に至る」道で、その理由は「両親の言葉を不背ば、両親朝夕己がそばをはなれずしてともに其道を行」くからであるとする。八郎はこの「早道」を「下ノ人心」、「百姓・町人」の道であるとして最も薦めるのである。

それでは八郎がいうところの「孝」とはいかなる内容であろうか。『(八老十ヶ条)』執筆の翌年、彼は一族子弟へ向けて『小児早道案内』を執筆した。ここには「親孝行《おやこうこう》が第一《たいいち》よ」として「唯百姓《ただひやくしやう》は父母《ち、は、》の辞背《ことばそむ》かず朝早《あさはや》く、鍬鎌《くわかま》取《とり》て山《やま》に出《いで》、或《あるい》は耕《たがや》し草《くさ》を苅《かり》、家業《かぎやう》の間《ま》に茂《も》読書《よみかき》は、必《かならず》忘《わす》るゝ事《こと》なかれ」と「孝」の内容が振り仮名をつけて簡明に記されている。(52) すなわち、「孝」とは第一に「親孝行」であり、その内容は親の言に従って「百姓」の家業たる農作業に出精することと、読み書きの習得であった。「孝」は端的に百姓としての家・経営の相続に向けられた徳目といえよう。そして、かかる「孝」の実践により「安心」を得られ、「世上之人《せじやうのひと》に敬《うやまわ》れ、則神《すなわちかみ》とも仏《ほとけ》とも、其身其《そのみその》儘《まま》」(53)になるというのである。また『(八老十ヶ条)』でも「親孝行」を忘れなければ「神聖仏の御心にかない、禁裏も公方も地頭もういやつなりと御褒美有て万宝を授けたまう」などの効用が得られるとしている。「孝」の実践により生活の安心・諸人からの敬意、神聖仏・領主の加護と富貴といった百姓の「幸福目標」(54)が達成されるのである。

ところで、八郎は嘉永七年（一八五四）にも遺言として複数の「孝」への道を記した図を描いていた。(55) ここでは「神儒仏」も目指すは同じ「孝」であり、「下々百姓町人の身として孝行スル事誠ニやすし」として親の言に従うことを勧めるというモチーフがすでにみられる。しかし、その図には「誰」の道かといった明確な道の類型化も「早道と言小路」もない。『(八老十ヶ条)』では「道」の身分・地位別の類型化と体系化が進められ、子孫に対して「百姓」の道としての「早道と言小路」＝「親孝行」が一層強調されているところに特徴がある。ここに「百姓」を意識し、遠く八丈島から家の相続を憂慮したこの時期の八郎の特徴がうかがえる。

最後に八丈島在島中の八郎が「義」・「信」をいかに考えていたか検討したい。捕縛前の八郎は「正直を本として義と信之二ツニは一命も不可惜」(56)として「たとへ愚ニなり、一たん難義ニ及事ありても、信より出たる愚ハ天の助ケあり」(57)と述べていた（先述）。しかし、八丈島在島中の彼は「可惜も命宝、又可捨物も命と宝、其時節を見る事専要にして、いらざる処へ命金銀を捨ると、馬鹿ニして畜生也」とし、「仁義礼信の為ニハ命ハ勿論、金銀同断妻子も捨べし、又驕奢色情杯にハちり一本紙一枚も捨べからず、是等の境をよく〳〵心にかけて、忘るゝ事なかれ」(58)と述べるようになっている。「義」・「信」を重視する態度は変わらないが、八丈島以前では「たとへ愚」になっても、「信」を失わなければ「天の助ケ」が期待できたが、八丈島では「命金銀」、「田畑、山林、家やしき」などをなげうつ「時節」や「境」の見極めを促すといった「馬鹿」・「畜生」にならない慎重さを求める微妙な違いがうかがえる。

5、百姓意識と「自まん」の行方――帰郷後の八郎――

地域社会の荒廃と八郎

元治元年（一八六四）九月、八郎は赦免により八丈島から帰郷した。しかし、帰郷後に「百姓出精」していた彼が目にしたのは「在々所々ニ押借・夜盗・強姪・博奕等之悪事大ニ流行仕、両郡之百姓共片時も安心難成、女子老少歎キ悲ム事、昼夜止時無之候(59)」といった地域社会の荒廃であった。また、彼自身も「桑折宿勘七と申者、親代より博奕を渡世ニいたす故歟、私を大ニ憎み誹り、闇討にも可致風聞専ニ御座候(60)」と身の危険を感じていた。

そこで彼は「何卒此危難を救ひ度相心得、誠信講中と号、剣道ニ志有之百姓共と申合、剣術稽古相励ミ、強盗・強姪并に博奕等之悪党を相防(61)」く活動を始めた。彼は荒廃した地域社会に跋扈し、百姓成立を脅かす百姓規範の逸脱者・博徒・悪党への恐怖と嫌悪から、「剣道ニ志有之百姓」による誠信講を結成し、地域防衛にあたったのである。

ただ、地域社会の荒廃は百姓規範の逸脱者・悪党らのみによりもたらされたのではなかった。「桑折宿勘七、北半田村伝之助、五十沢村福平、岡村馬治、中瀬村義左衛門、此五人邪佞奸智之曲者ニ而」と博徒と豪農らが結託し(62)、さらには「御代官川上猪太郎殿義、古今未聞不見之悪政被行、両郡之百姓ども必至と艱苦ニ逼り」、「後代官黒田節平殿御支配ニ相成候処、川上殿同様之悪政ニ而、百姓之愁悲無限(63)」と支配層の悪政によってももたらされていた。しかも彼らは「賄賂を貪りて邪政を行ひ、罪無を罪ニ陥、大罪を犯スとゐへども、金銀を以媚諂ふ者ハ、其罪免して反而立身出世[64]」させているといい、八郎の目には支配層・豪農・博徒らが結託して百姓成立を破壊せんとしていると映っていた。このように八郎は地域の支配層に失望と批判意識をもっていくが、これは戊辰戦争における新政府軍への期待に結びつく。

信達騒動頭取説と八郎の「自まん」・「土民」意識

かかる状況下で慶応二年六月に信達騒動が発生する。そして七月、八郎は騒動の頭取の嫌疑により梁川陣屋に入牢する。しかし、彼はそこで騒動との関わりを強く否定する書簡を作成した[65]。その書簡は自分への嫌疑を自己の「自まん」を振り返ることで晴らそうとする特徴的なもので、彼の自意識がうかがえる。

八郎はまず、自分が信達騒動の頭取で「わらだ状」を配らせたなどの疑惑について「ぬり附られ候」と否定し、それらの噂は「拙が手がら高名をねたミ誹る者の口より出候事」とする。さらに、彼の手によるとされる文も「下拙作したらば、いま少し文体宜敷出来可申哉と奉存候」とする。そして、「拙が身にありし事ども、白まんするならば、御写しの実記より百倍ニ御座候」として以下の五件を「自まん」として書き連ねる。

①父和蔵が名主を勤めていた一四歳の時、自宅に宿泊した川俣代官所手代の帰陣に随行し、その途次に洪水で流失した橋を近くの者に掛けさせ、手代から「手ぎハ適れ」と誉められた。これが噂になり代官所の元締は「八郎とか言小ぞふ、よのつねのものにあらず」と村役人たちに話したという。

②二五歳のとき「名主押領ほり出し」、「勝利を得て帰村」した。天保八年（一八三七）の名主横領出入のことで（先述）、その後、三六歳まで年に数回「役所のむしろニうづくまり、或ハ、白洲の小石ニ埋り候」という。

③三六歳のとき「関波村新堰之義」につき「果し状を以相掛合」、「我が言処一言もけづれず済口ニ相成候、亡父の恥雪清メ、名を近郷ニ顕し、其手がら大」であった。これは弘化五年（一八四八）の砂子堰碑の一件である（先述）。

④四一《ママ》歳のとき、「東照神君の御霊夢ニ付、御国恩報之ため、異人征伐・海岸防戦の手だて」を「御箱訴仕候手がら之事」。老中駕籠訴の一件である。

⑤四五歳のとき「水戸前中納言様の外端尻懸りて、流人となり、其手がら又広太」であった。八丈島配流である。

以上が八郎の「手がら」とする「自まん」話であるが、③は後に詫状を出したことに触れず、④・⑤も具体的成果はない。しかし、八郎はこれら「積重タル大功ある故」、「一向不知して美名を他国迄顕し」、「諸人のもてはやしもの」となり、それは「天然自然、拙が信心天地に通る処」であると考え、自己の「手がら高名」の地域での流布とその「天然自然」の正しさを意識している。八郎にとっては自己の行動・考えの主観的正当性と、名が地域に知られた際立った存在であるとの自負がこれらを「手がら」と位置づけ、「自まん」とする根拠になっているのであろう。

そのため、自己の頭取説を否定する一方で、「何よふの事を自作したればとて、其身に備わりたる程の事ニあらずんば、中々欲徳なしの人もてはやすものにも無御座候」と、頭取と目されたことを誇らしくも思っている。そして自己の頭取説流布の背景を「万人の後難も不顧、己壱人の益を欲る非義暴欲を憎ミ憤ル拙が魂情、天然自然と諸人の心に浮ミ、誰言となく八郎頭取なりと、跡形もなき空言出しものなり」と述べ、流布する自己像は「万人」のために「非義暴欲を憎ミ憤ル」姿であると意識している。八郎は頭取説の流布から自己の「手がら高名」を確認し、「自まん」意識を強める一方、「万人」のために「非義暴欲を憎ミ憤ル」自己という強烈な自意識を醸成していったのである。

八郎はこれまで地域において百姓成立を脅かす富者や無宿に対しては律儀百姓の立場で行動し、また、理想の地域指導者としての父和蔵イメージを意識して自己形成してきた。「非義暴欲を憎ミ憤ル」自己像もその延長上にあるといえるが、その自意識は八郎が地域における自らの「手がら高名」の流布や「自まん」を意識するほど、一層強まっていったといえる。

後に八郎は牢中より代官・名主・無宿らの悪政・不正を糾弾する願書を官軍に提出する。そこで八郎は万人の「危難を救ひ度」誠信講を結成し、「愚名広き」ゆえに騒動の頭取と目されたことを記したうえで、「私父子之一命は露斗りも不奉惜」として「悪党」との対決を願い出ており、前述の自意識が発露されている。(66)

それでは、かかる自意識を抱いた八郎の地域秩序・地域政治の荒廃に対するかまえはいかなるものであったのか。これについて彼は次のように述べている。

其主謀弱にして、其国亡んとする時ハ、実之忠臣・義士ならば、必諫死もすべし、仮令土民之身なり共、代々安穏に年月を送りし御国恩之重き事、何ぞ上下尊卑之差別あらんや、然るを土民は其事ニ不拘之法なり迚、唯他所事ニ思ふは、不信とや言ん、闇愚とや言ん、忠臣・賢士諫死するハ、皆是国民之為ならずや、然る時は国恩を同じに受し我々なれバ、信を知るもの、如何んぞ口を閉て、命を惜んや(67)

八郎は八丈島在島中に「百姓」を意識し、政治的行動を「百姓のいらざるをせわ」としていた。しかし、帰郷後の地域秩序・政治の荒廃を眼前にして醸成された彼の自意識は、「土民は其事ニ不拘之法」という士分以外は政治的行動に関与できないという考えを「国恩を同じに受し」者として否定し、「土民」として「上下尊卑之差別」のない政治的行動の正当性を主張するにいたったのである。

おわりに

金原田村内の菅野八郎は嘉永六年九月の菅野家開祖碑建立にみられるごとく、先祖や父の「大功」を意識し、自家の威信高揚に努めてきた。

そして開祖碑建立の翌年二月に海防献策の老中駕籠訴を敢行、安政五年には水戸家への奉公を志願した。従来、八郎の政治的行動は攘夷意識や幕政への批判意識にもとづく行動とされてきたが、そこには開祖碑建立の延長として自己・自家の威信高揚・身分上昇が意識されていた。

なお、八郎が海防献策の駕籠訴を正当化する根拠は東照宮を背景にした「御国恩」の論理であり、これは彼にとって政治的行動を通した自己・自家の地位上昇への回路でもあった。「御国恩」の論理は彼のような一介の百姓をも捉え、地域・立場を飛躍した自己主張を可能にする論理として利用されていた。

また、八郎は南朝方武将を祖とし、東照宮信仰を組み込んだ家の由緒の体系化をはかったが、それは人間同祖論に基づく身分制認識により、将来における自家の士分化の可能性を論理化するものでもあった。さらに、理想の指導者としての父和蔵イメージを造形したが、それは地域における菅野八郎家の差別化・威信高揚をめざす作業であるとともに、そのイメージを規範とする八郎の行動・自己形成を促したと考えられる。

このような八郎の行動・意識は多様な身分の人々が政治的行動に関わるようになる幕末期の人々・社会状況を表現しているといえないだろうか。とりたてた経済力や政治的地位を持たずとも、強烈な自意識をともなった言説と行動によって飛躍を試みる個が現われるようになったのである。

ただ、この時期の八郎は士分化を試みる一方で、子孫への農事への注意・百姓的「孝」も説いていた。一方で士分化を志向しつつ、一方で自家の百姓経営に気を揉むといった両睨みのかまえは、「上位に上昇するか転落するかの岐路」にある菅野家に相応しいかまえであったといえる。

しかし、安政五年一一月の町奉行による捕縛・尋問、八丈島遠島の過程で、八郎は自己の「百姓」身分を強く意識させられた。そのため彼は八丈島で百姓としての「安心」にいたる「孝」を体系化し、子孫に伝えようとした。ただ、それゆえに「百姓」意識と政治意識との葛藤もみられた。鯨井の指摘する両者の「生身を引き裂くような相剋」

はこの時期の意識状態であった。

八丈島から帰郷した八郎は、悪党や暴虐な為政者による地域秩序の荒廃を眼前にして誠信講を結成、「百姓」としての地域防衛を試みた。信達騒動の際は「頭取の名をぬり附」けられたとして入牢し困惑するが、そのことで「名を近郷に顕し」、「美名を他国迄顕」し、「非義暴虐を憎ミ憤ル」自己像の流布を意識した。これにより八郎は自己の「手がら」・「自まん」を意識するほど「非義暴虐を憎ミ憤ル」自意識を醸成させるようになり、戊辰戦争期には「一命は露斗りも不奉惜」として牢内から名主・代官らを糾弾する願書を官軍へ提出する。そして、「上下尊卑之差別」ない「士民」としての政治的行動の正当性を主張するようになった。

なお、「士民」としての政治的行動の正当化の根拠はここでも「御国恩」の論理であった。しかし、あくまでも「士民」としての行動であり、もはや士分化は意識されていない。そして、この主張を八郎に言わしめたのは、彼のなみなみならぬ「自まん」意識に押し出された「非義暴虐を憎ミ憤ル」自意識であろう。ここに八郎の個性と時代性がみられる。

このような彼の意識・言動やその揺れ動きは、浮沈の境にある幕末期百姓の一面を端的な形であらわしているといえるのではないだろうか。

注

(1) 安丸良夫「民衆運動の思想」(『民衆運動の思想』岩波書店 一九七〇年)。白川部達夫「幕末維新期の村方騒動と主導層」(『茨城県の思想・文化の歴史的基盤』雄山閣出版 一九七八年)。深谷克己『八右衛門・兵助・伴助』(朝日新聞社 一九七八年)。同「構成体的危機の段階における人民闘争――『三浦命助獄中記』の検討を通じて――」(『民衆史研究』七号 一九六九年、のち「幕末期一揆指導者の思想」『増補改訂版百姓一揆の歴史的構造』校倉書房 一九八六年所収、さらに「幕末期一揆指導

者の思想」『深谷克己近世史論集』一巻　校倉書房　二〇〇九年所収）。同「一揆指導者の人間像」（『歴史への招待』一九　日本放送協会、一九八一年、のち『増補改訂版百姓一揆の歴史的構造』校倉書房　一九八六年所収）。青木美智男「近世民衆の生活と抵抗」（『一揆』四巻　東京大学出版会　一九八一年　のち『百姓一揆の時代』校倉書房　一九九九年所収）。

（2）菅野八郎研究の研究史については本書第Ⅰ部総論参照。

（3）近年の由緒論の研究史を総括した成果に、山本英二「日本中近世史における由緒論の総括と展望」（『歴史学研究』八四七号二〇〇八年）がある。

（4）久留島浩「村が『由緒』を語るとき――『村の由緒』についての研究ノート――」（久留島浩・吉田伸之編『近世の社会集団―由緒と言説』山川出版社、一九九五年）。

（5）桑原恵「地域史の叙述と自己形成――和泉国の中盛彬にみる『家』と自己の使命――」（平川新・谷山正道編『地域社会とリーダーたち』吉川弘文館、二〇〇六年）。

（6）井上攻「幕末期における『国』の主張と由緒秩序」（『歴史学研究』八四七号　二〇〇八年）。

（7）例えば幕府の呼びかけで集まった浪士組が「下級藩士や中間を出自とする脱藩藩士、神主、学者、郷士、豪農、百姓、侠客」など多様な出自の者から構成されていたように（平川新「中間層論からみる浪士組と新選組」平川新・谷山正道編『地域社会とリーダーたち』吉川弘文館、二〇〇六年）、様々な身分の者の政治的活動の活性化はこの時期の特徴といえる。

（8）金原田村については本書第Ⅰ部総論参照。

（9）『菅野実記　上』　福島県歴史資料館、庄司家文書Ⅰ二四六五。なお、「かり」とは耕作する田地の単位で、新潟県中頸城郡では百かりが一反であるという（『日本国語大辞典』）。

（10）庄司吉之助「世直し大明神菅野八郎」（『福島史学研究』一四号　一九六九年）。

（11）「菅野八郎遺書」『八郎死後之為心得ト置條之事　七巻ノ内一』　福島県歴史資料館、菅野隆雄家文書二（布川本「八郎死後之為心得置条之事」）。

（12）『保原町史』二巻　近世№九四。

（13）金原田区有富田春雄家文書五一号　伊達市保原歴史文化資料館。

（14）『保原町史』二巻　近世№九五。
（15）『保原町史』二巻　近世№九六。
（16）菅野洋介「近世後期における南朝の顕彰と在地社会――奥州伊達郡を事例に――」（『駒沢史学』七二号　二〇〇九年）。
（17）齋藤和也「菅野八郎の行動と思想」（小林清治編『福島の研究』三巻　一九八六年）。鯨井千佐登「幕末の民衆思想」（『歴史』六五号　一九八六年）。
（18）『あめの夜の夢咄し』福島県歴史資料館、菅野隆雄家文書一。
（19）慶応二年に八郎は、自己の「自まん」「手がら」を書上げた書簡を書くが（後述）、老中駕籠訴は八丈島配流以前の最後の「手がら」として書上げられている。
（20）なお、八郎がこの時期に海防献策を思い立った契機として、前年六・七月の幕府による幅広い階層への米大統領国書の回覧・意見諮問（『幕末外国関係文書』一巻　二四七・二四八・二六一号）と、その地域への流布の可能性が考えられる。ただ、八郎がこれに接したことを示す史料は今のところみられない。
（21）注（6）井上論文。なお、井上は「御国恩」の論理を使用する人々として組合村物代など「地域のリーダー的存在」を想定している。しかし、幕末期においては菅野八郎のような必ずしも地域リーダー層とはいえない人々も「御国恩」の論理を用いて政治的行動・言説を生み出すようになったのではないだろうか。換言すれば「御国恩」の論理はそれまで政治的行動・言説に関与しなかった階層の人々にもその資格を付与することになったといえるのではないか。そして、そこに多様な人々の政治的行動が活性化する幕末期の社会状況の背景のひとつがあるのではないだろうか。「御国恩」の論理の社会的な浸透の度合いや各層にとっての意味などについては今後の検討・事例の発掘を要すると思われる。なお、これに関しては拙稿「幕末維新期の神職・由緒・身分――相州六所神社と鍵取役出縄主水家をめぐって――」（『日本歴史』七四四号　二〇一〇年）でも触れている。
（22）『菅野実記　第一』福島県歴史資料館、庄司家文書Ⅰ二四六六。
（23）なお、北畠顕家の生年は文保二年（一三一八）であり、永仁二年には生まれていない。
（24）八郎はこれを菅野家の東照宮信仰の始まりとしている。そしてその信心の内容は、①親に孝、主人に忠を尽くす、②家業出精、③年貢諸役を無難に勤める、③人を偽ったり諂ったりしない、④理非善悪を弁える、⑤弱を助け強を制す、⑥正直を本として義と信の二つには一命もおしまない、⑦東照神君の尊き事ヲ忘れない、⑧荒れ田畑を開発し一粒でも実りをあげ世の中の宝とする、というものである。

（25）慶応二年に八郎は、自己の「自まん」「手がら」を書上げた書簡を書くが、老中駕籠訴は八丈島配流以前の最後の「手がら」として書上げられている（後述）。

（26）「菅野氏先祖より申伝幷ニ八老遺言」『八郎死後之心得ト置條之事　七巻ノ内二』福島県歴史資料館、菅野隆雄家文書二。

（27）注（9）に同じ。以下、注記のない限りこの項の記述はこれによる。なお、「菅野実記」は現在、『菅野実記　上』と『菅野実記　第二』の二冊が確認される。『菅野実記　第二』は安政三年の作成年が記載されているが、『菅野実記　上』には作成年が記されていない。しかし和蔵が間引きから救った子どもについて「安政三、四年頃も存命也」との文言があることから、安政五年の八郎が江戸町奉行に捕縛されるまでに作成されたものと思われる。なお、「八老祖父嘉伝次幷八老父和蔵之伝」との副題がある。

（28）八郎は、和蔵は「愚」だが「信」にもとづいて行動したので「天のあわれミを蒙り、老年ニ及テは後に名主役迄相勤メ、六十八歳ニして目出度めいど二赴」くことができたと述べている。

（29）『判段夢ノ真暗　巻ノ上　三冊之内』福島県歴史資料館、菅野隆雄家文書四（布川本「判断夢ノ真暗」）。

（30）保原町歴史文化資料館『信達世直し一揆と金原田八郎展』。ただ、八郎は太宰と文通をしているので水戸藩への接近はそれ以前からと考えられる。

（31）『保原町史』二巻　No.九八。

（32）『保原町史』二巻　No.九九。

（33）『保原町史』二巻　No.一〇〇。

（34）注（29）に同じ。

（35）『保原町史』二巻　No.一〇三。

（36）注（33）に同じ。

(37) この一件について八月二八日に村役人が陣屋役人から「小前不服者有之は不残召連れ可参候様」言われ呼び集めたところ、「八郎なる者如何申触し候歟、小前一同味々気込ミ、同廿九日清兵衛と申者宅ニ而勢揃いたし四五十人梁川へ罷越」したという(『保原町史』二巻 No.一〇二)。
(38) 『半夏生不順ニ曰』 福島県歴史資料館、菅野隆雄家文書三。
(39) 「上」『闇之夜汁 全』 福島県歴史資料館、菅野隆雄家文書七。
(40) 注(29)に同じ。
(41) 注(29)に同じ。
(42) 『八丈島物語』(郷土文献刊行会)。
(43) 『(八老十ヶ条)』 福島県歴史資料館、菅野隆雄家文書五。
(44) 注(42)に同じ。
(45) 注(39)に同じ。
(46) 注(29)に同じ。
(47) 注(29)に同じ。
(48) 注(42)に同じ。
(49) 注(17)鯨井論文。
(50) 注(43)に同じ。以下、注記がない限り本項の記述はこれによる。
(51) 注(29)に同じ。
(52) 『小児早道案内 全』 福島県歴史資料館、菅野隆雄家文書六。
(53) 注(52)に同じ。
(54) 深谷克己「近世的百姓人格―『百姓伝記』に現われた―」(『早稲田大学大学院文学研究科紀要』二六輯 一九八一年 のち、『百姓成立』 塙書房 一九九三年、『深谷克己近世史論集』一巻 校倉書房 二〇〇九年所収)。
(55) 注(26)に同じ。

(56) 注(26)に同じ。
(57) 注(9)に同じ。
(58) 注(43)に同じ。
(59)『乍恐以始末書赤心奉歎願候』福島県歴史資料館、菅野隆雄家文書八。
(60) 注(59)に同じ。
(61) 注(59)に同じ。
(62) 北半田村伝之助・五十沢村福平・岡村馬治・中瀬村義左衛門らは名主で地域の豪農、商人であり、馬治・義左衛門は蚕種や生糸改の鑑札制を幕府に願い出て地域に新課税をもたらしていた(注(10)庄司論文参照)。
(63) 注(59)に同じ。
(64)「八老独年代記　巻之中」『闇之夜汁　全』福島県歴史資料館、菅野隆雄家文書七。
(65) 本項の記述は注記がない限り「深御勘考奉希上候事」『闇之夜汁　全』福島県歴史資料館、菅野隆雄家文書七による。
(66) 注(59)に同じ。
(67) 注(64)に同じ。

二章 一九世紀民衆の対外観
――夷狄意識と救世主像――

檜皮瑞樹

はじめに

一八世紀末からはじまる社会変動は、一九世紀にはより大きな波となり幕藩体制をその根本から揺さぶることとなる。民衆世界においても、このような社会変動を自らの生活領域を脅かすものとして捉え対応行動を起こす。このような社会変動をもたらした要因の一つがウェスタンインパクトであり、民衆にとっては「黒船」や「ペルリ」という象徴的な存在として認識されたのである。民衆は西洋文明をある時は脅威として認識し、それを忌み嫌い排除する意識を有した。またある時には憧憬の対象として捉え、西洋文明に関わる情報の収集に奔走もした。本論では、一九世紀半ばにおいて、民衆が西洋文明＝夷狄を自らを取り巻く社会との関係でいかに認識し、その解決方法をどのように獲得したのかという点を菅野八郎という個人の思想や行動を通して考察する。

このような社会変動に対して民衆がどのように対応し行動したのかという点については、その多くが民衆運動との関係で論じられてきたという経緯があり、菅野八郎に関する研究も同様である。代表的な研究としては、庄司吉之助と鯨井千佐登が挙げられる。[1] 両者に共通するのは、八郎の思想や行動を体制批判として評価する点である。確かに八郎は現実の代官所の政策、為政者の怠慢や不誠実を批判している。しかし、その一方で幕府＝公儀や将軍・東照大神君への揺るぎない信頼感も存在する。それゆえ、八郎を単に体制批判者として評価するのではなく、彼の批判を成り立たせている思想的背景やその批判の対象をあらためて検討する必要がある。

また、八郎の対外意識はこれまで主題として取り上げられることはなかった。それは、彼の西洋に対する記述がそれほど多くないことも一つの理由であるが、それ以上に従来の研究における民衆意識の変化の解釈方法そのものに問題がある。確かに、開港による物価高騰や治安悪化によって、自らの実生活を脅かす存在として西洋や夷狄といった存在が認識され、民衆のなかに排外的な攘夷思想が芽生えたことも事実である。しかし、本論では、そのような直接的・経済的な民衆行動にとどまらず、漠然とした不安や自らを取り巻く社会の変化をもたらした要因として夷狄を位置づけるような民衆意識に注目する。そこでは、夷狄なるものが実態としての西洋とは切り離されたものとして認識され、そうであるがゆえにその克服方法も非現実的な（現在から見れば滑稽な）ものとして描かれざるを得ないのである。

同時に、そのような脅威の克服方法として八郎が想定した救世主像[2]にも着目する。八郎は夷狄という脅威に対して、自らが直接立ち向かうという行動様式を決してとらない。それどころか、危機克服をもたらす存在として救世主というものを常に求め続けるのであり、この救世主によってあるべき社会が復古すると頑なに信じるのである。本論では、八郎における漠然とした不安と夷狄意識との関係、そのような危機克服方法としての救世主観を素材とすることで、一九世紀民衆の思想的営みを分析する。

次に、幕末期の対外情報の流通過程については、岩下哲典の代表的な研究がある。[3] そこでは、情報伝達の正確さが重要視されるが、本論ではこれらの諸研究に学びつつも八郎が対外情報に関心を持つ契機を重要視し、その正確さは敢えて問わない。なぜなら後述するように八郎の対外認識とは観念として把握される脅威であり、そうであるがゆえに八郎が入手した情報、特に西洋や夷狄といった対外情報について、その情報源や入手経路といった点を論じることはあまり意味をもたない。それ以上に、八郎がなぜそのような情報を書き留めたのか、何を脅威として位置づけその克服方法を見出したのかという点こそが重要であり、本論ではこの点を中心に分析を行う。

第一項ではペリー来航を契機とする夷狄意識を中心に安政期を、第二項では安政の大獄に関わる捕縛と八丈島遠島を経た思想の変化を、第三項では八丈島よりの帰郷後の一揆首謀者としての入牢と戊辰戦争にどのように向き合ったのかという点を検討する。

1、対外観の飛躍――ペリー来航と霊夢――

『あめの夜の夢咄し』

嘉永六年（一八五三）のペリー来航は関東近辺にとどまらず、広く人々に衝撃をもたらした。菅野八郎もその一人であり、霊夢により駕籠訴のため江戸へ出府した際、ペリー来航以後の詳細な情報を郷里に書き送っている。これが『あめの夜の夢咄し』(4)であり、ペリーの顔を描いた絵や、万国輿地全図の筆写が含まれることで知られている。

この資料は、八郎の対外認識や海外情報への関心の高さを示す資料として評価されてきた。しかし、同史料は単なる海外情報を書き写したことにとどまらず、彼の危機意識や行動原理を明確にあらわすものとして分析されなければならない。ここでの危機意識とは、その危機の原因として漠然とした「西洋」というものが強く認識されたものであり、同時にその克服こそが安政期の彼の「使命」として自覚されたのであった。

本資料は嘉永七年（一八五四）五月に江戸滞在中の八郎より郷里に宛てて差し出された書簡であり、その本筋はペリー来航以後の江戸の様子や、彼が行った駕籠訴・箱訴の経緯を知らせるものであった。しかし、本資料でもっとも象徴的なのは「霊夢」の存在や、八郎の東照大神君への揺るぎない信仰である。

「霊夢」とは、ペリー来航の翌年、嘉永七年正月二日、五日、九日の三夜にわたって経験したものであり、そこに登場するのは「汝か信ル神之使」と自らを称する「白髪之老翁」である。この老翁が「如何ニ汝卑賤匹夫なり迚、長く国恩を乍頂、此節安楽之体何事成哉」と、幕府の危機における八郎の惰性を一喝することから話が始められる。続いてこの老翁によって、現在の彼を取り巻く危機が「近クハ三ヶ月歟三ヶ年、遠クハ三拾ヶ年歟三百ヶ年之間ニ、異国之夷、予が国を犯ントス」と語られる。ここでは、「予が国を犯」す具体的な内容は明瞭でないものの、国難としての外敵来襲が近い将来に起こることが予言される。しかし、この国難とは克服可能であり、その方法とは、「是を防ニ必定勝利之備」を記した「防方十ヶ條」であると示された。この「防方十ヶ條」の内容は明らかにされないが、その理由は内容が「密事之御告ケ」であるからと記述される。

そして「名将良将之聞へ有御殿様え奉申上候は丶、天下泰平、民豊楽之基となり」として、この「防方十ヶ條」が名将や智将として知られる大名へ伝われば、この国難が去り天下泰平の世の中が到来すると延べられると同時に、さらに八郎に彼の使命として指令されるのである。この使命とは「御国恩報之端共ならん」と東照大神君への報いとなる行動であり、「御上ニおゐて御疑心深ク御取用へ無之は丶、汝か一命御上様へ可奉差上」として、八郎が命をかけてでも成し遂げるべき指名であると位置づけられている。

この「霊夢」の信憑性については不明であるものの、ここで重要なのは八郎が彼を取り巻く社会状況悪化の要因が「異国之夷」であり、それを克服するために彼に使命が与えられたと強く認識していることである。それゆえ、その後の八郎の行動はこの「霊夢」の内容に沿って実行されるのである。八郎は「霊夢」の経験後、その内容を実現すべく梁川陣屋へ江戸への御添簡を願い出る。さらに、桑折代官へも御添簡を願い出るが、代官より「霊夢」の内容を話すよう指示されたことを不満であるとし、江戸に出府し老中阿部正弘への駕籠訴を実行するのであった。しかし、駕籠訴は成功せず、宿預けとなって箱訴するように命ぜられた。ここでは、安政期以降の八郎の行動が、この「霊夢」を忠実に実現するという点に収斂していくことを確認しておきたい。

救世主と夷狄観

次に、特徴的なのは八郎の東照大神君信仰ともいうべき神君家康への信頼感である。そもそもこの霊夢を知らせた老翁とは東照大神君の使者であり、そうであるゆえに八郎はこの霊夢を心底から信用した。そして、その実現のために奔走したことからも、その信仰の強さがうかがわれる。この東照大神君信仰とは彼一人のものではなく、先祖代々の家訓であるとされる。「東照大神君御座在故ニ、天下泰平ニ治り」や「東照大神君之尊ふとき事を不忘して、荒したる田畑を開発し、一粒なり共実のりを取あげ、世の中の宝とせよ」と、社会の繁栄を成り立たせてきたのは東照大神君の厚恩であり、現状の社会混乱を克服する方策も東照大神君のお告げであるからこそ真実味のあるものとして語られるのであった。

さらに、八郎は駕籠訴以後の自らの行動も東照大神君によって支援されていると認識している。例えば、代官所への訴えという行動も「神君の御告故ニ御しかりも無之」と、東照大神君から命ぜられた行動であるがゆえに処罰がないと解釈している。また、駕籠訴の願書が老中阿部正弘より直接奉行へ手渡されたことや、箱訴の訴状が封印のまま奉行より代官へ受け渡されたことに対して、これらの処置が「甚タ御ていねい」であり、このような幕府の対応の原因も「是と申も皆［欠］照太神君之尊き故也」と東照大神君の加護によるものであると捉える。

このような東照大神君信仰を示す記述は『あめの夜の夢咄し』に限ったものではない。嘉永七年九月に記録された「菅野氏先祖より申伝并ニ八郎遺言」(5)にも、ほぼ同様の記述がある。この文章は孝行・忠義・出精・正直などの先祖よりの申し伝えや菅野家の由来について、子孫に伝承するという内容であるが、ここでも、八郎は「東照太神君御座在故ニ天下泰平ニ治リ」と神君家康の御加護を強調する。東照大神君信仰とは八郎一人のものではなく、彼の周囲の人物にも共有されるべきものとして認識されていたのであった。

以上のように、八郎は天下泰平、いいかえれば幕藩体制を維持するものとして東照大神君を位置づけ、駕籠訴や箱訴などの自らの行動もこの東照大神君の使者よりのお告げということで正当化しているのである。ここでは、八郎が希求したこととは現状の社会システムである幕藩体制を復興するという思想であったことを確認しておきたい。同時に彼においては、彼を取り巻く社会現状の悪化を打破する方策を授ける、ある種の救世主としても東照大神君が位置づけられ、救世主である東照大神君の「秘策」を現実に存在する救世主＝名君に届けることこそが、彼の使命であると強く認識されていることが重要なのである。

八郎におけるこの現実に存在する救世主＝名君が水戸徳川斉昭であったことが、『あめの夜の夢咄し』からもうかがわれる。「猶又、東照太神君の尊き事、目前なる事あり、西国之何がし智謀秀たる人ニて、海防論ト申書を拵へ奉献候処、以之外ニ被思召、すでに其人死罪ニ事極り候処、水戸卿、是を助け給ふ」という文章がある。この文章は自身の駕籠訴などの行動が東照大神君のお告げであり、処罰されないことを述べた箇所であるが、ここでは水戸卿＝徳川斉昭が東照大神君の「秘策」を理解し、国難を防ぐことのできる人物であると認識されていることを確認しておく。この東照大神君の代理としての徳川斉昭という八郎の思想については次の時期の八郎の叙述において明確に論じられることとなるのであり、詳しくは後述する。

また、『あめの夜の夢咄し』からは八郎の独特な対外認識を読み取ることができる。最初に描かれるペリーの似顔絵は、当時の錦絵などにも共通するが高く眉毛の太いステレオタイプなものである。これは八郎が江戸で入手した瓦版などを筆写したことによると考えられる。しかし、この似顔絵に付された解説には、「音声さわやか也、如何ニも智たくましく見へて、大州之将たる人相備り、言わずもそれと見へたり凫」とあり、「音声さわやか」や「智たくましく」「大州之大将たる人相」など、ペリーを賞賛するような文言が添えられている。八郎はペリーに象徴される西洋という存在に対して、単に脅威としてのみ捉えるのではなく、その知性を評価する姿勢も見られるのである。この点は西洋の科学技術に対しても同様である。例えば、「尤、亜美理駕へ日本相州浦賀より、里数近キハ七八千里、遠壱万里位アリト言。然ルニ八日位ニして浦賀へ着船ス」との記述からは、異国船が一昼夜に三八〇里（一五〇〇キロ）も走ること、その様子を「其早き事矢のごとく」と表現するなど、異国の技術への驚きを読みとることができる。もちろん、このような蒸気船の速さは実際には間違いであるものの、八郎が異国船の性能に驚嘆していたことがうかがわれる。

一方、ペリーに代表される西洋人を「唐人」と呼ぶ人が多いことを非難したうえで、「唐土は日本の師国にして、敬ふべき国也。然ルニ、逆賊之アメリカ人をさして唐人とハ、何事なるぞや」と、中国は日本の「師国」であり、その中国とアメリカを同一視することを諌めている。ここでは、八郎の世界観の基盤には中国を中心とする中華思想があり、このような思想を軸にしながら西洋を位置づけていることに注目したい。

懲罰としての夷狄

その後、八郎は安政三年（一八五六）頃に義弟である太宰清右衛門を通じて水戸家への仕官を試みる。この時に、太宰に送った『秘書後之鑑』が御政道批判であるとして処罰されることになるが、この詳細な経緯については次節で扱う。この『秘書後之鑑』は現存せず、八郎の他の資料中に散見するのみである。本論では、文久二年（一八六二）に叙述された『判段夢ノ真暗　巻ノ上　三冊之内』(6)に含まれる「秘書後之鑑大略」から、安政三年前後の八郎の理想を簡単に分析する。

この文章で八郎は明確な御政道批判を行う。その批判とは、「当時天下之諸役人皆盲目同様にして」と幕府や代官所の役人に向けられる。その内容も、「御政事向者理非にかゝわらず金銀の音を便りに手さぐりにやらかす故、罪なきものを罪に落し、（略）又大罪ありとゐへども小金の音にハ其罪を免す」と、諸役人が賄賂にまみれており処罰までもが金次第の世の中になっているとして、このような現状を反省するものがいないので世の中全体が乱れているのだと批判する。このような、賄賂政治批判そのものは珍しいものではない。

しかし、八郎に特徴的なのはその後の部分である。彼は、このような政事のありように「天是を悪ミ給ふ歟」と「天」が怒り、「アメリカの強兵に命［欠］其罪をセめ給ふ」と「天」がこれを懲らしめるためにアメリカを遣わしたと解釈する。八郎によれば、ペリーに代表される外夷とは、賄賂政治に溺れる幕府に対して「天」が与えた天罰ということになる。

さらに八郎は、「水戸殿ふしぎの謀斗を以てしばし太平に治メ、万民とたんの苦しミをすくい給ふ事実難有御殿也」と、このような「天」が与えた罰を徳川斉昭が「ふしぎの謀斗」によって解決し、天下泰平の世の中に戻したと位置付ける。ここでの「ふしぎの謀斗」が『あめの夜の夢咄し』に登場する「防方十ヶ條」と関連していることは想像に難くない。

このような八郎の思想を整理すると、ペリーに代表される夷狄とは、安寧を貪る幕府に対して「天」が与えた試練であり、このような試練であるからこそ救世主によって危機的状況を打破することが可能となるのである。そして、危機を打破する能力を有する現実の救世主としては徳川斉昭像という存在が強く意識されるのであり、このような救世主イメージが、『あめの夜の夢咄し』における東照大神君の延長線上に位置づけられている。

このような八郎の夷狄意識とは、一見すると一般的な排外思想や当時流行した攘夷思想と何ら変わらないもののように思える。しかし、その内容をより丁寧に検討すれば、いわゆる攘夷思想一般とは大きく異なるものであることは明確である。彼にとっては西洋とは日常的生活を脅かす脅威であると同時に、「天」が与えた試練でもあると位置づけられている。そうであるがゆえにその脅威は排除されるべきものとしてではなく、克服することが可能な存在として認識されるのである。同時に、彼の実生活を取り巻く社会的不安の要因もこの「天」が与えた試練によって引き起こされたと解釈されるがゆえに、その復興もまた八郎自身の行動によって可能であると強く認識されたのである。このような八郎の思想は入牢と遠島という経験を経てどのように変化していくかを次に検討する。

2、八丈島体験と救世主像

大獄連座と救世主像

安政五年（一八五八）一一月、八郎は水戸藩士太宰清右衛門との関係や『秘書後之鑑』での御政道批判を理由に捕縛された。その後、江戸に移送された八郎は、安政六年（一八五九）に取り調べの結果、「秘書後之鑑与表題して御政事向を悪しさまに書連ネ候不届」と、『秘書後之鑑』の内容が処罰対象とされ八丈島への遠島を申し付けられた。翌々万延元年（一八六〇）四月に江戸を出帆し八丈島へ送られた八郎は、多くの書簡を郷里に送っている。これらの書簡から八郎の八丈島での思想の変化を検討する。

第一には文久二年二月に書かれた『判段夢ノ真暗　巻ノ上　三冊之内』(7)と題された文章である。まず、この文章で特徴的なのは、『あめの夜の夢咄し』に登場する白髪の老翁が再び登場する点である。文久二年正月、やはり東照大神君の使者であることを自称する老翁が忽然とあらわれ、八郎に二つのことを伝達する。一つ目は、「汝前世の罪業尽ずして不思き災難に逢ふ」と、現在の八郎の置かれた苦難の原因が前世の罪業にあるとし、その上で、「予汝が守りとなりて遠からず幸時にあわてんぞ。暫時苦しきをこらいよ」と、自身が加護することで暫くの辛抱であるとして八郎を叱咤激励する。二つ目には、「若其内古郷へ音信を思ハ、書認メて家の棟へ揚よ」と、郷里福島への書状送付の労をとることを約束する。八丈島遠島後においても、八郎は自らの行動が東照大神君によって支えられている、すなわち東照大神君の加護のもとにあることを再確認しているのである。

次に特徴的な点は、前述の点とも大きく関わるが、捕縛以後の自らの取り扱いに対して、自負心をあらわす記述がみられることである。まず、八郎自身が捕縛される場面では、この捕縛命令が「江戸表よりの御上意」であることが強調される。そして、捕縛理由を尋ねる八郎に対して、「此度其方御召捕の義ハ、御大老様　御老中様　御評議之上御疑念筋ニ付」と、大老や老中という幕府要職者直々の意図であることが記される。そして、百姓身分の自分に対し老中という要職者が関心を抱いたことを、「冝（冥ヵ）加至極に相叶、譬一命召さるゝ共少も嘆く事ハなし」と、思い掛けない幸いであり処刑されても光栄なことであるとする。次に、福島城下へ移送後、八郎を仲間が奪い取りに来るという風聞があり、厳重な警備体制が布かれていることが記される。このような状況に対して八郎は「実に我壱人の身に附て斯の如くハ勿体なき御事なり」と、身分不相応な対応であるとの感想を述べる。これに対して、同じ入牢者からは「貴公如キ御大老の尊名あらわし名指の召人ハ古今の珍事也」と聞かされたことを自慢げに記している。さらに、江戸への移送中にも過分な対応が行われたことを、「実義の斗ひ是偏ニ天下の御威光難有御事なりと独り丸籠の内にて観念ス」と、天下威光のお陰であると解釈する。

ここでは、八郎が自分は単なる咎人ではないという強い意識を有していることが読み取れる。この自意識を支えているのは、自身の行動が東照大神君の意に沿うものであり、そうであるがゆえに神の御加護が常に彼を守護するという ある種の信仰心が存在したのであった。

最後に注目すべきは、水戸徳川斉昭への更なる傾倒である。町奉行の尋問中に、太宰清右衛門を通じて水戸家に仕官を試みていたことを問われたのに対して、八郎は「全体前中納言様御義日本無双の御明君ニして諸事の御政道凡人にハ不被為有と私義幼年より勿体なくも奉慕し事相違無之」と、徳川斉昭が「無双の御明君」であり、幼年より彼を慕っていたと答える。さらに、水戸徳川家は「御公儀様も同様」であると認識しており、そうであるがゆえに、「水戸御殿様に限り御奉公之義」と、斉昭への仕官を希望したと述べるのであった。

この意識は、八郎自身が安政の大獄に連座していたことによってさらに補強されることとなる。牢獄で同じく安政の大獄に連座した人物に対して「是も六十五人水戸一件の仲間にて兄弟よりも猶親しく」と互いに共感を覚え、「只ねてもさめても水戸前中納言様の御事而已咄合イぬ」と記述する。また、安政の大獄に連座した人物の処罰が安政六年八月と一〇月に牢獄に伝えられると、八郎はこれを詳細に書き記している。それに加え、「右之方々不残水戸一件ものと只一ト口に世上之人に唱へられ、下賤之我々より上高官之方々迄勿体なくも何となく互ニ慕ひ慕ハるゝハ実ニ難有御事也」と、頼三樹三郎や橋本左内などの人物と自らが同列に扱われていることを殊更強調すると同時に、自らの誇りであると記している。

ここでは、八郎自身が救世主である徳川斉昭につながっていることを繰り返し強調するという自意識が確認できる。八郎は嘉永期において東照大神君からのお告げを自らの行動規範とするなど、過剰なまでの東照大神君信仰を有していたが、投獄と遠島という経験を経て、東照大神君の代替者としての徳川斉昭への傾倒を強めていく。このような傾倒は、自らの行動の正当性を東照大神君や徳川斉昭との関係において常に再確認するという役割をも果した。八郎のこのような信頼感は、公儀に対しても同様である。例えば、同じ文久二年に三宅島での「金子横領」を訴えた書状(8)においては、三宅島の流人頭に奪い取られた物の中に幕府より与えられた綿入が含まれていたことを強調し、「御公儀様を蔑ニいたし候事と乍恐奉愚考候」と、流人頭の非道を公儀への罪であると訴えている。さらに、「猶又流罪人ニ候而も、御公儀様之公ケなる御慈悲ハ、無罪者ニ異成事有之間敷と乍恐推量仕候」と、公儀の慈悲は流人である自分にも施されるべきであると主張するのである。もちろん、これは金品の返却を要求する書状であり、公儀の慈悲を自らの要求を正当化するレトリックとして用いている点は考慮しなければならない。しかし、思いもよらず捕縛され、遠島という処罰をうけながらも、公儀そのものを否定する思想には到っていない点は重要である。

奸臣としての井伊直弼像

以上のような徳川斉昭への傾倒の反面、彼の政敵であった井伊直弼を八郎は痛烈に批判する。この点を「桜の落花」[9]と「判段夢之真暗　二段目」[10]という二つの文章から検討を進めていく。

「桜の落花」は八丈島の地役人式部という人物が江戸より入手したもので、「水府一件之風聞桜田騒動之始末」を書き記したものとされる。式部はこの内容が事実であるか八郎に確認させており、八郎はその際に内容を書き写した。その特徴は、第一に智将徳川斉昭に対して、これをはかりごとによって陥れる井伊直弼という二人の対照性を強調して描く点、第二には将軍徳川家定を斉昭が毒殺したという偽りによって斉昭が失脚する点、第三には桜田門外の変を賞賛するという点である。

まず、井伊直弼は大老に就任以来政治を恣にしようと企て、その最大の障害である斉昭失脚を画策するというストーリーで始まる。そのために井伊は「又ハ亜墨利加へ加談して吾が日本を苦シメ給ふ」「水戸卿何れも隠居の仕業なりと流言の謀を廻らし」と、ペリー来航やその後の社会混乱は、すべて斉昭の仕業であるとの侮言を流布したとする。そして、このような讒言を社会全体が信じるようになり、「実ニ水戸卿を恨み悪ムの世と成行」と、人々が斉昭を悪者として認識するようになったと位置づける。

このような状況を打破するために、斉昭と尾張藩主徳川慶勝、越前藩主松平春嶽が談判し、「六ヶ年前異船渡来より以来心胆を苦しめ、腫物へさわるがことくに異人を取扱ひ、一日片時も心安からず」と、ペリー来航以後の状況を打破するために攘夷を決行すべく三人で登城する。しかし、この時に将軍家定が吐血・即死し、三人は井伊の謀略によって帰宅を命じられる。井伊は幼君に甘言を用い、幼君は井伊にその後の処置を一任する。井伊は斉昭に蟄居を命じ、さらに斉昭が将軍家定を毒殺したという流言を諸方に流布したとする。

このような状況に斉昭を慕うものが江戸へ押し寄せるが、井伊は「因テ水戸家へ心を寄セたる奴原御府内近辺又ハ遠キ田舎或ハ京都辺より召捕ひ」と、八郎を含む多くの人物を捕縛し処罰したとする。そのため、「則ハ弥水老の悪事まぎれなしと世上の取沙汰疑なし」と、多くの処罰者が出たことで人々が斉昭が悪事を行ったと信じ込むようになったとする。ここでは、外夷に立ち上がる名将斉昭と、これを貶める奸臣井伊という構造が繰り返し強調されているとともに、井伊のはかりごとが成功し世の中が斉昭を忌み嫌うようになったとする点が象徴的である。

しかし、これに続いて「水戸殿悪説ます〳〵重り深雪に霜を加ルことく」と憂うべく状況を打破すべく、「有心のものハ上下を分たず」と心あるものが立ち上がり桜田門外で井伊を討ち取ったという経緯が叙述される。これによって主人の恥辱をすすぐとともに、「帝のしんきんをやすんじ奉ル」と帝をも安心させるなど、実行者を「武士乃鑑とも言ツべし」と讃えて文章を締めくくっている。

さらに、この物語の虚実を問われた八郎は、「水戸卿頗ル御明君にして」と斉昭が明君であることは事実であり、斉昭を慕う人々がたくさんいると回答する。これに対して式部も「面白し〳〵」と手を打って喜ぶのであった。

ここでは、斉昭を智将とする認識は、八郎に固有のものではなく、当時の民衆に広く共有されていた認識であったことが読み取れる。一方、八郎にとってはこれを書き写し郷里におくるというように大きな関心を示しており、遠島前よりの認識を遠島後にも保持し続けたことがうかがわれる。

物語化する世界観

次に「判段夢之真暗　二段目」であるが、この文章は『判段夢ノ真暗　巻ノ上　三冊之内』と同様に文久二年二月頃に書かれたと想定される郷里に宛てた書簡の一部である。内容は「桜の落花」とほぼ同じであるが、その描写が芝居仕立てで描かれている点が特徴的である。「大坂新下りの義太夫を夢に見た侭書認め」と書かれているが、その内容が八郎の個人的経験にまで踏み込んでいることから、八郎自身の著作ではないかと推定される。

物語の舞台は龍宮、龍王は二百有余年の間「風静に」東海を治めているという設定である。龍王は簾の中に鎮座し、その家臣として大海の水を司る水将軍と魚類政事の司である桜鯛赤門が主たる登場人物である。このように登場人物は魚などの水辺に関わる生物に擬獣化して描かれ、龍王が将軍家定の、水将軍が徳川斉昭の、桜鯛赤門が井伊直弼の比喩である。また、物語は大きく前後に分かれており、前半は斉昭の失脚が主なテーマである。

この東海を脅かす存在として北海の大魚や鯨が登場し、彼らが東海へ「無体に押入り」という事態に赤門がなす術なく傍観しているとされる。これに対して水将軍が赤門の怠慢を非難し鯨を退治すると発言し、両者が龍宮の御前で言い争いを始めるが、ここで乙姫が登場し二人を諌める。この乙姫はおそらく将軍継嗣の慶福（後の家茂）であろう。さらに、「天の使」として美童があらわれ、勅書を水将軍に手渡す。これに対して、赤門は水将軍が勅書を受け取ったことを不忠であると乙姫に讒言する。

この時、水将軍・鯱（しゃちほこ、尾張徳川慶勝）・亀殿の三人が王意を確かめるために龍王の枕元に赴くが、龍王が突然吐血し死去する。混乱するなか赤門は水将軍が龍王を毒殺したと触れ回り、屋敷での蟄居を命じる。

以上のように斉昭の無断登城と失脚の経緯が脚色されて描かれる。さらに、これを見た観客には「歯がミをなし、ア、口おしき有様哉、赤門こそむほんの下夕心、然るを却而水司を押込、赤門斗りはびこらせ、実に危き世の有様」と語らせるのである。これは、八郎の見解を代弁させていると考えてよいであろう。

続いて後半の二段目は、八郎の捕縛と桜田門外の変の経緯が描かれる。まずは鯲（どじょう）の小頭が東宮の白洲に引き出されることから物語が始まる。この鯲の小頭が八郎であることは容易に想像がつく。嫌疑は水将軍の謀反に関係して、小鮒の頭（太宰清右衛門カ）との関係が問われ、小鮒の頭の逃亡先を詰問される。その他にも「水気を慕し小川の奴原」と、水将軍を慕う鮎や鯉、鰻も白洲へ引き出され処罰される。

この時、カッパの大勢が登場し、赤門を「君を掠る大悪」と罵る。さらに、「此外カッパの数々ハ川々湖の水ぞこに水司を守護する忠臣は幾千万百の数知れず、義心を助る天上の曇らぬ慈悲や今日の雪」と叫びながら赤門の首を取るのである。ここでは、桜田門外の変が謀反ではなく、天が認めたものであることが強調される。最後は「善悪邪正目前ニ顕す、天のありがたき心地よき世ぞ目出たけれ」と、赤門が成敗されたことを目出度いことであるとして幕を閉じるのである。

このように、遠島中の八郎は自らの体験に江戸よりの情報を加えながら、救世主としての徳川斉昭像と、これを貶める奸臣としての井伊直弼像を再生産したのであった。

3、八丈島体験と夷狄観

新たな救世主としての薩摩藩

八丈島生活を通じて、八郎は多くの対外情報を入手している。特に、文久三年（一八六三）五月の下関戦争（長州藩と米仏艦隊による軍事衝突）と、同年七月の薩英戦争（生麦事件を契機とする薩摩藩とイギリスとの軍事衝突）に関する多くの記述を残している。本節では、これらの記述を用いて、八丈島体験を経た八郎の対外認識の変化を検討する。

文久三年に八丈島で書かれたと想定される「遠島中書記しの綴」(11)には、特に薩英戦争について多くの紙幅が費やされ、戦闘の経過に関する詳細な記述がなされている。しかし、内容そのものは事実関係が前後し意味が通じない箇所が多く、全体としての物語を把握することは困難である。

八郎の記述によれば、イギリス軍艦は文久三年七月に「横浜浦賀」を出帆し薩摩に向かう。彼らは種子島の占領を企図し、慎重に台場のほうへ近寄っていく。これに対して種子島大膳が応戦し、双方が大砲を放ち戦闘状態に入る。その後、夕刻になり大膳が「軍陣を乱しほう〳〵の体ニてにげはしり」と一斉に退却したため、イギリス勢は種子島に上陸し追撃体制に入った。その時、「思がけなき磯砂のパット飛かと見る間ニ方五六十間天地□震□てのんのり一度ニ取り煙と砂と発散し、」と恐らく薩摩の仕掛けたと想定される罠が爆発し、イギリス勢が大損害を受けたとされる。そして、イギリス軍艦は「口惜しながらも沖をさして逃帆る」と全面退去し、戦闘は薩摩側の一方的な勝利として描かれるのであった。

このように、八郎の記述は薩摩藩が謀略を用い、イギリス勢を撃退するという一方的な描き方であり、その内容は史実としては正確ではない。その他にも、「英国勢亜魯亜勢を加勢ニ頼ミ」とイギリスがロシアに軍事的協力を求めたとする記述もあり、このようなことは現実にはありえないのである。しかし、八郎は八丈島においても対外情報に関して積極的に入手しようとし、結果として得た情報を詳細に記録していたことは、彼の西洋諸外国に関する情報への関心の高さを示しているといってよい。

同時に、このような薩摩藩の「勝利」に関しても八郎は多くの感想を書き連ねている。戦闘そのものに関しては、イギリス勢が薩摩の謀略に陥った様子を「其有様心地よくこそ見へニけり」と記述している。また、八丈島で情報を入手した際の状況を記した箇所でも、薩摩の勝利を「天晴の手柄、万国ニ其名雷鳴すべし」と世界中に響き渡る快挙であると賞賛したうえで、「独り小屋の内ニ腕をさすり力病を扣ひて嬉しさの限りを知らす」と八郎自身が受けた衝撃の大きさを記している。さらには、「国中百姓町人ニ至るまで小踊してぞ悦び凫も理りなる哉」と、その「快挙」に対しては八郎のみならず、多くの人々が歓喜していると評価するのである。

薩英戦争での薩摩藩の行動を讃える八郎の評価は、薩摩藩を外敵に対抗できる存在として評価することへと発展する。例えば、「八丈しまニての風聞なれば、委曲ハ知らずとゐへ共、むかしより薩州人気勇猛ニして諸人の心一致し、上忠義孝貞磐石の如く連り」と、風聞として流布している情報として薩摩藩の勇敢さを賞賛し、イギリスに勝利した要因を「薩州人気」に求める。また、「日本小国と思ひの外、薩磨（ママ）の一将ダニ斯の如し、中々端尺ニ責がたし」とイギリスが評価したことを記すなど、薩摩藩の勇敢さは西洋諸国も認めるものであると位置付ける。さらには、豊臣秀吉の朝鮮出兵を賞賛しながら「今薩摩家の手柄猶是ニ増ルべし」と、今回の薩摩藩の勝利は秀吉の業績にも匹敵するものであるとの高い評価を下すのである。八郎は彼が様々な困難をもたらす要因と考える夷狄に対して対抗できる存在として、安政期の神君家康や水戸斉昭に加えて、この時期には薩摩藩に大きな期待をかけたのである。

世界情勢の把握

次に下関戦争であるが、長州藩の動向に関しては薩摩藩と比べて非常に簡単な叙述にとどまっている。八郎は文久三年六月付で長州藩から幕府へ提出された御届の写しを入手している。そこには「同五日暁寅之刻頃英国之軍艦八艘不意ニ寄来リ候ニ付、先手之者共夫々手配候所」とイギリスの渡来以後の戦闘の経緯が記述され、「猶々追討仕候処、手早く軍艦へ乗移り沖合より大砲打散し退帆仕候」と長州藩が撃退した様子が記録されている。ここでは、八郎の評価などは特に記されていないものの、外敵を追い払うことのできる存在として長州藩も位置付けていることが確認できる。

さらに、八郎がナポレオン以後のヨーロッパの情勢についても情報を入手している点も興味深い。その内容は、ナポレオンがアフリカを制圧後、ヨーロッパを経てロシアに迫り、これに対してロシア皇帝はイギリスに協力を要請し、両国によってナポレオンが撃退されたとするものである。そして、「英国魯西亜ノ両帝誓言ニは、魯西亜ノ帝世界の海を不残領せんと、又英国の帝ハ世界の陸地不残領せんと示し合セ」と、ロシアとイギリスが世界を分割して制圧するとの情報を記している。ここでは八郎が外敵としてロシアとイギリスの両国を脅威として認識していることが確認できる。

このような八郎の夷狄観・対外認識は、安政期のような独自性を帯びたものから大きく変化する。ペリー来航を天の「試練」として位置付ける認識から、薩摩のイギリス撃退を賞賛する一般的な攘夷思想と大きくは異ならない叙述へと変化するのであった。その一方で、救世主としては神君家康や水戸斉昭に加え、薩摩藩にも大きな期待を寄せていることは、帰郷後の思想にもつながる点として指摘しておく。

4、救世主像・夷狄観の行く末――帰郷と戊辰戦争――

戊辰戦争と会津批判

八郎は元治元年（一八六四）九月に恩赦により八丈島を離れ、金原田に帰郷する。その後は「誠信講」を組織するなどの活動をしていたが、慶応二年（一八六六）六月の信達両郡百姓一揆の首謀者として入牢することとなる。ここでは帰郷後の八郎が、戊辰戦争と官軍の到来という大きな社会変動をどのように捉えていたのか、そのような経験を経て彼の夷狄意識や救世主像がどのように変化したのかを検討する。資料としては、慶応四年（一八六八）六月頃に記述された「八郎独年代記(12)　巻之中」を中心に検討を進めていく。

「八郎独年代記　巻之中」は八郎が戊辰戦争の状況探索のために甥安蔵を関東各地に派遣した際の報告の抜粋と、それに対する八郎の意見によって構成されている。そのため、全てを八郎の思想として読むことは適切ではない。しかし、安蔵自身による叙述ではなく八郎の筆写であり、八郎の取捨選択やニュアンスの加筆が相当になされていることが想定されることから、両者を区別しながらも八郎の思想を示す史料として用いることを最初に述べておく。

まず特徴的なのは徹底した会津批判の叙述である。これは遠島中の記述における井伊直弼批判がそのまま会津に置き換えたと考えられる。会津批判の根拠としては、会津藩が戊辰戦争の際に各地に放火したことがその理由として挙げられている。八郎は具体的な事実として「先ツ始ニ京中を焼払ひ、次ニ淀・伏見之辺を正月三日ニ放火し、次に同八日ハ大坂を焼払ひ、次ニハ関宿を焼キ、次ニハ大田原を焼尽し、今又越後新潟を焼払ハんとす」と列挙している。この全てが事実ではないものの、八郎は「世の宝を失ふ事少からず、又罪なき町人・百姓を焼殺したるも、幾千万ぞや」と、戊辰戦争による人々への被害が甚大であることを批判し、「会津之不信・不仁・暴悪・無道ハ、此一ヶ條ニても明らか」であると、会津の非道を繰り返し強調するのである。さらに会津への批判は嘉永期以後の政治状況全ての要因であると位置付けられている。例えば、「会津肥後と言奸智巧ましき暴悪無道の人非人出て、掃部殿心中ニ喰入、種々の逆謀を勧メて」と、井伊直弼をそそのかし政治を混乱させたのも会津藩主松平容保であるとする。また、「折を見て将軍之職に至らんと、専ら京都に媚諂ひ」と、将軍職をも狙い朝廷に媚びへつらっていたと批判し、「日本当時之乱之根元とハなりはんべりぬ」と混乱の全ての要因は会津であると非難するのであった。

天狗党と西洋批判

その反面八丈島時代に熱狂的に信奉していた水戸徳川斉昭に関する記述はほとんど見られなくなる。慶応二年以降に書かれたと想定され、自ら百姓一揆の指導者ではないことを強調する内容の「慶応二年百姓一揆指導説に対する意見書」[13]のなかに、「然ルニ、四十五歳にして、水戸前中納言様の外端尻懸りて、流人となり、其手がら又広太なり」とあるのみである。八丈島から帰郷後の八郎にとって、安政の大獄に連座したことは自らの誇りたりえなくなっていたことが読み取れる。しかし、そのような状況下においても、徳川斉昭らの巻き添えになったことを、「手がら広太なり」として決して消極的には捉えていないことには注目しなければならない。

また、この時期には水戸天狗党を賞賛する記述が目立つようになる。甥安蔵の報告書中ではあるが、白河藩領での戦闘状況を伝えるなかで、「水戸奸物組会津へ欠込ミ居りしが」や「臆病未練の奸物大将市川三左衛門かなと、憎まぬものハなかりし」と、水戸書生党を悪者と描く場面がある。対照的に「奸物ども天狗方ニ追出され」と天狗党の活動には好意的である。書生党に関しては、会津藩と協力的であることが批判の根拠にもなっている。

このことは水戸徳川斉昭の死とも大きく関わっていることは想像に難くない。斉昭は八郎遠島直後の万延元年八月に死去する。斉昭死去という情報を八丈島において八郎が入手していたかは不明であるものの、八郎にとっては、困難な社会状況を打開する救世主徳川斉昭の意思を継ぐものとして、天狗党への期待と賞賛がなされているのである。

その一方で、八郎は官軍や薩摩藩・長州藩の行動を全面的に賞賛するわけではない。もちろん、自らの助命嘆願のため甥安蔵を長州藩に派遣するなど、この時期の八郎は一見して公儀を見限るような行動をとったことも事実である。(14) しかし、官軍や薩摩藩・長州藩の西洋文明へ傾倒する姿勢に対しては痛烈な批判を行っている。例えば、「又、薩長土の三公も如何なる事ぞ、始ハ異人を忌ミ嫌ひ、多く討取し噂もありしが、今となりてハ一向構ハず、ますく異人を大切ニして」と、薩摩藩・長州藩が自らの理念であった攘夷を簡単に放棄し、西洋人を「大切」に扱っていることを批判する。さらに、甥安蔵の報告書中にも同様の記述が見られる。ここでは、「其余前後左右之歩徒士ハ、不残異人之装束ニて、行列ハ、異国の風情ニ少も不替」と、官軍の衣装が異人と何ら変わらないことを描写した上で、「神代より目出度続キし長袖の、忽チ変るツ、ポ地伴、嗚呼浅間しき世の果かな」として、その西洋かぶれを嘲笑するのである。

このように八郎の夷狄意識は典型的な攘夷思想と何ら変わらなくなり、安政期における「天罰としての夷狄」という彼独自の夷狄意識はまったくその影も見えなくなるのである。しかし、八郎は攘夷という点からのみ官軍を批判した訳ではなく、その批判の矛先は官軍の諸政策にも向けられる。比叡山僧侶の還俗や蝦夷地開発政策を批判し、「実

ニ 御一新之義を思召給はゞ、天下大しやにても被仰出、貢を免され、普く天下に 御仁徳を布キ貫キ、万民之心を得給ひし後にこそ」と、大赦や年貢減免などの仁政をまず初めに行うべきであると主張する。また、別の資料[15]には「然ルニ又此官軍も大器量の人なく、江戸表旗本衆の知行をへらし、（中略）頼母敷事更ニなし」と、官軍による幕府家臣団への処置を「頼母敷事更ニなし」と批判する。さらに、「官軍専ら仁政を施し、旗本共に罪なき由を申渡し、是迄之通り知行所可宛行と言ならば、其御仁徳を感じて一命も惜まず御身方となる事鏡にかけて見るよりも明らかなり」と、無益な争いを続けるのではなく仁政によって一致団結することを強く主張したのであった。八郎が求めたのは、仁政による救済とその体現者である救世主であった。しかし、官軍は彼の期待する仁政の体現者には程遠い存在でしかなかった。

公儀への信頼感

さらに、八郎は官軍・幕府の双方が人々の生活を省みず、内戦に明け暮れていることをも批判する。「今日本如此乱し其根元と申ハ、異船渡来が始りなり」と、混乱の元凶を西洋に求めつつも、「諸侯何レも其異人を大切ニして、反而日本同士軍を専一ニし給ふ事、闇愚蒙昧とも言ツベし」「異人を恐るゝハ是非もなき事なれども、同士軍をするハ、愚弱の上の愚弱」であると、西洋の脅威に何らの有効策を示せないばかりか、逆に国内の争いごとを続ける為政者を厳しく批判するのであった。

同時に、八郎の救世主像に関してもっとも象徴的なのは依然として強い公儀＝将軍への信頼感である。八郎は安政期以来一貫して強固な神君家康への信仰を保持したが、この時期には神君家康の末裔であり、将軍職を辞した徳川慶喜への共感を示す記述が多く見られるようになる。官軍と会津藩・仙台藩の戦闘を批判した文章においても、「是を思ひば、将軍様ハ誠ニ難有、寛仁大度之君なり」と、将軍慶喜を「寛仁大度」であると賞賛する。その理由については「大将軍之職を辞し、水府へ事なく荅ミ入給ふ　御心底奉察てハ、感泣袖に溢るゝ事にあらずや」と、自ら将軍を辞し争う事なく水戸に隠居したことを挙げ、その潔い態度に感嘆を示すのであった。さらには、「将軍様と水戸家之天狗と称する方々ハ、其志適仁義ニ叶ふ歟。なれ共時に逢給はず、勢微にして志を達せず。惜しむべし〳〵」と、将軍慶喜と天狗党のみが「仁義」を全うすることのできる存在であり、彼らが政治の中心たりえないことを嘆くのである。このような慶喜への賞賛の背景には、彼が斉昭の息子であることも深く関わっていることは容易に想像がつくであろう。八郎にとっての救世主は、神君家康から斉昭や薩摩藩へと引き継がれる。しかし、彼の求めた救済が実現することはなく、その期待は失望へと変化することとなった。帰郷後の八郎は、斉昭の後継者としての天狗党や慶喜に僅かな望みを託すこととなったが、彼らは八郎が理想とした救世主には到底なりえない存在であった。

おわりに

八郎の叙述における批判の構造とは、幕藩体制や仁政に徹底的に寄り添い、自らがその体現者として振舞うことを志向するものであり、そうすることで、彼の為政者への批判を正当たらしめることが可能となったのであった。本論で見てきたように、八郎は幕藩体制そのものを批判しそれを否定することはなかった。そうではなく、彼は為政者の仁政や仁徳を繰り返し要求するのであり、まさしく仁政イデオロギーという枠組みのなかに踏み止まっていたのである。そうであるからこそ、近世社会繁栄の象徴として神君家康への信仰は揺るぎないものとなるのであり、それは八丈島遠島という悲惨な経験を通じても変わることはなかった。しかし、八郎の求めた救世主は彼が希求した社会をもたらすことはなく、八郎の期待は裏切られ続けたのであった。このように、八郎は確かに幕府や代官所に代表される現実の公権力を批判したが、それは体制批判と呼べるようなものではなく、それどころか近世社会の維持を成り立たせる仁政イデオロギーの貫徹を要求するものであった。彼の理想とした社会は、神君家康に象徴される仁政によって繁栄する社会であり、復古的な社会変革の思想とも呼ぶべきものであった。しかし、八郎の復古思想とは、国学的な古代への復古を理想とする思想とは大きく異なることは明瞭である。八郎が理想としたのは理想的近世社会の復古であり、その象徴としての神君家康が救世主として位置づけられたのであった。そして、八郎の焦燥感とは、彼自身が幕藩体制や仁政に忠実であるにもかかわらず公儀より処罰を受けたこと、その反対に幕藩体制や仁政から逸脱した者がはびこる世の中への意義申し立てとして捉えなければならないのである。

また、彼の夷狄意識とは、常に彼を取り巻く日常社会を脅かすものとして観念的に想起されている。自らを取り巻く社会の困難に対して、彼は直接的な多くの行動を試みる（早田論文）。しかし、繰り返し行われるそのような彼の試みが破綻したとき、彼はその破綻の要因を目に見えぬ夷狄＝西洋に求めるのであった。しかし、彼自身が脅威の象徴である夷狄に直接立ち向かう訳ではない。彼はあくまで実在する政治的主体にその解決方法を委ねるのであり、それはあたかも救世主を求め続けるという様相を見せる。水戸卿も天狗党も将軍も、彼にとっては神君家康の意を汲み諸悪の根源である夷狄を駆逐し、「天下泰平」をもたらす存在として熱烈に信仰したのであった。このような八郎の思想は、一九世紀的な民衆の世界観としてどのように位置づけられるのであろうか。確かに、一九世紀には近世的な枠組を乗り越え、社会変革を希求した豪農層が登場する。それに比べれば八郎の思想は時代遅れなものとして理解されるかもしれない。しかし、多くの民衆は既存の支配イデオロギーの枠組のなかで、変化する社会に対峙したのである。八郎も仁政イデオロギーの徹底による救済を求めたのであり、このような思想こそ近世人の典型であり、多くの民衆意識に通底するものであると考える。

注

（1）庄司吉之助「解説菅野八郎」（庄司吉之助・林基・安丸良夫校注『日本思想大系五八民衆運動の思想』岩波書店、一九七〇

年）。鯨井千佐登「幕末の民衆思想―菅野八郎を事例に」（東北史学会『歴史』六五号、一九八五年一二月）。両者の詳細な研究内容については「総論」を参照。

（2）本論では八郎の世界観の一端を救世主像（観）という言葉で論じていく。ここでの救世主とは、世界全てを救済するような宗教的な意味とは異なり、現実の社会を変える（復古させる）存在という意味に限定して用いる。

（3）岩下哲典『江戸の海外情報ネットワーク』吉川弘文館、二〇〇六年など。

（4）『あめの夜の夢咄し』福島県歴史資料館、菅野隆雄家文書一。以後、本資料の引用箇所も同様。

（5）「菅野氏先祖より申伝并ニ八郎遺言」『八郎死後之為心得ト置條之事　七巻ノ内二』福島県歴史資料館、菅野隆雄家文書二。以後、本資料の引用箇所も同様。

（6）『判段夢ノ真暗　巻ノ上　三冊之内』福島県歴史資料館、菅野隆雄家文書四（布川本「判断夢ノ真暗」）。以後の「秘書後之鑑大略」に関する引用箇所も同様。

（7）注（6）に同じ。

（8）「上　始末書」『闇之夜汁　全』福島県歴史資料館、菅野隆雄家文書七。以後、本資料の引用箇所も同様。

（9）注（6）に所収。

（10）『（遠島中書記しの綴）』福島県歴史資料館、庄司家文書Ｉ二四六九。

（11）注（10）に同じ。

（12）「八郎独年代記　巻之中」『闇之夜汁　全』福島県歴史資料館、菅野隆雄家文書七（庄司本「八老独年代記」）。以後、本資料の引用箇所も同様。

（13）「深御勘考奉希上候事」『闇之夜汁　全』福島県歴史資料館、菅野隆雄家文書七（庄司本「（慶応二年百姓一揆指導説に対する意見）」）。以後、本資料の引用箇所も同様。

（14）『乍恐以始末書赤心奉歎願候』福島県歴史資料館、菅野隆雄家文書八（庄司本「（代官・名主の不正指摘と八郎赦免願い）」）。

（15）「書簡」『闇之夜汁　全』福島県歴史資料館、菅野隆雄家文書七。以後、本資料の引用箇所も同様。布川は、当該資料を文久二年二月と推定しているが、資料の内容は慶応四年六月以降の戊辰戦争の経緯が記されており「八郎独年代記」の続編と想定されることから、本論では慶応四年六月頃の叙述であると推定した。

三章　逸脱する庶民文人
――菅野八郎の建碑と蚕書と俳諧にみる一九世紀――

杉　仁

はじめに――一九世紀　近世社会の成熟と逸脱と変容――

人はつねに、自発的に、より高い価値をもとめる。みずからの社会と文化を、より価値的に高めようとし、既成の価値と矛盾をふかめる。社会と文化は、つねに矛盾と変容の相をはらむ。変容は少数者の「逸脱」にはじまり、内外の情勢で急変する。「逸脱」は「変革」のきざしであり、はじまりであった。

一九世紀、内では社会と文化の成熟がすすむなか、外からの資本制の衝撃は大きかった。資本制の世界波及は、一九世紀最大の出来事となった(1)。庶民をふくめ上下各層で逸脱者があいつぎ、やがて多数者となって一斉に動きだす。「変革」がはじまる。

菅野八郎も資本制波及の象徴「黒船」に敏感で、政治批判書のほか碑文や俳書や蚕書など、多くの書き物をのこした。「文人」を、ひろく農山漁村の庶民層もふくめ、書き物をつくる人とすれば、八郎は「在村文人」「庶民文人」といえる(2)。生業の養蚕業と農業をあわせれば、「養蚕農文人」とよべる。ここでは、碑文と蚕書と俳諧に庶民文人「八

郎」の諸活動をよみとり、「一九世紀」なるものを見直すことになる。(3)

1、庶民文人　菅野八郎の書き物と碑文――律儀者から逸脱者へ――

八郎の人となりを一言すれば、世話好きで筆まめ、律儀者かつ峻烈な正義漢となろう。律儀で正直一徹の頑固者だが、その峻烈さで一転すれば、逸脱者とみなされる。とくに上位の者の不正義に敏感で、村政批判、攘夷批判、幕政批判、新政府批判など、多くの書き物をのこした。

幕政批判の書『秘書《ひしょ》後《のち》之《の》鑑《かがみ》』が安政の大獄がらみでみつかり、遠島処分で八丈島へ送られた。八郎最大の逸脱であったが、八丈島では配流文人とさかんに交流、師事した俳諧宗匠には、赦免帰郷後も地域仲間を引き入れ、律儀に師事しつづけた。島民には世話好きを発揮、郷里信達の養蚕技術を伝授して蚕書二冊も書きあたえ、八丈島の生産文化に貢献した。

こうした八郎（八老）の人となりについて、八丈島の配流文人の結節点ともいうべき「聞斎」近藤富蔵は、「奥州伊達郡信夫（ママ）騒動記」によるとして、こう記す。

> 金原田村八老ハ、暦応ノ比伊達ノ霊山《りょうぜん》ニ居城アリシ北畠源中納言顕家卿ノ臣、出羽太郎菅原道一カ子孫、…今ノ八老モ誠信強猛ニ邪曲佞奸ヲ取ヒシキ、清直善智ニ心ヲ運ヒ、弱ヲ助ケ強ヲ制ス。其誠信ヲ観タル者ハ竹割八郎ト唱フ。又強猛ヲ聞者ハ鬼八郎ト唱フ。(4)（暦応は一三三八～四二年）

人には誠信で清直かつ善智、邪曲者には強猛の鬼、弱きをたすけ強者をくじく。竹を割ったような人だというのである。似た気性の父和蔵ともども、書き物や行動にみえる人となりを、よく言い当てた感がある。

父の跡をついだ八郎は、天保期から嘉永初年まで、もっぱら地域内で活動する。名主横領につき小前二五人の訴訟物代、川堰改修につき父和蔵をないがしろにした名主ら堰世話人との争論、果たし状、まもなくの詫び状など、村落や地域での言動がめだつ。はじめ八郎は、地域内の正義漢であった。正義のよりどころ父和蔵や先祖への崇敬心など由緒意識もつよく、菅野家開祖供養碑の建立を企画した（以下「菅野家碑」）。

こうしたなか、言動の爆発ともいうべき画期があらわれる。きっかけは、嘉永六年六月のペリー艦隊浦賀入りと、その噂がひろまるころの九月に挙行した「菅野家碑」建立および「菅野家開祖五五〇年忌」供養会である。言動と書き物が一変、視点が村域から地域へ、地域から日本全体へと一気にひろがり、書き物も言動も、対外危機と幕政批判に特化した。

建碑行為はいくつもの手順をふみ、三〜四年かかる大事業となる。先祖供養会の実行決意と下相談の開始は、少なくもと嘉永六年をさかのぼる三〜四年前、嘉永二〜三年頃となろう（後述）。

念願の地域一族つどう供養会の当日、「五百五十回忌之法事をいとなみ、近村菅野氏不残呼集メ酒飯を施したり」とする八郎の先祖意識は、最高潮に達したであろう。地域意識も大いに高まったとすれば、一方で脳裏からはなれない黒船来航情報と混淆一体、八郎の人生観と国家意識に大転換をもたらしたと考えられる。

八郎「逸脱」のはじまりであった。

菅野家碑の碑文をみよう。いま菅野家碑は三基、一基がわずかに傾くが、八郎自筆の絵図がしめす建立位置に現存する。これまで刻字についての言及はない。全刻字の解読をこころみたが、わずかだが傾き下部に判読不十分がのこった。**【写真1〜3参照】**

【写真1】

① 『菅野家五百五十回忌碑』（略称『菅野家碑』）
② 『開祖惣領千午院碑』（略称『千午院碑』）
③ 『五国養育鐘翁居士碑』（略称『鐘翁居士碑』）

【写真2】

①=1 正面最上部の梯形「篆額」（略称「篆額」）。
①=2 正面下部の四角形「寄進者面々」（略称「寄進面々」）。
①=3 左側面「五国養育鐘翁居士」（略称「和蔵法名ほか」）。

【写真3】　←②『開祖惣領千午院碑』（観音像嵌込痕／開祖惣領「菅原道一」法名ほか）

【写真4】「篆額碑」

はじめに正面上部①=1「篆額」の刻字をみよう。先祖由緒と五百五十回忌供養について、こう刻む（【写真4】参照）。

入佛導師／積最眠龍大和尚／菅野開祖／菅原道一戦場時／兜鉢載其功名ァリ／観音尊像　今年道一／五百五十回忌ニ付／一宇之堂ヲ建立ス／別寄進之面々記之／嘉永六丑ノ九月／無学不案 見《みる》人／免し給へ／願主／八老居士。

開祖惣領「菅原道二」の兜鉢についていた「観音尊像」を本尊とし、一堂を建立して五百五十回忌を供養、「寄進之面々」も刻んだ、というのである。[5]

『菅野家碑』の下部①=2「寄進面々」は全五段、村別に氏名を刻む。開祖子孫の土着後、各地にひろがった一族で、信達両郡ほか他国二、三をふくめ一九ヶ村一六〇名以上の姓名を刻む（後述）。

左側面①=3「和蔵法名ほか」には、父和蔵の命日「天保八酉三月十一日」、法名「五国養育鐘翁居士」、「筆第（ママ）木戸伝八」、追善句「夕暮れやこそりと寺に散る木の葉　八老」ほかを刻む。父の死去で村内「八十七軒」が布施を献じたこと、「小嶋村」（いま小島、川俣町）の「佐藤源兵衛」を筆頭とする「世話人」六人と「村内」の「菅野圓蔵」（村内での本家か）らの協力で和蔵を供養したこと、などをしめす。

③『鐘翁居士碑』は父母の正規の墓。「天保八酉三月十一日／五國養育鐘翁居士／白播大正大姉」を刻むが、なぜ十数年後の嘉永六年、ふたたび①『菅野家碑』左側面①=3「和蔵法名ほか」に、父だけの命日と法名「天保八酉三月十一日／五国養育鐘翁居士」を刻ませたのか。

菅野家碑建立の「嘉永六年」は、和蔵十七回忌にあたる。八郎は、開祖供養会を和蔵十七回忌に合わせることで父和蔵を開祖供養会に参加させ、双方同時に供養できると考えたのではないか（注（5）参照）。和蔵十七回忌にあわせて「五百五十回忌」を思い立ったとすれば、菅野家碑建立の発起は、その前の年忌、和蔵十三回忌の嘉永二年（一八四九）だった可能性が高い。

「筆第（ママ）木戸伝八」の「筆第」は、一般の師匠塚（いわゆる筆子塚）の「筆弟」であろう。父和蔵は、「木戸伝八」（のち八郎の親友「六仁の兄君」の一人）をふくむ近隣の子供たちを、寺子屋風に教えていたことになる。「木戸伝八」は筆子代表として拠金し、「筆第」としてここに刻まれたのであろう。この碑面は師匠塚でもあった。菅野家は、ときに「寺子屋」の役割も担っていたのである。[6]

以上「菅野家碑」には、これまで知られなかった菅野家および八郎の生き方が読みとれる。これまで顧みられなかったが、書き物としての菅野家碑は、重要な史料であった。

つぎに、菅野家碑の本尊、②『千午院碑』をみよう（【写真3】②『開祖物領千午院碑』参照）。篆額の「観音尊像」について八郎は、「尊像金仏御丈壱寸」で、「尊像を墓の印」として「大祖の石堂へ観世音の尊像を奉切籠、一宇の堂を建立して子孫の繁昌を奉祈念もの也」と記す（『菅野実記』）。最上部円形の彫込みの中央を、さらに彫込めた長方形一寸余（縦4センチ余、横3センチ弱）の嵌込み痕がみえる（写真参照）。そのやや下に篆書風書体で「菅野／開祖」と大きく横書きし、嵌込み痕の真下中央に、楷書で物領の法名「千午院観翁良音道一居士」、その右に「菅原道次　菅山道輔　雄山道治」、左に「賢心道直　徳安道兼　忠山道恒」の兄弟六人を刻む。

嵌物は失われているが、この「観音尊像」を嵌め込んだとする②『千午院碑』がいわば「本尊」で、ささやかな覆屋「一宇之堂」を建立したのである。[7]

菅野家碑の配置を、八郎がのこした菅野家碑絵図二枚でみよう。【図1】「菅野家碑周辺図」と「八郎居宅周辺図」、および、部分拡大の【図2】である。[8] 菅野家碑の碑の形を大中小に描きわけてしめす。ほか小塚の形もみえるが、ほとんどそのままの位置に現存する。両図とも北が上、上部が菅野家碑の一群、下部が八郎居宅となるが、「和助屋敷」部分のズレを除き、ほぼ一つにつなげて復元できる。

【図1】上部の手前右が①『菅野家碑』、左が③『鐘翁居士碑』、中央上が嵌物痕をもつ本尊の②『千午院碑』で、八郎のいう「尊像を奉切籠」めた「大祖の石堂」である。書き添えた方形が、覆屋「一宇の堂」にあたる。【図2】のように方形内を二分し、右に「観音堂」、左に「方壱間」（『布川史料集』では後者は楕円マークのみ）が読みとれる。

これがいわば中央祭壇で、①『菅野家碑』と③『鐘翁居士碑』の二碑が、本尊②『千午院碑』を左右から守護する配置となる。この三碑の場が、八郎の意図した開祖五百五十回忌供養の場、いわば「菅野聖地」であった。

この地について八郎は、「右観世音之奉切籠候場所ハ久保屋しき墓場ニして、積善寺江上ケ地ニ仕候事」と記す。八郎居宅から菅野家碑にむかう二百メートル内外のゆるい傾斜地を「久保屋敷墓場」と呼び、聖地として菅野家菩提寺の「積善寺《しやくぜんじ》」（隣の石原村）へ「上げ地」したのである。

ついで、②「寄進面々」の寄進者名と地域分布をみよう。第一段目冒頭、「白木《カケタ》や伊三郎／、扇や藤二郎／、金沢や佐平／淀《ホハラ》や文蔵／、大島や長五郎／、吉川や吉三郎／角《梁川》や平十郎／、中村や佐平二」など、在方商らしき

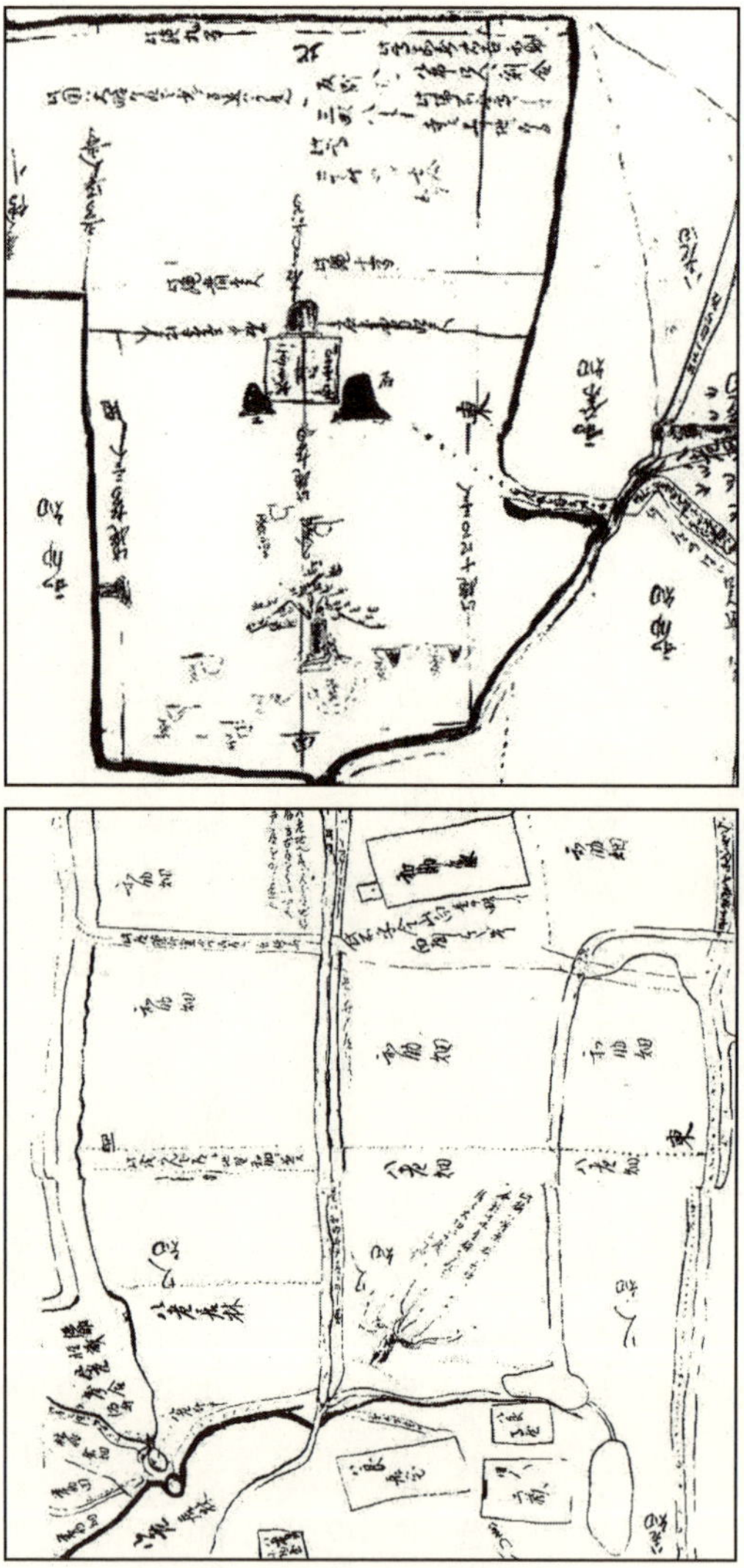

【図１】「絵図二枚と開祖三碑」

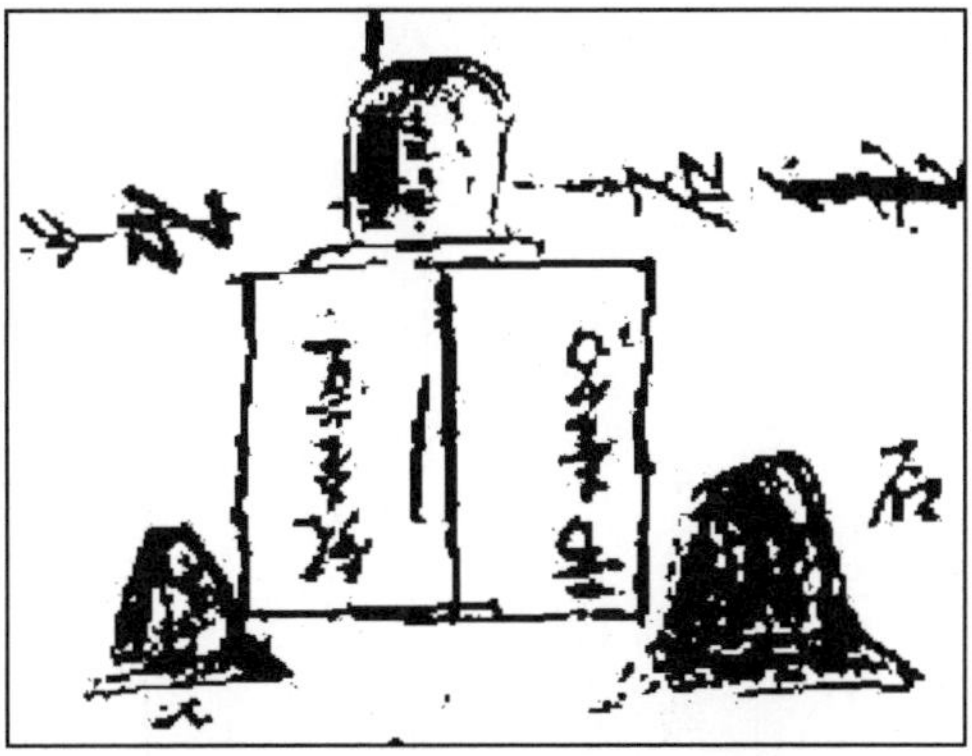

【図2】「観音堂／方壱間」拡大図

屋号持ちが並ぶ。

「ホハラ淀や文蔵」の「淀屋」は、さきの八郎の捕縛～配流の直接因となった八郎の妻の妹の嫁ぎ先「太宰清右衛門」が出た保原の豪商家で、江戸店をもつ保原きっての富商とされる。「梁川中村や佐平二」の「佐平二」は代々襲名され、いまの「中村佐平治家」につながる。梁川を代表する大地主豪農商とされ、呉服、太物、質屋、地主小作など大量の文書がのこる。[9]ともに在方豪農商として、寄進も高額だったであろう。つづく屋号なしの「ニッタ橘弥太郎／二ノ袋佐藤千吉／入タカノ長沢吉三郎／ニぃタ佐藤五郎／武州林代二郎／二本松平長蔵」も、高額寄進の豪農商家であろう。

つづけて、本貫地「山野川村」を刻む。「山乃川菅野宇平／、太郎右衛門」以下一一名、第二段目にかけて「山乃川菅野甚蔵」ほか菅野姓一七名、全二八名がつづく。地域にひろがる菅野一族の、いわば総本家筋であろう。以下この書式で、村ごと一族代表名を筆頭に全五段、全一四九名が列記される。

遠隔地では、羽州はみえないが、さきの「武州林代二郎」[10]（第一段目）のほか、「越後同（菅野）針□」（第三段目）がみえ、末尾「村内」には、金原田村内「六五名」がならぶ。

寄進者姓名数は信達両郡ほか他国二、三をふくめ一九ヶ村一四七名だが、一箇所だけ人名ぬきで一括「東西泉沢村菅野氏合廿一所」と刻むところがある（のち大泉村）。この二一名を数えれば、寄進総数は全一六八名となる。

村別人数を「菅野家碑　村別人数分布図」にしてみた。ほぼ信達二郡の全域におよぶ。一族のひろがりと八郎の縁戚交流、ひろく八郎日常の地域交流圏がうかがえる。八郎の脳裏では、居宅と「菅野聖地」を中心に、寄進者分布圏が背後にひろがる形で、地域観が再構築されたと考えられる（「地域概念図」参照）。

以上、八郎前半生の大事業、菅野家碑の刻字と配置、および配置の意味をみてきた。八郎の意識と行動および書き物の爆発と逸脱は、こうした菅野家碑建立で高揚した先祖意識と、直前のペリー艦隊来航情報で切迫する危機意識、双方混淆の相乗作用によるものであった。三年後に記した政治批判書『秘書後之鑑』が五年後、贈呈先の妻の妹の夫「太宰清右衛門」の安政の大獄がらみで見つかり捕縛、八丈島遠島処分となる。

八郎にみる一九世紀とは、時間的には先祖意識、空間的には対外危機、政治的には幕政批判が混淆一体、人一生の生き方に一大画期をもたらすような時代だったといえる。

八丈島の活動では、蚕法伝授と文人交流がめだつ。

2、八郎の八丈島活動――「コダイヂヰ」の蚕法指導と蚕書執筆と文人交流――

八丈島での八郎は、村人から「コダイヂヰ」と呼ばれ、敬愛されていた。養蚕の老大家「蚕大爺《コダイヂヰ》」の意であろう。八郎は『蚕飼伝法記』自序で、「島人挙而コダイヂヰ〳〵と呼る、事の嬉しさよ」と記す。いかにも世話好きで生産的な養蚕農文人らしい。八丈島では、八郎は養蚕の大家として遇されたのである。

八郎が交流した配流文人は少なくとも三人、①「近藤富蔵」、②「梅辻規清」、③「石潤居蘭風」である。①近藤富蔵は北方開発の旗本「近藤重蔵」の倅。目黒屋敷の地所争いで隣の百姓一家七人殺害して流罪、ふかく内省し後半生を文人として生き、八丈島大百科ともいうべき『八丈実記』全七二巻をのこした。(11) ②梅辻規清は下鴨社神官で、唱道した「烏伝神道」を咎められて流罪、八郎は「天地の実理」ほか多くのことを学んだ。③石潤居蘭風は江戸俳人で、父「金山検校」の高利貸の罪を負って自訴して流罪、八郎は俳諧宗匠として師事した。

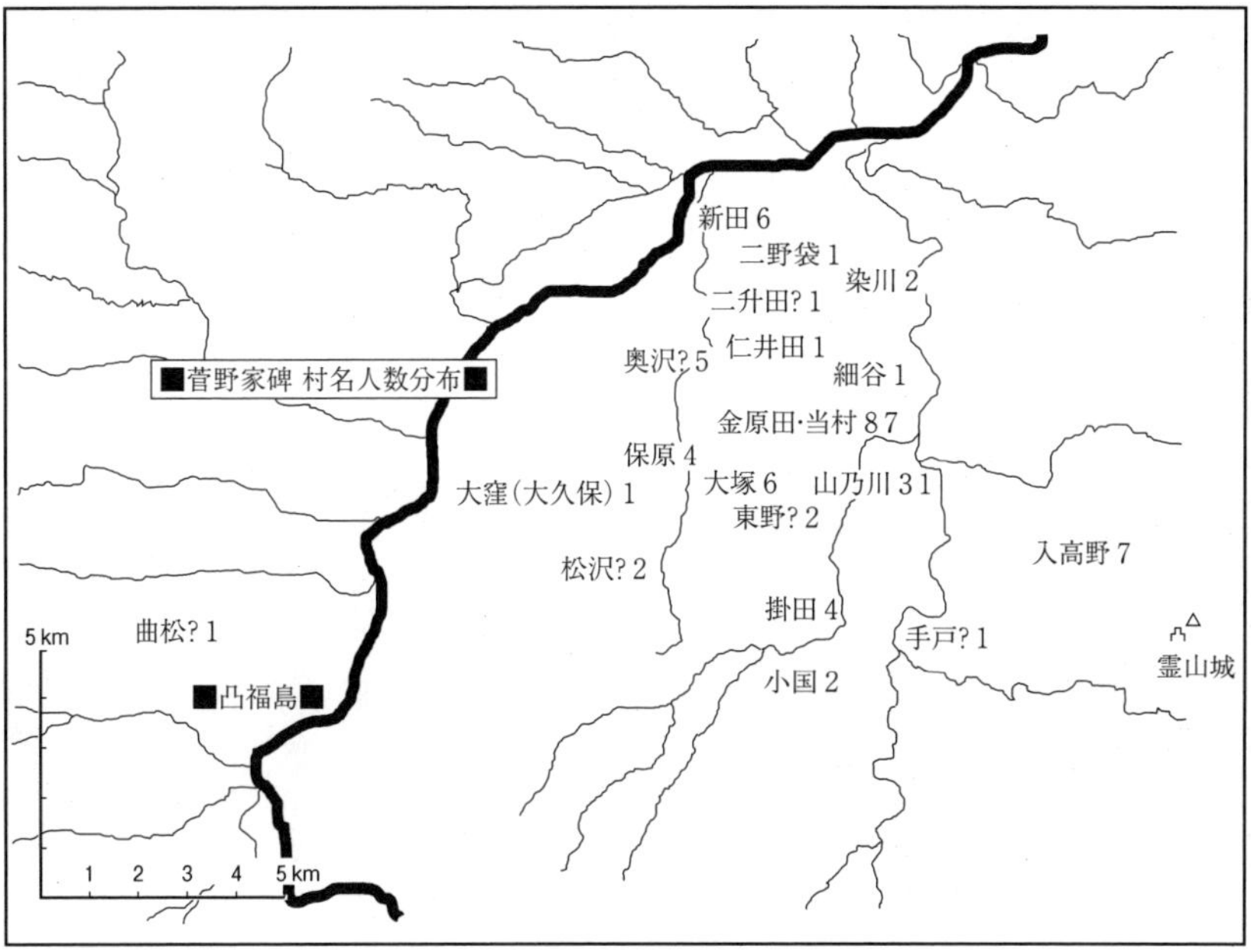

【図3】「菅野家碑 村別人数分布図」
（？は推定位置）

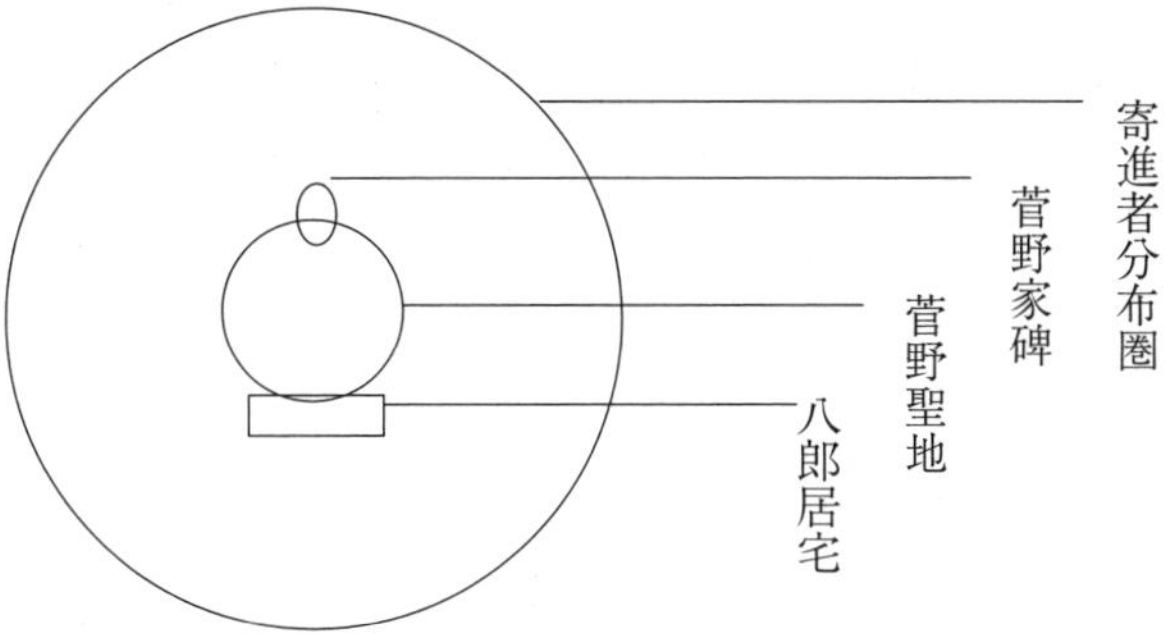

【図4】　地域概念図

①富蔵の八郎にたいする関心はつよく、交流も親密だったらしい。さきの「竹割八郎」の記事のほか、みずから整理した流人名簿に、「一 万延元庚申年四月流罪／元治元甲子八月御免／是ハ水府一件京都ヨリ勅免ナリメヅラシキ事也」と書き添える。八郎蚕書の末尾にも、「此八郎ハ水府之事ニ依テ八丈嶋へ流サレ、恭ナクモ文久三壬《（ママ癸）》亥勅免ヲ蒙りシマヽ、其御書附ニコヽニ写シヌ」として、「赦免状」の写しを紹介する。そのうえで、「此八郎ノ教ニ順ヒ、末吉村ニテハ養シヨリ、一ケ年金子一千両余利益トナレリ」とたたえたのである（二両一〇万円換算で一億円ヵ）。

『八丈実記』が収録した八郎蚕書は二冊、『蚕飼伝法記』（文久三年一一月自序）と『蚕飼方仕法』。ほか信州・武州の配流養蚕農の蚕書も収めるが、八丈島民にとっては、あくまでも八郎が元祖であった。

地役人長戸路氏の『養蚕方法聞書』（明治一二年）は、末尾で「該村養蚕ノ発リハ今ヲ去ル十八九年前（八郎配流の万延文久期）奥州ノ人（八郎のこと）該島へ渡リ養蚕ヲ始ムト云」とある。明治期まで、養蚕の元祖として記憶されつづけたのである。[12]

八郎が身につけていた信達蚕法は、すでに明和期には、高レベルに達していた。上層の蚕種商による飼育実験と品種改良の成果であった。これを年々経験的にくりかえすだけで十分だった八郎蚕法が、はからずも八丈島で文字史料にのこされ、蚕書として今に伝えられたのである。

八丈島蚕法の元祖は八郎だったとして、それ以前の養蚕レベルはどうだったのか。近藤富蔵の高い八郎評価は、逆に、八郎以前の八丈島に蚕法らしい蚕法がなかったことを意味する。富蔵は、流人「武蔵国高麗郡上井上村農夫 伊三五郎」の蚕書「養蚕正伝」について、「然レトモ皆カタクナニシテ、信スル者ナキコソ残リヲシ。伊達ノ八老ニモ劣ラヌトカヤ聞ヌ」（注（12）参照）と記す。八郎をひきあいに武州蚕法をたたえながら、島民がかたくなで、あたらしい蚕法をすぐには受け容れなかった、というのである。

八郎自身も跋文で、「当嶋抔の養方を見るに一向取所なし。…実にあわれ《ママ》むへき事なれは、猶心を尽し何卒して飼方覚させんと、口中に酢の涌程に舌を動かすといへとも、人のいふ事もちいねば、歳々の間違は誠に笑止千万なり」とする。はじめ八郎の蚕法は、無視されたのである。それでも大尾、「志有人此書の趣意をよく覚へ、傍からそばへ教しへ《ママ》移して、当嶌一統の益となし給ひと希ふ者ハ八老」と記す。八丈島の経済利益を願って蚕法の伝授にきわめて熱心であった。まもなく島民もかたくなさを捨て、八郎蚕法をとりいれ「コダイヂヰ」と崇敬するようになったのである。

いずれにせよ、八郎もふくめ名蚕地から配流された養蚕名手たちは、在村の生産者持ち前の活力と人の良さで蚕法を伝え、黄八丈で著名な八丈島の養蚕レベルの向上と利益の拡大で、島民の絶大な信頼を得たのである。

八郎の活動は、蚕法と蚕書だけにとどまらなかった。蚕種（蚕卵紙）を名産地信達から取り寄せていた。郷里宛の書き物に、「一　蚕種ハあまり下物ニて込リ入よし。当年ハ少シよき所を頼入之事」と記す[13]。

郷里に毎年「下物」の蚕種の送付を頼んでいたが、昨年は「あまり下物」にすぎて困ったので、当年は「少シよき所」を送ってほしいとの意である。信達蚕種を八丈島へ輸入していたことになる。

総額はどのくらいか。おなじく「去年嘉蔵殿預り候七両を十両ニして名主岡右衛門殿へ可済旨を以、澄五郎殿へ可相渡事。尤是ハ嶋にて夫を引当 名主殿より借用仕候也」とも記す[14]。

去年、郷里の「嘉蔵殿」から預かった「七両」の蚕種を「十両」で名主「岡右衛門」に決済させたので、今年も蚕種を、「澄五郎殿」へ渡してほしい…、これを引当てに名主から前借りしている、との意か（澄五郎は渡船の金品預かり役人か）。つまり、名主から蚕種代「十両」相当を前借し、「七両」の蚕種がとどいて名主に渡せば、差額三両が八郎の収入になる…。そういう仕組みだったと考えられる。

そうだとして、七両の蚕種紙は何枚くらいか。蚕種値段の編年記録は稀れで、変動も激しいが、種紙百枚当たり上、物で天保元年「金拾両」、天保一二年「拾三両弐分」の記録がある[15]。年々上がるとして、文久期の「七両」は、中下物、ほぼ百枚にあたるか。すでに零細農向けの種紙半分大の「半取種」があらわれ、幕末には四分一大の「四枚付」も出回る。七両ほぼ百枚の蚕卵紙は、小経営二三百戸分をまかなうに十分だったと考えられる（末吉村は家数一一〇戸）。いずれにせよ八郎は、一村規模以上をささえる蚕種仲買商の役割をはたしていたのである。末吉村で「一ヶ年金子一千両余利益」といわれた「コダイヂ井」八郎の名声は、第一に蚕法伝授、第二に蚕書執筆、第三に蚕種仲買の三つをあわせた成果だったといえよう。

八郎蚕書の内容をみよう。「蚕飼伝法記」を整理すると、①「先蚕を飼ふに屋すきの模様」、②「桑刻ミ方」、③「手入方之事」、④「養ひ方之事」、⑤「産蚕獅子蚕之時 蚕屎《こくそ》を取るに安き事」、⑥「風雨寒暖気斗《きばかり》之事」、⑦「種撰伝法」の七項目になる。図解をしめし、飼育用語に「八丈方言」を入れるなど、島民にわかりやすいよう工夫している。

①「先蚕を飼ふに屋すきの模様」では、家屋の方角の適否、蚕種の乾燥、寒水入れ（寒水に浸し孵化しやすくする）、保存法などを述べ、春先の孵化と稚蚕の給桑の仕方を詳述する。稚蚕の育て方は、信州～奥州（以下「信奥」）の蚕書とおなじく、細部にわたる。②「桑刻ミ方」では、脱皮の蚕令ごとの給桑法を、「桑刻ミ方如左」として、島民にわかりやすいよう図解でしめす。

③「手入方之事」は、脱皮の眠り起きの遅い速いの対処法である。「七八分ヨトミ（眠り）居節、居蚕にならさる分ハ箸にて拾ひ別ニして」などとする。七八分をメドに、眠りの遅い蚕を箸で別分けして遅くまで給桑して成長を速め、起きの早い蚕も七八分をめどに箸で別分けし飢えないよう給桑する…。「是手入の方第一と心得べし」と強調した。眠り起きの速い遅い双方ともに、蚕を飢えさせないことが肝要で、さらに遅速の差が小さくなれば給桑も省力化される。信奥共通の手法である。

④「養ひ方之事」では、幼いうちは「能暖気にして桑ハ薄くかけ、一昼夜に五六度つゝかけへし。一遍ニ沢山かけて一日ニ一度位い《ママ》かけ候事、誠に悪し。此義よく〳〵覚へ給へ」とする。暖気にするのは信達流で、湿気もふせぐ。

暖かい八丈島でも重視したことになるが、その場合、給桑は一遍に沢山にはせず、一昼夜五六度づつ薄くせよと、「薄飼い」を強調する。

喰い余りの桑が多いと湿気がたまり、カビで蚕病を招く。蚕が食べ切る量だけ少しづつ何回もこまめに給桑する手法は、信州〜奥州ともに重視していた。

⑤「産蚕　獅子蚕之時　蚕屎を取るに安き事」は、能率的な蚕糞除去法である。蚕の上にモミガラを撒きかぶせ、その上に桑葉をおくと蚕が這い上がって桑に食いつく。そのとき手早く、モミガラごと下の蚕糞をとりのぞく手法で、信奥双方の手法に通じる。もっとも効率的なのは、網をかぶせて上に桑葉をおき、網ごと蚕を移して蚕糞を除く手法だが、八郎は、農家の手元にあるモミガラの利用ですませている。

⑥「風雨寒暖　気斗《きばかり》之事」では、「天気静に晴空の朝には、如何程寒くとも四方の戸を開き、朝の陽気を入候事専要なり」とし、風静かな晴天の日は蚕室を開放して風通しをよくすべきを強調する。人が寒いという感覚と、蚕の感覚とのちがい「気斗」を重視するもので、これも信奥共通の手法である。

ところで、寒冷地奥州の信達蚕法はすべてそのまま、南島の八丈島に通用したのだろうか。じつは八郎は、八丈島特有の蒸し暑さへ対策を独自に工夫していた。とくに「南風にてむつ〳〵と熱れる」の蒸し暑さ対策は独特であった。

「此時能心を用ひ、桑を喰きる事なきよふニ、猶又二度三度も蚕屎を取り、東西北の戸をひらき、柴木抔の類にてどっと火を焼き、暫時にして消すなり。斯する事一昼夜ニ四五度たるへし。是は表の毒気（高温高湿）を払ふ為なり。蚕ニは南風大毒なり。能〻心を用給ふべし」とする。

前半は、高温ですすむ食欲に桑を喰いきらぬよう給桑回数をふやし、その分ふえる蚕糞の除去回数もふやす手法で、これも信奥共通の蚕法である。

後半は八郎独自の八丈島蚕法で、熱射の入る南以外「東西北の戸」を開き、燃えやすい枯れ柴などで「どっと火を焼」いてすぐ消す、というのである。「長雨降つゞく時、…四方の戸を開きてハ火を焼き、消してハ戸を閉、…一昼夜ニ五六度たるべし」とも記す。

戸を開放して強い火気で一気に湿気を追い出し、すぐ消して高温を避けつつ、戸はすぐ閉めて外の湿気を入れない…。この手法は信奥の蚕書にはみえない。八郎独自に工夫した南島向けの高温高湿対策、八丈島に最適の蚕法といえる。

八郎は蚕書の末尾に、蚕法の要諦を格言風にまとめている。「寒きにあらず、暑きにならず。風通すにあらず、風通さぬにあらず。桑沢山にあらず、桑少きにあらず／蚕飼極伝之六言」とする。この不等式風の格言も、ほかの信奥蚕書にみえない。八郎独自の工夫である。

「蚕飼伝法記」自序も、漢詩風の格言「天地陰陽　物事変化　臨気活動　世語順逆／何事モ此四句ヲ用ユ」でむすぶ。万物は陰陽でなりたち、物（人の作った物）も事（人の行為）もつねに変化する、人の活動も臨機応変、世の常識に順ずるもあり、逆うもありの意か。世の常識と権威を疑いつつ活動しつづける八郎らしい生産者的な知恵、「養蚕の実理」をこめた漢詩風の銘といえる。八郎が漢詩に通じていたこともうかがわせる。

八丈島の八郎蚕書は、信達蚕法を中心に、信奥共通の手法をあわせ、南島の気候に適するよう、独自に工夫されたものであった。八郎持ち前の正義感と世話好きで筆まめの個性は、幕政批判の逸脱による遠島処分と表裏一体、八丈島の生産文化にあらたな道を拓いたのである。

八郎の八丈島交流をみよう。八郎が交流した八丈島文人はさきの三人、近藤富蔵、梅辻規清、石潤居蘭風だが、もともと政治犯の多い八丈島流人には、文人が少なくない。付添人の文人活動もめだつ。重罪人が配流後、文人活動に傾倒する例もある。たとえ配流中であっても、初対面であっても、風雅独特の一種公共性がかもしだされ、文人同士ただちに風雅交流がひろがる。八郎も島入り後まもなく、八丈島特有の文人交流に入り込むことになる。

八郎居村の末吉村では、さきのように「名主市十郎高珍《たかてる》ヨク村民ヲメグミ流囚ヲアワレム。…名主同人悴岡右ヱ門高広、養子笹本平五郎三男松太、マタヨク一村ヲミチビキ、既又流謫奥州伊達郡金原田村百姓八郎カ養蚕ニ熟練シタルヲ用ヒテ蚕飼伝法記ヲツヽラシメ、一村ヲサトス。是ヨリ年々金一千円余ノ民ニウルヲヒ《利潤》ヲ得タリ。一村ノ民庶飢渇ヲワスレシメタリ《人命ヲ助ル事マタ多シ》」と記される。（注（12）参照）

村民と流人を等しくあつかい、村全体をよりよく導く。流人のすぐれた能力もみのがさず、八郎が養蚕にすぐれていれば、蚕書を執筆させ蚕法を説諭させる。名主一家と流人との知的交流と協力は、きわめて親密であった。島民と配流文人との関係のあり方の一端をうかがわせる。

島内での流人の行動は、訴訟や騒動や島抜けさえ起こさなければ、かなり解放的だったらしい。「陣屋中渡条目」も「一、農業方油断なく出精可致事　一、流人に限らず銭三百文より外差引致間敷事　一、猥りに訴訟致間敷事」だけで、多くが農耕や商い、筆子持ちなどで稼いだ、とされる[16]。

島入り当初の八郎は、多少の所持金も船役人らに騙しとられ、ほとんど無一文だったらしい。「八郎は一銭だに持たざればなに商ひもなさるべき、毎日草鞋草履など造りて芋や野菜など換へて命」をつないだが、まもなく「数多の小児を集めつゝ物読むことや手習を教へ居たれば、其ひまに書綴りたる判断夢の真暗といふ書き物を得」たとする（注（16））。八郎は島入り後まもなく、大勢の子どもに読み書きを教える寺子屋師匠、つまり「文人」とみなされていたことになる。

郷里のちかく伊達郡松沢村（約四里で縁戚の嫁ぎ先、いま川俣町鶴沢）の神官文人「三浦日向頭」宛の文久二年書簡でも、「昨年ハ御心に被為掛、御尊書并本朝不二之高直一冊被送下難有、繰返し〳〵感読仕、猶島中心有之者へ者拝見為致候処、皆々感心仕り、其評判専らニ御座候」と記す。

郷里の神官文人から贈られた書物や物価高騰の情報『本朝不二之高直』を心ある島民にみせたら、皆々感服して評判になったというのである（注（16））。「御尊書」の内容はみえないが、島民が本土情報を珍重したこと、郷里と八丈島ともども「文人」が情報役だったこと、などをしめす。

八郎は、寺子屋、書物貸し、本土情報など、ひとかどの「文人」とみなされていたことになる。

八郎が「天地の実理」を学んだとする配流文人は、この人ありとの噂で会いにいった、さきの②梅辻規清であった。感服（批判もふくめ）したとする「天地の実理」は、表現こそさまざまだが、近世人一般の関心事でもあった。陰陽論にもとづく一種合理論である。

在村蚕書でいえば、蚕に有害な高温多湿について、蚕室の上下で温度や湿度が異なるという経験をただ一言、「高さ六尺の内に陰陽の隔あり」の語で表現する。春に蚕卵紙を長押に吊して暖気で孵化をうながすとき、半紙大の蚕種一尺の上下の温度差でムラにならぬよう、毎日上下を入れ替える…。その手法の説明原理である。高所の長押や高窓の開閉をこまかく調節することで余分な暖気と湿気を外へ逃がす空気循環の工夫も精緻で、ともに読者の一般養蚕農へ説明する原理、「養蚕の理」として示した。

八郎の「実理」に対するつよい関心は、これら近世人一般の資質と、蚕法の空気循環の生産経験、および八郎の個性的な理詰め意識が織りなすものと考えられる。八郎は、年々の蚕法で経験する「養蚕の理」への確信を、梅辻の「天地の実理」への感服と批判を通し、さらに強めたことになる。

だれにでも開かれ、現実世界と表裏一体でひろがる風雅世界、その八丈島における効用を一つしめす。

もう一つ、八郎の八丈島体験で重要なのは、俳諧の師を得たこと。おなじ末吉村の配流文人、さきの③石潤居蘭風に親しく師事したのである。

「遷徒一伎伝／孝行」（一芸に秀でた移住民の伝）は、「金山金十郎　新御番田中実五郎地借　元金山検校倅　嘉永三年流

罪 御赦 此者ハ父検校高利貨ノ御咎ヲ蒙ルヘキトコロ自分ノ所行ト申立テ、遠流 実ニ親孝行ナリ 俳諧ノ宗匠ニテ 蘭風ト号ス」とする。いわば「身代わり流人」で、親孝行ゆえの赦免で早めに帰郷したらしい(17)。

このとき「蘭風」は、親密だった「平和」近藤富蔵が赦免状にふくまれていないと聞いて、名残の発句と前書をのこした。「おなしさすらひの身の、こたひみゆるしの数に洩れ給ふ平和ぬしの、日ならず帰郷し給ふことを推して／跡花もつ、ひてさくや杜若　金山検校倅金十郎石潤居蘭風」とある。

このとき富蔵は赦免船の画に、発句「みゆるしの船いさみあり夕涼み」をそえてのこしたという。おなじ配流の者同士、たがいの喜びや悲しみを思い合う風雅表現である。一島内の風雅交流のかもしだす親密さを、一つうかがわせる。

多くの配流文人がのこした詩歌句画は、『八丈実記』「第九編 詩歌句画集」（第二巻）に収録される。「八丈島八景」だけみておこう。

名所として「八重根晴嵐（のち「前崎晴嵐」とも）、大里晩鐘、尾端夜雨、神港帰帆、名古秋月、藍江落雁、大阪夕照、西山暮色」をかかげ、それぞれの風景画に、漢詩一二〜一三人、和歌一三人、俳諧三一〜三二人など、全数十人がならぶ（作品省略）。「蘭風」もその一人で、すべて同じ宗匠級の中上層文人であろう。

富蔵はさきの俳号「平和」で参加、「蘭風」も居村末吉村の年寄「桃古」佐々木勘助とかならず並んで登場する。「桃古」が村内の俳人をあつめ、「蘭風」を宗匠とする句会をひらいていたとすれば、八郎と「蘭風」の師弟の縁もこの句会で深められた可能性もある。

いまでいう文化つまり風雅（風雅文化）は、出会いさえすればただちに、現実の身分をはなれて対等に交流しあう。俗世から遠く隔てられた流人の身にとって、八丈島は唯一最大の風雅交流の場となった。閉ざされた配流の現実と、開かれた風雅の交流が、特異な形で表裏一体、漢詩人や歌人、俳人や画人ら数十人以上が、島民流人の区別なく交流していた。「蘭風」と「平和」の親密さもふくめ、八丈島全体が一大「風雅公共圏」をなしていたのである。[18]

八郎は、俳諧一般下層ともいうべき庶民文人で、さきの中上層文人の数十人には入っていないが、前述の寺子屋師匠、書物貸し出し、蚕法指導、蚕書執筆、幕末情報の伝達など、いかにも庶民文人らしい生き方で、八丈島の在村文化、生産文化の進展に貢献していたのである。

八郎にみる一九世紀とは、これら在村文化~生産文化が、山の奥々津々浦々から遠い島々にまでひろがり、社会と文化の成熟がいっそうすすんだ時代、といえよう。

3、八郎の俳諧活動——信達の俳諧と八郎の俳諧——

はじめに、八郎をとりまく信達俳諧のようすをみておく。信達地域の俳諧ははやく、すでに一七世紀中葉からあらわれる。一七世紀末、『奥の細道』で芭蕉が立ち寄った名所「医王寺」「しのぶもぢ摺石」などもよく知られ、地域の蕉風宣言ともいうべき芭蕉塚も、信達二郡で一六基が現存する。

一八世紀中葉、信達蚕種業が盛んになると、蚕種商は村ごとに蚕種仲間を結成、仲間議定で販路を守り合い、危険のともなう行商の旅を助け合ったが、そのまま村ごとに俳諧結社をなし、結束をつよめた。風雅信用が、仲間信用を高める効果をもっていたのである。毎年の行商では、行商先や定宿の豪農商文人らとも交流をかさね、風雅信用と表裏一体で高まる取引信用で、蚕種販売を有利にすすめた。[19]

信達地域の俳諧人口は急増した。村別俳人数を分布図にすると、信達二郡の平野部から山間部のすみずみまでおよぶ。(**【図5】 福島俳人 村別俳号分布/盆地編**、参照[20])

筆をとるものほとんどが、何らか詩歌俳諧や和学漢学にかかわった時代である。最多数の俳諧一般層なら、どんな山間僻村でも数人程度は活動していた。さきの「三芸之弟子持」といわれた祖父嘉伝次や、師の熊坂台州に「学才殊ニよく候得者此方ニて儒者と致」といわれた父和蔵も、信達俳諧連の一員だったにちがいない。八郎も多くの書き物に発句を入れ、のち伊達郡の地域俳書『三七松集《みなまつしゅう》』（慶応元年刊）にも入集する。

八郎の初出句は四一歳の嘉永六年、さきの父十七回忌追善句「夕暮れやこそりと寺に散る木の葉　八老」だが、この句が急にできたわけではあるまい。八郎の俳諧は、祖父嘉伝治や父和蔵ら父祖伝来、若年のころからのものと考えられる。

つづけて安政三年『菅野実記』、安政四年「半夏生順ニ曰」、万延二年「闇之夜汁」、文久二年書簡「奉祈念　菅原三作宛」、同年「判断夢ノ真暗」など、政治や裁きにかかわる書に発句を書きのこす。捕縛の身をつきはなして「自らは猶面白し…」（佐野論文参照）などと詠う。一茶風や川柳風のほか、連歌や狂歌もみえる(21)。

八郎赦免帰郷後の俳諧活動は慶応元年、地元の地域俳書『三七松集』で本格化した。八老句「苗代や雀おとしのちきれ綱」が入集する(22)。

『三七松集』は「伊達其堂」発起による芭蕉碑記念句集で、慶応元年序全二八丁。碑は芭蕉句「此あたり眼に見ゆるもの皆すゝし　はせ越翁」を刻み、保原町村岡の「村岡八幡宮」にのこる。裏の丘の赤松の巨木には、源義家が戦勝祈願で参拝したときに馬を止めた松だとする伝承がつく（伊達市指定天然記念物）。

序の「菊守園見外」（甲州猿橋出の江戸俳人）は、「そも芭蕉翁の正風を看破せし元禄のいにしへより慶應の今にいたり、都鄙のすみ〳〵までこの道のおこなはるゝは、まことに徳化の余光なるべし」とする。山の奥々津々浦々まで在村文化を楽しむ姿を泰平の証とみなす論は、各地にみえる。芭蕉歿後百七十余年、二年後にはじまる大変革をうすうす予感しつつも泰平の日常に生きる人びとと、その地域意識と風雅意識の一端をしめす。

つづけて、「陸奥伊達の其堂、おのれか丘つゝき保原の郷に、紅入嶺と云る勝境のかたはらに、三七松と唱る老松

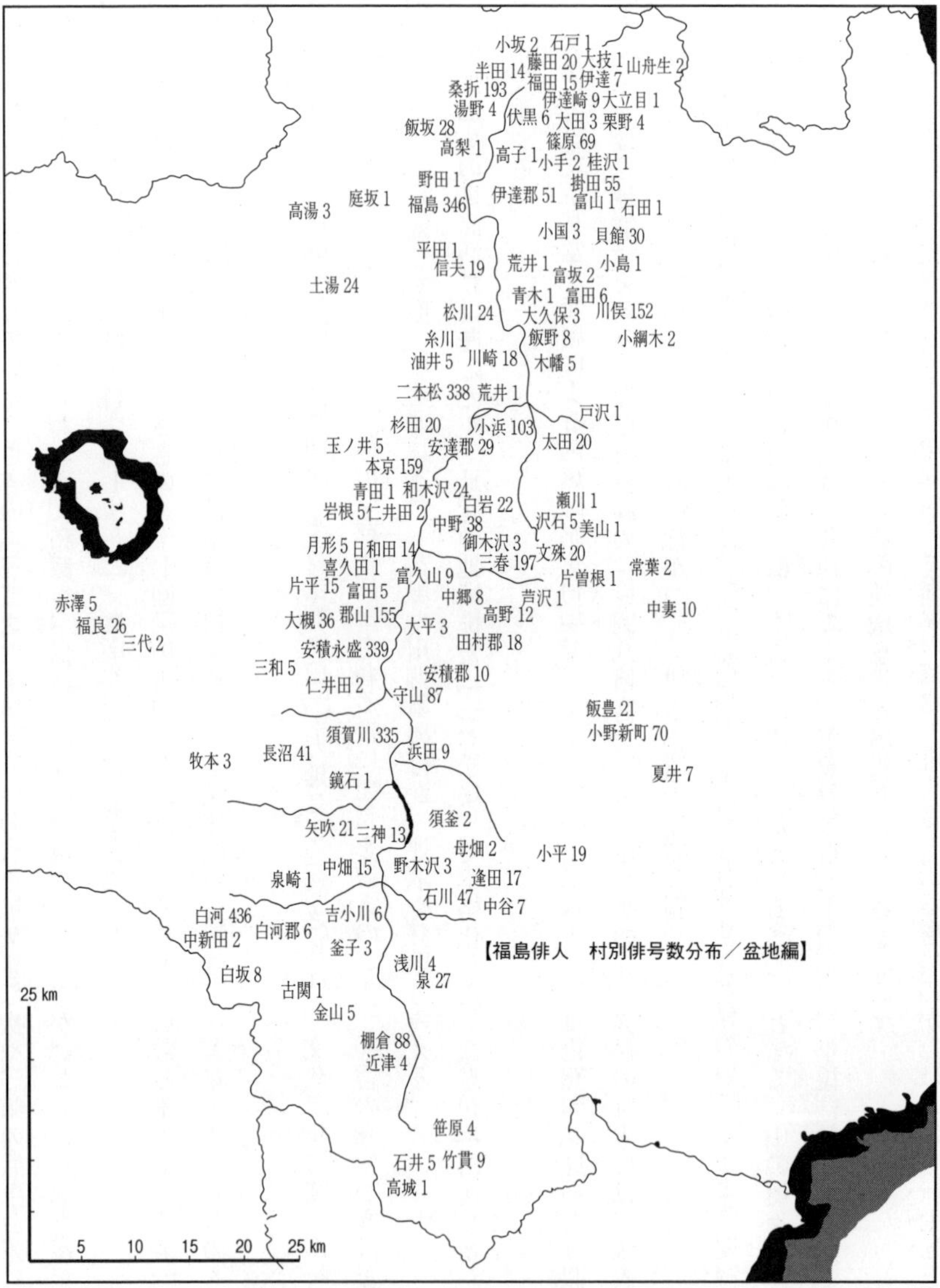

【図５】 福島俳人 村別俳号分布／盆地編

あり。そのもとに祖翁の碑を築んと志願すること年ひさし」かったが、近年「叟があつき志に感じ、郷関ちかき風士は更也、亦は他邦のたれかれ力をあはせ、今茲の秋、其宿志を償ふこと、なりぬ」とする。地域俳人「伊達其堂」（未詳）長年の念願だった芭蕉碑が、八郎ら地域俳人はもちろん、他国をふくむ多くの文人の協力で果たされた、というのである。

蕉碑建立や奉額句合は、地域俳人連にとっては、一世一代の記念すべき大事業であった。地域に蕉風がゆきわたった記念、地域蕉風の継承記念の意味をこめる。いわば地域の蕉風宣言である。建碑や奉額は、地域風雅の力量を誇る一大文化事業であった。『三七松集』も、八郎をふくむ地域俳人あげての協力ですすめられたのである。

『三七松集』入集者は、伊達郡を中心に、北は仙台、東は海通り相馬中村、西は会津、南は阿武隈川上流の須賀川から白河近くまでひろがる。近隣では、発起人「其堂」の保原が「太素」「好文」「月村」ら三三名、ほか川俣五一、梁川三一。八郎をふくむ金原田は「樹岡 麦里 素雪 河月 濯金 きよし 八老」の七名で、ほか伊達崎四、高子四、大久保五、柱田二、御代田一、富沢一、山野川一、上郡一、大波一、川俣知徳一、小神一などがつづく。いわば伊達風雅連である（**【図6】『三七松集』村別俳号数 分布図**、参照）。

信夫郡『桑折陣内四』は、代官所文人であろう。『三千世』は手付文人か手代文人か。ほか三人の女流「女湖月」「、恵雨」「、春水」は役人の妻や娘たちか。他地域にも多い代官所文人と地元風雅連との風雅交流が、ここでも日常的におこなわれていたことをしめす。

金原田七名のうち八郎以外は実名未詳だが、他例によれば、これら七名を中心に、村内十数名以上が日常的に俳諧交流していたはずである。村高一、二三九石（『旧高旧領取調帳』）、一〇五戸、人口六四八人とされる規模にしては、やや多めだったか。

晩年の明治前期、八老は風雅に専念した観をみせる（以下俳号「八老」で）。師事したのは八丈島での宗匠「石潤亭

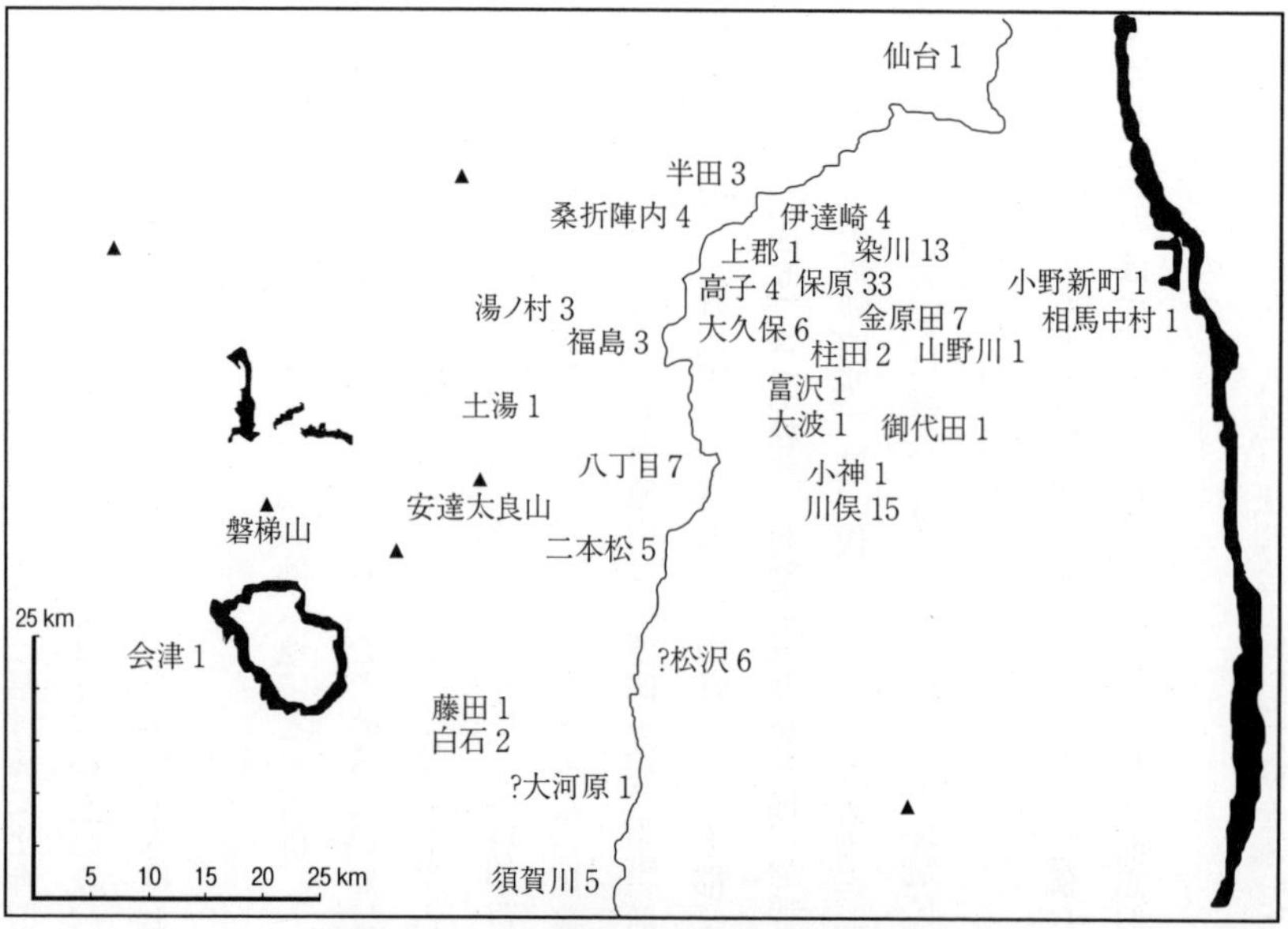

【図 6】『三七松集』村別俳号数 分布図

蘭風」。「蘭風宗匠尊評」ほか「句合衆議評」「月並発句合」「俳諧之連歌」など蘭風評の詠草十一点を一冊に綴じ、『句合衆議評』の標題でのこした(23)。

年代記載は二点のみ。綴じ冒頭「句合衆議評」の「明治十三年三月〆切」は七一歳、綴じ末尾「月並衆議吐交／潜龍乞評」の「亥ノ冷月《(令月陰暦二月)》初ノ五日」は明治二〇年、七五歳で歿する前年にあたる。すべてこの間の詠草となる。

それにしてもなぜ、八丈島での師「蘭風」に帰郷後晩年まで師事しつづけたのか。蘭風の人柄と指導力、八郎もちまえの律儀さ、配流先の風雅公共圏の独特の親密さなどによるものだとして、師事のようすをみよう。

①「句合集議評／明治十三年」全四丁三〇句は、表紙中央に標題「句合集議評」、右横に「題／苗代／小雛／春の夜」、右下に「三月〆由」、左に「是ハ八丈にて吐シ句也」と記す。三月〆切の月並投句控で、八老は八丈島での句作を送ったらしい。末尾に蘭風宗匠の評語「ほゞ皆玉／石潤［印］」を記し、入選句「苗代や雀おとしのちきれ綱　八老」を最高点「七印」として大書し、裏表紙に

「天弐拾四点八老／地十八点玉芝／人十五点潜滝」の評点を記す（玉芝と潜滝は後述）。

見返しには、「届所 東京浅草諏訪町二十八番地 夜鶴庵執事／明治十三年五月ノ扣 但シ此半枚斗リ／春夏二季ハ小築庵春湖 其角堂永機 雪中庵梅年 撰。秋冬二季ハ夜雪庵金羅 田喜庵詩竹 諸石庵精知 撰。四季ハ太白堂呉仙／夜覚庵覚斎／評。月並ノ届ケ所ハ／深川佐賀町一丁目廿番地／小築庵先生」とメモ書きされる。蘭風の赦免帰郷後の住居も、おそらくこれら届所の浅草~深川辺であろう。

メモ書き全体を通しての意味はとりにくいが、八老が、雪中庵や田喜庵、太白堂や夜覚庵など、前代からつづく著名な江戸宗匠系にも師事していたことをうかがわせる。

②「月並五題／蘭風宗匠尊評」全五丁は、裏表紙見返しに、中央に拝呈先「蘭風宗匠尊評」、右下に「月並五題／上／桃古 玉芝 潜滝 遊虎 八老 諸君 拝／三月」と記す。季題「汐干狩、駒鳥、焼野、水温む」の句がならぶ。「七印」入選二句はともに潜滝句。八老句は「美しき《名も知らぬ》貝がら拾ふしほ干哉」ほか全九句だが、全体の得点は「天四十二点八老、地三十九点遊虎、人二十七点桃古」で、八老が最高点を得ている。

「潜滝」は梁川村の「石井仙蔵」のこと。「玉芝」「遊虎」二名は不明だが、「玉」「遊」の一字は近隣地の俳号に数多い。それらと同系列の在村俳人である可能性がたかい。

「桃古」は、さきの蘭風や八老の居住した末吉村の年寄「桃古」佐々木勘助のことであろう。八老が信達の在村俳人連を引き入れ、とおく「桃古」の八丈島と、「蘭風」の東京とをむすぶ三角形で、風雅交流していたことになる。八丈島一島内での交流の親密さ、蘭風の宗匠としての人柄や信頼性、八老の敬意と律儀さ、伊達仲間での八老の主導力の強さ、などがうかがえる。

とおく離れた地は郵便をつかったはずで、師匠の撰料など送金にも、郵便為替を利用したであろう。文人の郵便為替と日本通運の活用は、各地の在村日記によくあらわれる。ひろく近世以来の風雅交流が、明治新制度の活用でさらに発展したことをしめす。

③「諸君子御高評／御書記所／桃古大君／八老拝」は、八老とさきの遊虎との二人句合。季語「茶の花」「茶畠」「長閑や」「山里」「雉子の声」などに数句づつ、八老句と遊虎句がならぶ。二人句会ともよぶべきの勉強会であろう。二人の句作は「御書記所　桃古」へ送られ、桃古が詠草に清書して蘭風師匠へ送り、評をうけて戻されるという仕組みらしい。こうした少人数の勉強会が、信達各地にひろがっていたことをうかがせる。

末尾に評語「心外無別法／石潤［印］」が記される。「心外無別法」は仏教用語だが、蘭風独自の褒め言葉であろう。ほかの詠草にもみえる。ここでの七印入選は八老二句。「斧遣ふ手もゆるミけり雉子の声　八老／長閑さや用もないのによる歩行　同」とある。

④「当五月卅日ひらき／月並発句合／蘭風宗匠」は、潜滝・玉芝・遊虎・八老の四人の句合。全一〇丁八〇句のうち八老は一八句、末尾は「其詳不至知／蘭風［印］」、七印入選の八老句「なき人の衣《ころも》母涙の土用干」を大書してむすぶ。「不至知」も蘭風独特の評語で、後述の詠草にもみえる。

ほか②=1「月歩宗匠／蘭風宗匠／両御評／月並五題」は、蘭風のほか「月歩」（未詳）にも師事していたことをしめす。⑧=2「月並衆議吐交／潜龍乞評／亥ノ冷月初ノ五日」（明治二〇年）は、八老が「梁川潜龍」に「二十六吟御内評希上」として評を乞うたもの。仲間同士で評を求め合っていたことがうかがえる。そのほか「衆議三題」など二三点は略す。

いずれにせよ八老は帰郷後も、八丈島の桃古や近隣仲間の潜滝・遊虎・玉芝らとともに、明治中期まで蘭風宗匠に師事しつづけたのである。

つぎに八老の連歌修行をみよう。連歌は約束事が多く、発句よりむずかしい。八老は、むずかしい連歌に挑戦していたのである。連歌は「庄司家文書」（注（13））に一点⑤、「菅野隆雄家文書」に三点⑥～⑧がのこる。

⑤「蘭風宗匠尊評／似為歌仙／愚独吟」は八老独吟の「歌仙三十六韻」で全三丁。「似為《えせカ》」は謙遜の意か。見返しには、蘭風に宛てた文章「御めんどふ察し入候得共、御つれ〴〵の間に〴〵一句限り、御しかりの教訓、細々と御書入被下度希上候。左候ハヽ後の心得大ならんと、伏して願上候／上　八老　九拝／君」と記す。これまでなじみなかった連歌を学ぼうと、「後の心得」になるよう謙遜しつつ丁重に「蘭風評」を、頼み入れたのである。

宗匠が発句「細なる雨に芽をふく柳哉」をあたえ、八老が、「是より／愚独吟」として脇句「猶も長閑な鞠の装そく《（束）》」、第三「蜃気楼消すは《（きえずは）》我も登らん」以下を付ける。末尾は「能き折に花の使を貰ひけり」に挙句「小流こぐも水温む頃」をつけ、蘭風評「其評不至知／石潤［印］」でおわる。

⑥「歌仙ノ真似言／乾ハ八老拝独吟／坤　蘭風宗匠尊評」は、「乾坤」二冊立て。「乾」は八老の独吟発句、「坤」は独吟歌仙である。見返しに評点印の凡例「［梅枝花朱印］一点／［ふくべ朱印］一点《（ママ）》／［朝雪朱印］四点／［まつ風朱印］五点／［よしの山朱印］六点」を記し、各句の右肩にこれらの朱印を捺す。発句「［朝雪朱印］雨風に変らぬ苔や岩清水」に、脇句「［ふくべ朱印］汗ふきながら休木の下」、第三「待人の来たのは調度《ママ》小春にて」以下を付け、末尾「［まつ風朱印］誘引にも日和見てくる花の友」に、挙句「雉子より早く渡る東雲」でむすぶ。最末尾の蘭風評は「歩々《（ほご）》皆玉」で、「石潤［蘭］［風］」でおわる。

朱捺印にくわえ、ほとんどの句に朱筆細字で添削と批評をほどこす。第三には付箋を貼り、「待人」は恋の言葉なのでここには「宜しからず」、「小春」も月の定座が近いので「ゑんりよ致し度もの也」などと記す。蘭風の指導は、かなり丁寧だったらしい。

⑦「俳諧之連歌・両吟／蘭風／八老」は全四丁、蘭風と八老の二人で付け合う歌仙三十六韻。郵送で付け合ったものか。発句は「見つもつて田に割りふるや束ね苗　蘭風」、脇句「汗にぬれくる襦袢ほし置　八老」、第三は「魚舟の着た知らせに騒たちて　風」。末尾は「折足して片手に重き花の枝　老」に挙句「踏れなからもそたつ蒲公英　風」

でむすぶ。丁合はここで切れて別の発句詠草につづく。季語「打ち水」「孑孑《ぼうふら》」「若竹」などの八老句と潜滝句で、③とおなじ二人句合である。

⑧「両吟歌仙／蘭風／八老」は、蘭風と八老二人だけの両吟連歌。発句「さわさわと梢ならすや秋の風　蘭風」に、脇句「薄かふさる土堤下の家　八老」、第三「宵月に出茶屋仕舞て戻るらん　蘭風」とつづき、末尾「ここはかり暮渡りたる門の花　老」に、挙句「ぬるむ流れの水に浮く鮒　風」でむすぶ。八丈島以来の師と八老の親密さをうかがわせる。

以上、のこされた詠草から発句四点、連歌四点をみた。八老七〇歳代の風雅への傾倒振り、信達～八丈島～東京をむすぶ風雅交歓、あらたな連歌への意気込み、などが読みとれた。

八郎の俳諧活動は、嘉永六年の菅野家碑刻字の発句を記録上の初出とし、八丈島での蘭風師事、帰郷後の信達仲間との交流、東京宗匠への師事、むずかしい連歌への挑戦など、歿する直前まで活発だったのである。

こうした老年期の風雅専念のなか、壮年期の政治志向はどうなっていたのか。歿する九ヶ月前、明治二〇年四月刊行の『信達騒動実記／附金原田八郎一家之始末』をみよう。八郎自筆の「題辞」を影写でかかげる。

「今年福嶋新聞社佐久間氏が、騒動一件より愚老が災難ニかゝりし事を読本ニすれバ、何か書ケヨと申されしに、愚老も最早冥途の旅立近しと思へば／咲けば散る花と知りつつゆふ《タ》の風／菅野八郎／七十五老」とある。

晩年の想いを記した事実上の辞世だが、最晩年、頭取とみなされた「騒動一件」を「災難」、思いがけない不当な難事と意識していたことがわかる。

のち昭和九年（一九三四）、郷土史家たちが「八郎自筆なり」として刊行した『八丈嶋物語五巻〈内一〉』にも、『秘書後之鑑』を書いた時期をかえりみ、「安政年中…、世上何となく騒々敷、安堵の思更に無く、今や兵乱発《おこ》りやせんと疑はしき折」であったと記す(24)。幕政批判の書を記したのは、安堵皆無の騒と乱の世ゆえだったから、との意識の表現が、自筆のままのこされていたのである。

わずかに垣間見たにとどまるが、八郎は、たんなる現実逃避の風雅人ではなかった。「逸脱する庶民文人」として、政治意識を内心に秘めて生きつづけたと考えられる。しかしすでに老境、内心を外へ現すことはなく、明治初期騒動や民権運動の現実に関心をいだいた様子はみえない。

なおこの「自筆題辞」は、伝統の筆書き環境にいた八郎が、活字印刷および新聞社というあらたな資本制の文字環境に入ることを、みずから認めたことしめす。以後、八郎の書き物は活字環境にのってひろまることになる。

一九世紀中後期は、各地域に、地方新聞と地方出版というあらたな公共圏がひろがる時代でもあった。「瓦版から活字版へ」の移行を実体験した意味でも、八郎は一九世紀の人であった（「瓦版」は水村論文参照）。

八郎の死去は明治二一年（一八八八）一月二日。菩提寺「積善寺」の過去帳「明治二十一年子」の最初の丁に、「大寶軒椿山八老居士／一月二日／同四日埋葬／菅野忠五郎／養　八郎／七十六才」と記される。[25]雅号入りの法号は、菅野家墓地（宇山居）の八郎墓碑にも刻まれる。最後まで庶民文人として生きる姿勢をこめた、自作の法号であろう。

一九世紀とは、八郎のような在村文人～庶民文人が、雅号も作法も変えぬまま、変革をこえて生き貫くとともに、あらたに波及した資本制の活字環境に適応していく時代であった。ここでも八郎は、一九世紀の連続と断絶に生きた人であった（注（3）参照）。

おわりに――八郎の建碑と蚕書と俳諧――

以上、一九世紀の庶民文人菅野八郎の活動をみてきた。第一、菅野家碑建立では、はじめて読みとった刻字内容から八郎の先祖意識と地域意識を抽出し、三ヶ月前の黒船来航情報と混淆一体、書き物と言動の爆発によって「逸脱する百姓」に転身する動機をさぐってみた。

第二、逸脱に起因する八丈島配流では、まず、流人 村役を問わず詩歌句をたしなむ上層文人が、島を一大「風雅公共圏」と化していたようすをみた。そのなかで、八郎が島民に書き与えた蚕書二冊を分析、養蚕技術史上に位置づけた上で、村に大きな富をもたらした養蚕の老大家「コダイヂヰ《蚕大爺》」として崇敬されたことなど、養蚕農文人～庶民文人としての活動実態を明らかにした。

第三、赦免帰郷後の俳諧活動では、八郎入集の『三七松集』を分析、分布図もあわせ伊達風雅連の活動のようすをみた。八郎がのこした詠草では、信達仲間との交流、「蘭風」への師事、「連歌」も学ぼうとした熱心さ、とおく桃古の八丈島と蘭風の東京をむすぶ三角交流のようすなど、これまで知られなかった八郎の風雅活動をあきらかにした。風雅だけに傾倒した晩年も、内心に政治意識を秘めていた様子から、八郎が終生、逸脱する庶民文人で在りつづけたと結論づけた。

副題「八郎にみる一九世紀」については、第一、先祖意識と対外危機意識と政治批判が混淆一体、人一生の生き方に爆発的な画期をもたらすような時代だったこと、第二、在村文人～庶民文人が山の奥々津々浦々から遠い島々までゆきわたり、近世文化がいっそう成熟をふかめつつ近代へ連続する時代だったこと、第三、在村文人～庶民文人が、資本制に反発し対応しながら変革期を生き貫く一方、活字出版などあらたな資本制の環境も活用していく連続と断絶の時代だったこと、の三点にまとめてみた。

今後もよりひろく、全国各地の在村文人～庶民文人を見ていきたい。

注

（1）資本制は普遍を求め、普遍を徹するべく、大量をめざす。大資本による機械と動力と分業で、同一規格品を、低賃金と低価格で大量生産し、大量商品として売り込む。原料も大量にかきあつめる。同一の仕組みで対抗するもの以外すべて、地域も国家も文化も滅ぼす魔力を秘め、世界へ普遍した（所謂ウエスタン＝インパクト）。対抗し得る国家は、同一の仕組みを急造、「上からの変革」に走る。「外と上からの急な変革」で生ずるひずみは、国内の地域はもちろん、周辺国家を滅ぼす魔力をはらむ。アジア僻東の日本列島では、軍艦来航は一九世紀初頭から。世紀半ばには、貿易を求めるアメリカ大艦隊を魔の「黒船」ととらえ、恐怖と対抗心をつよめた。いわゆる「攘夷」は、近世の成熟した民間社会の文化網にのって、山の奥々津々浦々までひろがった。八郎の言動も大きく変わる。日本全体での対抗は攘夷、対応は明治変革で、対抗上同じ仕組みを急造したのが中央集権・文明開化・富国強兵・神権帝国など「上からの変革」だが、「外からの変容」もあわせ歪みは大きく、周辺国への「侵略」へ向かう。その歪みはさらに大きく、自らの滅び「敗戦」をまねいた（一部は拙稿「在村文芸の十九世紀」「文学」岩波書店第一〇巻六号）。

（2）「庶民文人」は、農山漁村で生業・村役など業雅一体で風雅文化をたしなむ「在村文人」、その一般下層にたいする呼称とする。「在村文人」は、地方に住みさえすれば生業や階層ぬきに大名・藩儒・御用町人から在村まで一括する「地方文人」とは別範疇となる（塚本学『地方文人』（教育社、一九七七年）。文化階層はおおよそ三つ、漢詩漢学や和歌国学などの上層と、狂歌や俳諧宗匠などの中層、および俳諧書画茶花道など一般下層がみえる。交流は中上層は全国規模でひろく、一般下層は地域規模でせまい（拙著2001『近世の地域と在村文化』二〇〇一年、同2009『近世の在村文化と書物出版』二〇〇九年、吉川弘文館）。八郎は八丈島でも信達でも、一般下層すなわち「庶民文人」として活動する。

（3）「一九世紀」は、資本制の世界波及によるいわゆる近世～近代移行期あるいは変革期をふくむが、同時代の人びとは変革によっての生き方を急変するわけではない。文人ならそれまでの雅号そのままであらたな時代を生きようとする。その意味での連続性と変革による断絶性とが表裏一体をなすのが、「一九世紀」であろう。八郎も「庶民文人」として断絶と連続の一九世紀を生きることとなる。

しかし八郎を「文人」とみる研究はない。〈a〉庄司吉之助他『日本思想大系　民衆運動の思想』（岩波書店一九七〇年）、〈b〉『保原町史』（保原町、一九八五年）、〈c〉鯨井千佐登「幕末の民衆思想」（『歴史』六五、一九八六年）、〈d〉布川清司『近世民衆思想史料集』（明石書房二〇〇〇年。以下『布川史料集』）などが知られるが、「一揆指導者」「民衆運動家」「民衆思想家」あるいは「日常的抵抗者」としてみている。〈a〉は「八郎は多くの俳句をつくり」（「発句」の誤り）とするが頭注だけにとどめる。〈c〉も『三七松集』の八郎句にふれるが「八郎をおいて信達世直し一揆のリーダーはいない」とする。「文人」とすることではじめて、断絶と連続の一九世紀を生きた人としてとらえられよう。

(4)『八丈実記』第六巻「続遷徒一伎伝」。

(5)以下碑文の解読は現物と拓本と写真による。拓本許可をいただいた菅野英昭氏、精緻な写真提供いただいた幕田一義氏に感謝する。碑文もふくめ書き物の署名はかならず雅号「八老」とする。八郎の文人意識の象徴である。嘉永六年(一八五三)は厳密には「五五〇年忌」でない。八郎自身も「此時道一居士五百十五年なれ共、入仏の折を幸イとして五百五十回忌之法事をいとなみ」とする。「入仏の折を幸イ」はわかりにくいが、さきの父和蔵の「入仏十七回忌の折を幸い」の意とすれば、父和蔵の十七回忌を好機に五百五十回忌としたことになるか。八郎は『菅野実記』で、南北朝期の暦応元年(一三三八建武五)、霊山城の「北畠源中納言顕家卿」(親房嫡子)の臣を称する「出羽太郎菅原道一」ら七人兄弟が、足利方攻撃の防戦を助けようと出羽から駆けつけたが、金原田をこえた「山乃川」(山野川)で落城炎上をみて自決、うち三兄弟の妻子が供養に訪れて庵三軒をかまえ、菅原・菅野ほかの名乗りで土着、「三軒在家」の字ができた記す。『日本歴史地名大系』が「〈しみつ内〉在家の〈かんのたんこ〉という有姓の者が政所と称されている」(「伊達天正日記」)と記すのがその一家か(いま上在家・下在家あり)。なお八郎は霊山落城と七人の自決を「暦応元年二月廿七日」とするが、事実は北畠顕家が和泉国石津浜の高師直軍との合戦で敗死した年で(五月二二日、享年二一歳、法名「長興寺道音」)、『霊山町史』の落城「正平二年(一三四七)九月」とずれる。ズレは八郎だけなのか、地域伝承全体なのか。地域軍記『霊山軍記』(落城を観応二年とする)もあわせ地域の歴史語りのあり方として別考したい。

(6)和蔵について八郎は、「昼ハ畑を起シ夜ハ学文手習ニ其身を苦しめ」て近隣高子村の在村儒者「熊坂台州」に学び、「殊之外先生の御気ニ入、…学才殊ニよく候得者、此方ニて儒者と致」すといわれたが、惣領なので祖父がことわったと記す(『菅野実記』)。近隣で「学才」の評判高かったとすれば、村内に「筆弟」いたのはごく自然であろう。おなじく祖父「嘉伝次」も「算筆を好ミ又謡を好ミ、ケ成上手之仲間となり、かく三芸之弟子持出来」とする。菅野家は代々弟子持ちの文人でもあった。

(7)「千午院」は『菅野実記』にも一ヶ所みえるが、二ヶ所は石碑と異なり「千手院」と記す。書き慣れによる誤記か。過去帳など書き慣れ誤記の他例は多い。本論では、八郎が重視した菅野家五百五十回忌供養の本尊『千午院碑』の刻字が正しいと考え、「千午院」で統一する。なお『布川史料集』も「千手院」とする。「御丈一寸」の観音尊像らしきものは、菅野家にも遺されていないという（菅野英昭氏言）。

（8）『八郎死後之為心得ト置條之事　七巻ノ内二』福島県歴史資料館、菅野隆雄家文書二所収。ここでは二枚のズレ部分をのぞき一つにつなげた。絵図左下の井戸や石組み、湧水池や小溝なども現存を確認した（二〇〇九年十一月七日）。

（9）中村佐平治家文書（「歴史資料館収蔵資料目録」第一〇集）。

（10）三段目末尾には、「大工」として「百田勇二郎／崎波勇作／大橋左仲」ほか全九名がみえる。さきの本尊『千午院碑』の覆屋「一宇之堂」を建立した大工一統であろう。

（11）清書本が全六九冊。うち「一次史料二九冊」を都政史料館が買上げ、いま活字本全七巻（緑地社一九六四年）がある。なお、次述の「赦免状」写はこうである。「松前伊豆守領分／奥州達郡金原田村／元百姓　八郎／其方儀先達而不届有之／遠嶋申付置候処京都より被／仰出候厚御趣意も有之候ニ付／此度／御免被　仰付候間難有可奉存／右之通被　仰渡難有春畏候仍而／如件右八郎／元治元子年八月晦日／此度八丈嶋ニテ赦免、元治元甲子年八月晦日ノ申渡シ也」。

（12）以下養蚕の一般論は拙著2001・2009参照。『蚕飼伝法記』自序の「文久三（一八六三）年一一月」は、末吉村入り（万延元年（一八六〇）七月）から四年目。その年までの指導法を乞われて整理したものであろう。乞うたのは後述の「名主市十郎高珍」一家で、「流謫奥州伊達郡金原田村百姓八郎カ養蚕ニ熟練シタルヲ用ヒテ蚕飼伝法記ヲツヽラシメ、一村ヲサトス」と記される（『八丈実記』第二編「村々役名　末吉村」）。ほか武州の『養蚕正伝』は大賀郷配流の「武蔵国高麗郡上井上村農夫伊三五郎口述」で、「上々ノ製造ト八丈にてホムルナリ」としながら、「伊達の八老ニモ劣ラヌトカヤ聞ヌ」とする。八郎蚕書をひきあいにして誉めている点に注意したい。信州の『養蚕種子取方』は「信濃国高井郡栗林村百姓　養蚕種製大教師弟近蔵直伝」で、「明治六年於八丈嶋伝授之」とする。ほか地元で、秩父出身の北条早雲代官の後裔とされる御船預り地役人の長戸路氏〈1〉『養蚕方伝受』（明治二年）、〈2〉『蚕飼伝法記』（明治四年）、〈3〉『養蚕方法聞書』（明治一二年）も収める。

（13）『遠島中書き記しの綴り』福島県立歴史資料館、庄司家文書I2469。

（14）嘉蔵は「曲木屋しき嘉蔵」で八郎の又従兄弟であろう。系図参照。

（15）『保原町史』第二巻近世史料一六七「寛延二年より天保十三年までの蚕種値段記録」上田市立博物館「佐藤善右衛門家文書」

による。

（16）『信達騒動実記　附金原田八郎一家之始末』。つぎの引用「三浦日向頭宛／文久二年書簡」もおさめるが、「菅野隆雄家文書4『判段夢ノ真暗　巻の上／文久二年二月十五日三浦日向頭宛八老書簡』」（虫喰いあり。福島県歴史資料館）と極似するも字句の異同が少なくない。ここでは後者によった。「本朝不二之高直」は三浦日向頭が、文久二年信達地域の物価高騰を八郎に報じた書「本朝不二之高値」で、糸値や銭相場の数値をあげながら「諸品高値なる事前代未聞」などとする（庄司吉之助「世直し変革の経済的基盤」〔『商学論集』21（1）一九五二年、福島大学経済学会。

（17）以下在村俳諧の一般論については拙著2001-2009参照。『八丈実記』第四巻。赦免は明治二年。身代わり流人のせいか流人名簿にはみえない。親孝行に免じた赦免の他例は拙著2009。次述の蘭風と平和の句のやりとりは同第九編「詩歌句画集」。

（18）「風雅公共圏」は第一、実名をはなれ雅号のみで一種対等に交流する対等性～超身分性、第二、風雅を身につけた人だれとでも親密に交流する親密性、第三、生業～流通～村役など人と人が出会えば直ちに交流しはじめる出会い性、第四、風雅交流での信用（風雅信用）が、現実世界の商取引（取引信用）や村役公務の信用（政治信用）と表裏一体の信用保証性、第五、陸路海路を問わず交通路さえあればどことでも交流する超地域性（八丈島では島内のみ）、第六、村域はもちろん郡域～国域～藩域など支配領域をこえて交流する超政治性などをあわせ、裏の私的な風雅世界と、表の公的な現実世界とが表裏一体で作用しあう地域公共の交流圏を「風雅公共圏」と名付けた（拙稿2007「手付文人と在村文人」早実研究紀要四一号。のち事例をふやし拙著2009）。ここでは、遠海に孤絶する配流の島が、島内だけに制限されてはいるものの、一個の完結世界として第一～第六をほぼ満たしていたと考え「風雅公共圏」とした。こうした八丈島の文化は「流人の文化」とも呼ばれる（http://www.f2.dion.ne.jp/~juni/rekishi3.ht 元八丈高校教諭 伊藤宏 伊藤純）。

（19）蚕種仲間と俳諧仲間の一体化は信州蚕種地でもおなじで、「風雅信用」と「取引信用」の表裏一体性は、おそくとも宝暦明和期には史料にあらわれる（拙著2001）。天明の地域動揺期からは村役同士の「政治信用」との間にもうかがえる。いわゆる「地域公共圏」（平川新）にも、「風雅信用～取引信用～政治信用」の一体化「風雅公共圏」がうかがえる（拙著2009）。

（20）矢部榾郎著『福島県俳人辞典』（同刊行会、一九五五年）により作成。

（21）八郎の書き物にのこる句作を年代順に一覧しておく。「夕暮やこそりと寺に散る木の葉」（嘉永六年「和蔵法名ほか」）、「身に染て更行月の影氷（凍）うる」（安政三年『菅野実記／嘉伝次和蔵之伝／上』見返し）、「一風に散て又よる舟の蝿」（安政四年「半夏生順に曰く」『日本思想大系』仮題「百姓生活と八郎の意見」）、「ほろ酔の夢擽るや皃」の蝿」（同上）、「畦道や心豊に雲の峰」（同上）、「寝入児の青梅おしむ拳哉」（同上）「腰かけや遠山暮れて風薫る」（同上）、「自らハ猶《木》面白し散る桜」（万延二年「闇之夜汁」）、「行燈もなくて物憂き夜長哉」（文久二年於八丈島「奉祈念／菅原三作宛書簡」、『布川本』にも）、「夢の世に夢に夢見し夢の中／見かへす夢も夢の夢なり」（同上）、「古郷の頻りに床し蔦郷葉　八老」（「奉祈念」八丈島雅仲間との連歌）、「他の人来候て愚意を助けんとして／蔦郷葉春の芽立を含ミけり／ドンチク／憂き事のまた此上に積れかし／捨し我が身をためしてぞ見ん／禅海僧、「ハ、ア面白し〳〵、去ながら悩レ煩争か離るべきとて予又／孫の年算ふ旅寝や虫の声」（八老）、「福の種小金を蒔けば今日はへて直に頂く富貴の給笠」（三宅島手前の式根島ヵの岩浜の温泉で蕗の葉を笠にして。『信達騒動実記』）、「春雨乃昼寝に夢の長さ哉／アハ、、〳〵」（文久二年於八丈島『判段夢ノ真暗』）。

（22）以下、『三七松集』は須賀川図書館写本による。

（23）詠草は福島歴史資料館10菅野隆雄家文書。丸数字は⑤庄司家文書以外は菅野家文書「詠草」の綴じ順。なお綴じの見返し風の空頁に小さく書き込んだ詠草は②=2のように記した。

（24）「秘書後之鑑」を著した往時の政治批判（文久二年）が、歿後ほぼ半世紀をへて活字本で世にひろく共有されたことになる。

（25）積善寺は一キロほど西の「石原」に現存。過去帳は兼持ちの「龍鳳寺」（福島市腰浜町）が管理し、延宝期までさかのぼれる。閲覧許可をいただいた菅野英昭氏と龍鳳寺住持に謝す。

四章　鈍愚の潜勢力

——八郎のテクストにおけるさまざまな力——

佐野智規

はじめに

先づ畜生界へ住居する者共、日夜の渡世とするハ欲の皮を張、だいだんと言鳴物を作る。此だいだんの音ハ、ドン《鈍》グ《愚》〱《々々》〱《々々》となる也。此鳴物を鳴らし歩行と、ヒンク《貧苦》と言鳥が集る也。此鳥を取て、渡世とする者多し。（中略）偖、太胆と言鳴物ハ、安心の上にもあり。是は欲の皮を不用、信忠と言物にて、太胆《ダイダン》を作する故、智々君《チ、クン》〱〱となるなり。名は同じにても、欲の皮にて張たる太胆《ダイダン》は、鈍愚々々《ドング〱》、今時ハ智々君《チチクン》〱の音ハ隠れて、ドングドング〱〱〱、四方八方ドング〱〱〱、耳もつぶるゝ斗り也。予も又爰にて一トたゝき、ドング〱〱〱〱〱〱〱〱〱。

アハヽヽヽ〱〱ヤレ〱
ヲヘソガヨレマスル(1)

「信忠《しんちゅう》」製の「太胆《だいだん》」は「智々君《ちちくん》〳〵」と鳴り響くが、その澄んだ音色を掻き消すほどに、「欲の皮」の「太胆」が「ドング〳〵」と轟きわたる。「予も又爰にて一とたゝき」、しかし「太胆」は「ドング〳〵〳〵〳〵〳〵〳〵」と鳴る。それを「予」は、「アハ、、、〳〵ヤレ〳〵。ヲヘソガヨレマスル」と笑い転げる。そこはかとなく魅力的で、やや奇妙なこのテクストは、文久二年（一八六二）の春頃、八丈島遠島中の八郎から郷里の親族に宛てて書かれたとされる、『〔八老十ヶ条〕』からの引用である。

しかしこれをどのように解釈すればよいのだろうか。「強欲は貧困へと繋がる愚かなこと、対して信と忠を旨とした大胆さは安心と智慧に到る」というのが八郎の処世訓だ、と考えるのが合理的な解釈かもしれない。あるいは「欲」「信忠」という志向性の問題、「貧苦」「安心」という経済的かつ心理的な問題、そして「鈍愚」と「智々君」という知的な問題、これら三つの問題圏の連鎖構造を独特の表現によって提示している、と見ることもできるかもしれない。『〔八老十ヶ条〕』は「男耶魔」での「老翁」そして『真天暦』との邂逅から、陰陽論的天地開闢説、「安心」に到る道を示す「孝行山」図、そして「仏法」「切支丹宗門」批判を経て前掲引用部分へと到るのだが、たしかに「八郎の思想躍如たるものがある」(2)という庄司吉之助の評価も、あながち過大なものではないだろう。

しかしなぜ、処世の要諦を知悉しているはずの「予」の叩く「太胆」は「ドング〳〵」と鳴ってしまったのだろうか。「ドング〳〵」と鳴るのは、「予」の「大胆」が「欲の皮」によって作られていたからだ。つまり「安心」と「貧苦」の原理を知っているにもかかわらず、そして「欲」「貧苦」「鈍愚」を脱して「信忠」「安心」「智々君」の世界に到る方途を知っているにもかかわらず、それでもなお「予」は「畜生界へ住居する者共」であり、「貧苦」鳥を取って「渡世とする者」であり、「鈍愚」だと告白しているのである。

この考察から何が言えるだろうか。この史料は、「愚」と「智」の二元論的対立をひとつの原理として提起しながら、しかし同時に、「智」によっては除去できない「愚」の執拗さを、「予」には統御できない、「予」に取り憑く

「愚」の存在を示唆している。

いったい「愚」とは何なのか。まとわりつく「愚」を、なぜ「ヲヘソガヨレ」るほど「アハヽヽ」と笑うことができたのか。本稿は、八郎のテクストにおける「愚」の輪郭を描き出すことで、彼のさまざまのテクストにおいて常に働いている「愚」の、おそらくは彼じしんの認識と意図とを超えた奇妙な力について、検討したいと思う。

1、「愚なりとゐへ共」——八丈島遠島以前——

「愚」は、三つの時期に応じてそのあり方を変化させた。第一期は八丈島遠島以前、万延元年（一八六〇）頃までの時期であり、第二期は遠島以降の時期、そして第三期は明治十五年（一八八二）前後以降である。(3)

本節ではまず、八丈島における陰陽説接触以前の「愚」について考えてみよう。

未来を見通す力、危機を逃れる力

嘉永七年（一八五四）正月に執筆されたとされる『八郎死後之為心得ト置條之事　七巻ノ内一』(4)の前半「菅野八郎遺書」には、次のような激烈な一文がある。

一棺留置内家内混乱無之様よく〳〵、右六人之方々（中略）へ可頼上候事。是必忘ル、事なかれ。全躰其方義愚ニして予が言葉を不用、今年和蔵義欠落為致候も、其方の不届キなるぞ。何故右之方々へ内談も不致、添心も不受、自分我侭の斗へ致したるぞ。此義誠ニ不届キ也。此後ハ急度慎しミ、右之方々を予と思、万事を可頼上事専要也。予ハ是愚なりとゐへ共、能人の心魂を見ぬき、信有人々を頼置たるニ、汝等如何心得しぞ。（中略）如此以後遺言迄相背キ少しニても自分我侭之斗へ致候ハヽ、予か魂鬼となりてたゝりをなす。

つまりは「遺言に従え、さもなくば祟る」と言っているのだが、本稿の関心からすれば、「其方」の「愚」のあり方と「予」のそれとの差異に注目したい。「予」は「愚」であっても、未来を委せられる人物を見極めることができるのだという。未来を見通す力を持たない「其方」は「予」に従うべきだったにもかかわらず、しかし「予が言葉を不用」るがゆえに「愚」だと指弾されている。すなわち、根本的には「愚」であったとしても、見通す力を得ることは可能なのであり、その指導に従えば多少は「愚」を離れることができる、ということをこの引用部分は示している。『八郎死後之為心得置条之事』の後半は「菅野氏先祖より申伝并ニ八老遺言」と題され、「嘉永七年寅ノ九月」という日付を持つが、ここにも「愚」が登場する。

右之通り先祖より申伝へ有之候事誠ニ難有先祖之置条なり。予愚なりとゐへ共、専ラ是を忘れず信心罷有候処、あやうきさいなんをまぬかれ候事度々也。

「先祖より申伝へ」の内容は前段に述べられている。「東照大神君之尊き事」を忘れず、上に忠孝を尽くし、家業出精して年貢を皆済し、善悪を弁え正直を本とし「義と信之二ツニは一命も不可惜」べし、というものだ。この「先祖之置条」を守り「神君」を尊崇することで、危機を逃れ得たという。

未来を見通す力、危機を逃れる力。「愚」であっても「予」が獲得したこれらの力は、どのように働いているのか。そしてその力は、「愚」とどのような関係にあるのか。

叙述において構成される危機

八郎じしんが明確に述べていることではなく、あくまで構造として観察されるものではあるけれども、彼のテクストは、未来と危機とを構成し解釈してゆくひとつの実践である、あるいは、未来を見通す力、危機を逃れる力が実際に働く場である、と考えられる。

多くのテクストは、情報の蒐集と交換、危機の所在の探求、そして解決の方途の提示、という一連の流れを持つ。たとえば「霊夢」について考えてみよう。

周知のように『あめの夜の夢咄し』(5)は、ペリー来航に前後して見た「霊夢」を幕府に訴願する顛末について記したものだ。その叙述の様式に注目すれば、「霊夢」というある種の超越性を有する情報を媒介として、垂直の階梯すなわち身分制とそれに相応した訴訟システムと、水平の移動、すなわち梁川御役所→桑折御役所(→桑折御役所)→江戸→神奈川→駕籠訴→箱訴という空間の転位を記述したものと解釈できる。

叙述の特徴を整理してみよう。第一の特徴は、空間的広がりである。テクストはさまざまな地域から、その生活圏を超えて情報を仕入れる。行動範囲の拡大は情報の増大でもある。第二は時間的広がりであり、先行するさまざまなテクストから情報を仕入れている。第三は、階層の広がりであり、さまざまな社会的階層から情報を仕入れている。第四、情報の探求は、情報の交換過程である。情報は、それを得る筋道とともに叙述されることが多い。たとえば「見聞」はその旅程と共に叙述され、手紙や訴状は「写」される。したがって情報は、その仕入れ先や流通経路といったものから分離されてはいない。さらに第五、記述されるのは現在の情報だけでなく、経験、物語世界、天文気象など、さまざまな性格のテクストである。これらの情報を素材としてテクストが構成するのは、危機のネットワークである。家の没落、不作・凶作、国の乱れ・世の乱れなど、さまざまな位相の危機が互いに関連づけられ、構造化されてゆく。たとえば『半夏生不順ニ曰』(6)では、天候の危機、作柄の危機、人心の危機が連鎖する。(7)危機を子細に観察してみると、それは重層的に接合されている、危機の根元を手繰ってゆくと、それは広汎な地域にわたっていて、ある種のネットワークをなしている、というのがこの時期の八郎のテクストにおける危機の探求の様式であり、叙述の様式である。

ところで、このような特徴はなにに由来するものなのだろうか。たとえばこれを、八郎個人の性格に由来する、あるいは「そのように世界の危機を探求したい」という彼の意図に由来する、と考えることもできるだろう。しかし本稿は別の観点から考えを進めてみたい。危機は、ある境界を持った領域に封じ込められるものではなくて、領域横断的でかつひとびとの想定を超えた短絡や飛躍がある、というのがテクストの叙述様式そのものが示唆する危機の構造であった。そしてそれは、厳密には実証不可能だけれども、彼の生きた社会の構造そのものによっておおまかには規定されている、と推定できよう。このように考えた場合、彼の心理的指向性、具体的に言えば「身上り」願望、「上昇志向」、あるいは自己実現と政治参加を求める主体的意図のように見えてしまうものは、領域横断的で不定形な危機と構造的な相同性を持つ、とさしあたっては理解しておきたい。(8)

開闢と悪筆

しかしここで、ひとつの疑問が生まれる。なぜ枕詞のごとくに、「予」に「愚」が冠されるのか。未来を見通す力、危機を逃れる力が備わっているならば、「予ハ是愚なりとゐへ共」なんら問題はないではないか。「萱野実記　巻ノ一」における開闢物語(9)をみてみよう。

一、「夫天地開辟の始を遠くたずぬるに国常立尊より三代之尊ハ」と、神の登場から世界を始めている。すなわち、同一の神から子孫が枝分かれしたという起源論が、ひとびとの根源的な同質性と本来的な平等性を担保する。

二、では「上下のへだて」、言い換えれば階級が眼前に存在するのはなぜか。「天下」において各家各人の「名」が占める重み、が異なるからだ。それは、「天地開辟の始」から存在していたものではなく、歴史的産物にほかならない。ゆえに、現実に自らが拘束されている「上下のへだて」は歴史的に改変可能である。であれば階級に介入し、それを操作する、具体的にいえば身上りするためには、「名」を「天下」に轟かせばよい、ということになる。

三、どうすれば「名」をあげることができるのか。テクストは「太閤関白平ノ秀吉公」の例を引いて、次のように述べる。「是を以考ルニ、其智衆人ニ勝れたるものハ大祖の高下なきゆへに、天下のあるじともならん歟」。つまり卓越した「智」を持つことができればよいのだ。

このように、「菅野実記 巻ノ一」における開闢物語は、ある種の希望の論理を提供しているものと理解できる。つまり「智」によっていまの階級を脱し、あるいは「太閤関白平ノ秀吉公」のように「生長して天下を治メ」ることが可能になるかもしれない。逆にいえば、「愚」に安住すること、「愚」に開き直って探求を怠ることは、自らとその子孫たちの「名」を貶め、結果としてその階級的位置を降下させることにもなりかねない、と。

卓越した「智」を得るためには、いったいどうしたらよいのか。「しかれば、代々身の行いを記シ或ハ世のせいすいを書記し、子孫ニ伝へ置ならば、少シハ後覚のはし共なりぬべしと、愚の甚しき予か身ニも自まんの心ハ沢山あり、依而八老一代記自まん巻を爰にあらわす而已」という。将来を見通す力の正しさと、危機を回避する力の正しさ、その実績が「手がら」であり、「自まん」となるのだ。言い換えれば、「愚」を脱し「智」へと到る具体的な方策を、この開闢物語は弁証できていない。

ゆえにいまだなお、「愚」は「予」に取り憑いている。「予」のどこに、「愚」が取り憑いているのか?

此外色々珍事有之候得ども、愚ニしてふんでまわらず、文字ハ勿論不知、右等之趣意而已鳥渡書写し差上候て、ひやうそく、かなちがいの義ハ、見る人ゆるし給へと、しか言。（中略）右は愚案、悪筆、見る人大わらいなるべければ、他見堅く御無用なり(10)。
依而今是を書残ス。子孫のもの、予が愚案、悪筆を見て此書の趣意を失ふ事なかれ。予は、無学文盲ニして、ひやうそくと言事もしらず、唯今日不順の空に筆をとり、世の有様、我身の愚を後悔して、子ヲ思ふ親心、何卒して予か子孫、竹の子にもなれかしと、無案ぶつつけ白紙を費す而已(11)。

「愚」が取り憑いているのは、文字や筆跡、すなわちリテラシーの基盤にである。ひとびとは、筆の巧拙、書き物の形式によって「学」の有無を判断し、筆の運びの拙いものを愚だと考える。形式の調わない、筆の拙い「愚」なる「予」の書いたものは真実ではない、と見做しがちだ、と。テクストは、見た目においては「愚案、悪筆」あるいは「ひやうそく」が出鱈目であることを強調しつつも、「趣意」すなわち見た目とは異なるレベルの重要性を強調している。

まとめよう。この時期において語られる「愚」の一つの側面とは、将来を見通す力、危機を回避する力をもつ人物に従わずに「孝道をむちやくちや」にしてしまうことであり、その結果身代を潰し、身分上昇の可能性を潰してしまうことだとされている。ゆえに、未来を予測し、それによって日常的実践を律すること、具体的にはたとえば子どもたちが親に対する「孝」を実践することが、「智」とされる。さらにテクストは、国常立尊から始まる開闢物語を媒介として、「智」「愚」の蓄積が「名」の上昇・降下に連結し、そしてそれが階級的上昇・降下に帰結することを示唆する。しかし同時に、「愚」はもうひとつの側面をもつ。どれほど八郎が未来予測を提示し、密かにその「智」を「自まん」したとしても、その悪筆をもってひとびとは、内容が真実ではないと判断してしまう。

このように考えれば、八郎のテクストが「愚」という文字に満たされているという事実は、そのテクストそのものが、彼をとりまく人々に、さらには彼の子孫にすらも、ほとんど理解されていないという状況を暗示しているかもしれない。『八郎死後之為心得ト置條之事　七巻内二』の「菅野八郎遺書」における「予に従え、でなければ祟る」という言葉は、そのことを逆説的に証している、と言ってよいだろう。

2、「後世恐るべし」——八丈島での陰陽説との接触——

本節では、八丈島遠島以後のテクストにおける「愚」について考察する。陰陽説とは何か。端的に言ってそれは、あらゆるものごとに「陰陽」という二元的原理が貫徹している、というコスモロジーである。八丈島での陰陽説との接触は、原理媒介的思考を八郎に与えた、という先行研究の指摘はおおよそ妥当なものだ。[12]だとすればこの原理性は、テクストという場における探求の様式を、そしてまた「愚」の位置づけを、どのように変えたのだろうか。

開闢と文字との隔たり

「偖先つ天地開闢すると直に陰陽備るべし」[13]は文久二年（一八六二）以降に書かれたと推定されるが、ここで展開される開闢物語は「菅野実記 巻ノ二」のそれと明らかに異なる。二つの開闢物語の差異は何に起因するのか。そしていったい、何を意味するのだろうか。

この物語に最初に登場するのは、国常立尊ではなく「陰陽」である。「偖先つ天地開闢すると直に陰陽備るべし。陰陽備て而段々万物生す」。生じた後の展開が注目に値する。

万物生るに随て其理顕る、其理顕るゝを以て聖賢万物に名を附け文字を作し給ひしに相違あるまじ。然れば、文字の出たるは開闢より遥後にして、開闢と同一に万事を記し置たるには非。聖賢自其其理々を悟り給ひて天理に随道を立、字文を作し、斯の如くをしへ給ふに非ずや。

すなわち天地開闢、陰陽、万物とそれらの理があらわれた「遥後」に、やっと聖人が登場し、万物に名付け、文字を作り、万物の理を整理したというのだ。「陰陽」は「聖人」や「文字」に先立つ、というテーゼである。この遅れ、理と聖人とを隔てる時間的な隔たりの導入こそ、陰陽説が八郎に与えた決定的な衝撃なのである。

然れは己聖賢に非とも體は同人の體ならずや。数を量て暦を作り天理を知て万物の名を知り、陰陽和激を知る所には迚も及び無事なれとも、其聖語を聞て其理を知らずんば非ず、又文字知らずとも実理を悟らずんば非。我在国の時聞　聖語に曰「天之暦数在汝が身に」又大江匡房卿の辞に「人者後生て天地に而知天地の始を、前死て天地に而知る天地の終を、天地の始終在一身に」と云云。是を以ても知るべし。

「自分は聖賢ではないが体はおなじ人体である」と、「体」の同一性をもって原理と万物とを「知る」可能性の根拠となす議論[14]、そして「大江匡房卿の辞」として引用された文章を鑑みれば[15]、この時期の八郎のテクストが、梅辻の神道説[16]を構成する要素のうちのいくつかを横領していることは確かだと言えよう[17]。しかし、いくつかであってすべてではない。すなわち、梅辻の説のすべてを受容したわけではないし[18]、この時期のテクストすべてが梅辻に由来するのでもない。「予此等を元手として智者の辞を聞溜、猶今梅辻の辞を以て其実理を悟り安心仕たる廉々、中巻を見て知るべし」、すなわち「聖語」と「大江匡房卿の辞」を手がかりに蒐集したリソースが既にあって、それらの「実理」が

「梅辻の辞」によって明らかになった、というのだ。

この、梅辻との微妙な距離感に留意しつつ、テクストを続けて読んでみよう。

然るに又古語に後世恐るべしとあり。実成哉。

何が「恐るべし」なのか。

> 梅辻の解に「天地開けざる以前を玄と号て水火混して分れざる也、然るに産と云理が火を粛結るに、火は奇数なるが故に日輪の一つとなる、又水を粛結るに水は隅数なるがゆへに月と地球となる」と云云。此理実に面白し。然るに爰に一つのふしぎあり。神儒仏の三語を聞に、星の弁計りは色々怪しき事而已なれば、予星の事を問に、梅辻は梅辻丈の理は附たれとも、是もやはり怪し。依て在国に聞望遠鏡の説を以て実理と為。先つ望遠鏡を以て天を見るに日月星悉皆世界にして、日輪は一円火の凝たる一つの大世界、月星は此世界と異なる事なく、剰へ月の世界を見るに、月の世界冬の時は山々へ雪の積りしようす迠、あり〳〵と見ゆると云云、是最実理也。此望遠鏡と云物、蘭人の仕出したる物にして、近年の事なりと云。梅辻在国の時分はいまだ国地に流行せずと見へて、梅辻此説を知らず。然りと雖、上ミ云（ママ）水は隅なれば月と地球となるとの辞はすでに中れり。世界と云事は知らずとも、地球に月を一つに云所、月も世界なりと云にひとし。斯の如く道具を工み遥に高天を望み、其正体を見る者あれば、又眼に不見とも実理を新に知る者あり。実に後世恐るべしとは此事ならん歟。神聖仏も月日星とも悉く世界也と解置れしと云事は聞ず。然るに今、新に望遠鏡の[19]徳を以月星の正体を知る事難有事に非ずや。

「神儒仏・神聖仏」の説でもなく梅辻の説でもなく、「望遠鏡の説」こそが星についての最も適切な実理である。望遠鏡が紹介されたのは近年のことで、梅辻はこれを知らなかった。にもかかわらず、梅辻説を敷衍してみれば、それは「望遠鏡の説」にほとんど一致する。「神儒仏・神聖仏」でも説き得なかった星の謎について、一方は望遠鏡によって実際に見、一方は見ていないにも関わらず、その「実理」に接近し得た。そのことをテクストは、「後世恐るべし」という「古語」に読み取るのだ。[20] すなわち「実理」へのアクセシビリティ、「実理」を探求する力は、決して「神儒仏・神聖仏」のみに限られた力ではない。さまざまな手段によって――望遠鏡によっても、思索によっても――ひとびとに聞かれているし、「後世」になればなるほどに、「実理」にアクセスする手段じたいが増えてゆくのだ。

かつ普遍的な原理は万物を通貫している。「陰陽男女の理も万々に分れて、陰物の中に又陰陽あり、陽物の中に又陰陽あり」、「先つ天地開闢したる計りの時の陰陽は、日輪は陽にして一つ、陰は偶数なれば月星の世界無量に分れたり。此時の陰陽は只二つなれとも、次第に万物生るに随て、陰陽も無量となる」。「理」は、その対立物にも浸透している。陰陽は万物に貫徹しているがゆえに、また陰陽は相互浸透しているがゆえに、万物を観察することで普遍的な原理を知ることができる。「火の中に水気あり、水中に火気ある世の中なれば、万事に心を附て実理を知るべし」と。すなわち、「愚案、悪筆」であることはなんら「実理」の探求の妨げにはならない。なぜなら「万物」はそれ自身に「理」を内在しており、観察によっても思索によってもその「理」を抽出することができるからだ。歴史とともに発達した道具や万物に対する深い洞察によって、「神儒仏・神聖仏」たちの理解の限界を超えて、ひとびとは「実理」を把握することができるのだ。『八郎十ヶ条』はつぎのように言う。

予が無学悪筆を、おかしく思ひ、此書を眼下に見下し、麁略に為ルならば、子孫必災ひあらん。手跡文体にハ拘らず、物の虚実明らかなるを尊むくし。斯言へば、無学ニして物の虚実明らかなるハあるまじ杯と、嘲る人もあらん歟、其人を予又、愚なりと思ふ。其ハ何故と言に、先ツ万事ノ元を悉クたづね明さんと欲ル刻ハ、皆天地開闢に至ル也。依而天地開闢の実理ハ、伝八殿へ書送ル。先ツ天地開闢為と直に、陰陽備ル事ぐらいハ、誰も知れべし。陰陽備て、しかうして後万物生ず。万物生ズルに随て、万々の虚実顕るゝにあらずや。其後段々年月重て、聖賢出顕し給ひ、万々の虚実を悟り、其理に随而法を立、道を定メ、文字を作して、後世の我々迄教を伝へしなり。然レば、虚実と言物ハ、開闢より自然と此世に備るものなり。文字ハ、開闢より遙に後て人作也。人作の物と、天地自然に備ル物と、何レを重しと為や。万物は是天地自然ニ備ル也。其中にも、人間ハ万物の長にして、天地同一也と言事は、諸書ニ見へたり。然ル上は、人作の文字ハ知らず共、天地に備ル虚実の凡を知らづんば有べからず。無学故に、物の理非、善悪、虚実も分らぬと言てハ、愚の上の愚にして、鳥獣にも猶劣れる愚者也。就テハ、たとへ無学なり共、理非、虚実ハ、是非とも悟り知らざれば、大イなる災ひに逢ふ事、疑なし。依之、愚意を尽して、色々書送れば、よく〳〵見観可有ものなり[21]。

かつての悪筆に対する歎きといらだちが、このテクストにおいては、陰陽説との接触を契機として決定的な変容を蒙っている。いうならば陰陽説が、見た目すなわち「愚案、悪筆」、そしてみずからの「無学」に対するコンプレックスを、原理的には無化させたのである。

テクストにおいて働らく陰陽説

つぎに八丈島遠島中の八郎が書いたと見做されるいくつかのテクストから、そこにおける陰陽説の働きを検討しつつ、その特徴を考察しよう。

まずは『判断夢之真暗　巻ノ下』における、水中を舞台にしたファンタジーである。その概略と内容については檜皮論文を参照されたいが、本稿の観点からして興味深いのは、その登場キャラクターのネーミングだ。「大海の水を司どる水将軍」は水戸すなわち徳川斉昭、「魚類政事の司として桜鯛赤門」は桜田門すなわち井伊直弼を暗示する。徳川斉昭が水戸藩主であるということ、また井伊直弼が桜田門外で襲撃されたことは、私たちから見ればそれだけの情報しか含んでいないようにみえるが、陰陽説的なものの見方からすれば、あきらかにそれは水火の相克という「実理」を含んでいるのである。この相克は同時に陰と陽との相克であり、青と赤との相克であり、静と動との相克である。そして究極的には、善と悪との相克であり、善なる「カツパ」によって悪は「血首」となる[22]。音韻のリズムと細かい駄洒落がよく効いたこのテクストは、水戸一件の経験と情報のうちに、「実理」を探求していると考えることができるだろう。水戸一件の経験と情報とを、陰陽の「実理」が働く水中ファンタジーとして叙述し得たことが、陰陽説そのものに対する信頼へと還元されている、と考えてもよいかもしれない。

また、この水戸一件を考慮に入れれば、『闇之夜汁　全』「深御勘考奉希之事」に収められた句[23]

自らハ猶面白し散る桜

も、陰陽説の働くテクストとして解釈しうる。史料をみると、「自」という文字の左傍らに、ちいさく「水」とルビが振られている。つまり、「みず」という音韻の同一性が、「自ら」と「水」の範列に属する諸項を結び付ける。「自ら」すなわち八郎、そして「水」すなわち水戸にシンパシーを抱くひとびとにとっては、「散る桜」すなわち桜田門外での井伊直弼の暗殺は「猶面白し」なのだ。さらには、「猶」という音韻が「直」弼を予告している、とみることもできるかもしれない。また「面白し」の白が、「雪」降る中の暗殺を暗示していると考えることもできるかもしれない。たしかに、このような解釈は作者八郎の意図を超えた過剰な読みではないかという批判はありうるべきものだ。だが、このような解釈可能性が、ひとびとの意図の外部に――「水」が「自」に寄り添うように――あることこそが、原理に対するテクストの驚きであり、歓喜であった、と言ってもよいのではないか。

つぎに「去年遺し置レハ茶わんの自まん[24]」をみよう。このテクストにおける「自まん」とは、いわゆる「徳」の開示、「モノが含み持つ、時によっては顕在化していない、卓越した特徴」を顕在化させる実践[25]をさすと考えられる。この「茶わん」は五色の模様を持っていたという。「茶わん」の五色は「五方」「五常」「五行」「五味」「五形」「五臓」「五口」「数」「五音」などの「諸事ニ通じ」ている。すなわちテクストは、「茶わん」という個別的なモノの含み持つ多様な「実理」を提示している。ただしそれは、「自まん」という提示の実践によってはじめて「汝」に伝わるものであり、たとえ伝わったとしても「麁略に思」われてしまう余地があるということをも示唆する。がゆえに「古き事ハ四百年有余」の「唐物」であって「兎に角珍物」だ、という通俗的な評価を付加しているのかもしれない。陰陽説との接触は、「実理」の探求が「愚案、悪筆」に妨げられる可能性を原理的には否定したが、だからといってただちに、原理的な考え方がひとびとに共有されることはない[26]のである。

むしろテクストは、このような原理的探求の共有を、積極的に禁じているようでもある。たとえば「偖先つ天地開闢すると直に陰陽備るべし」の後半には、次のような限定が述べられている。「右等の義を語り楽むべき相手は、泰助・伝八より外には無りしなれば、其智を慕ふ事未た変らず。就ては今と云ても外には出きまじ。汝右等の理を問んとならば彼の二人に限る也。依てヶ様の事はけっして他の人と論談無用也[27]」。また「偖先つ」が始まる直前のテクスト[28]においても、同様の限定が語られている。「偖物事にくつたくセす、安心決定して如何成変事災難出来しても辛苦とセず、其器量丈々に極楽参リをするにハ夢のよふにも世の中の実理を悟る事専一なり。其実理を知るハ学問が早道なれども是又太義なり。依テ我如き無学にして夢のよふにも世の中を知るにハ智有人の咄すをよく聞溜て万事へ引合観念シ〳〵する時ハ、自然と実理に至る。其智者又千差万別にして、世の中の実理を知ル智者は千人に壱人位のものなり」。村にはそれなりに「智」者がいるが、「如此稀成智者数ある村ニ住ミながら如何ニ汝愚なりとゐへ共、少しは世の実理を知り、又世渡りのけいこも出来べき事なり」。そして「右泰助傳八杯の智ハ天の地の間ノ事の知れる智なり。又跡の十人の智ハ何ぞ其身に災難ふり来る時己が心より妙計出て其災難をのがるゝ智者なり」。すなわち二種類の「智」者がいて、ひとつは天地を知る者であり、もうひとつは災難をのがれる力を持つ者である。だが「前言二品の智を見分ルも、汝如き愚かにては、中々見分る事叶ふまじと」。これらのテクストは、未来予測という実践を超えたところに「智」を定義している。「智」のヒエラルキーは、時間的な配分によって決定されるのではなく、すなわち開闢の瞬間に近ければ近いほど「智」を多く有しているという考え方ではなく——なぜなら「神儒仏・神聖仏」ですら星についての理解は曖昧なものだったのだから——、むしろ「実理」に対する探求の深さによって決定されるのだ。

陰陽説との接触は、八郎のテクストまとわりつく「愚」の問題の、問題構成それ自体を変容させた。それでもなお、冒頭に引用した『「八郎十ヶ条」』末尾に見るように、「鈍愚」は「予」に付着している。それが付着しているのは、もはやリテラシーにではないとすれば、「予」の「貧苦」に、だと解釈できるだろう。「予」は「実理」を深く探究するが、しかし「貧苦」からは脱し得ない。

3、「何事も女房次第の世の中なれば」——明治一五年頃——

それでは陰陽説はどこへ行くのか。「愚」はどうなったのか。本節は、明治一五年（一八八二）頃に書かれたと推定される二つのテクストを分析することで、この問いについて考えてみたい。ひとつは「夢之浮言」であり、もうひとつは「八老遺書之信言」である。

働らかない陰陽説

梅辻が創出した烏伝神道の全体像について詳細な検討を行なった末吉恵子は、その受容のあり方のケーススタディとして、八郎の「夢之浮言」に言及している。末吉は、八郎の「自然認識」を「旧弊」として棄却せず、その批判的可能性を評価する。「「熊」と「狸」の天動説地動説論争は、倫理と結びついたいわば近世的な自然認識と近代の客観的自然認識との対立であった。認識史から見れば、「熊」の自然認識（菅野の認識でもある）は近代化の中で早晩消滅してゆくものである。しかし「熊」にとっては、「地動ガ真理也ト人ヲ惑シ、世をヲクラマシ…」というように、単なる学説上の対立に止まらず、世界そのものを左右する問題であった。／この自然認識に込められて発せられたのが、権力批判であり、「文明開化」に順応しない者を「旧弊ト号テ廃物ト為」ような風潮に対する憤りであった。ここで問題なのは、進歩的かそうでないかの問題ではなく、社会批判の依って立つ場の問題であろう。菅野においては、天人一体の世界観を根拠に明治政府のあり方を批判したのであった」[29]。ここでは、「熊」と「狸」の論争が、「倫理と結びついたいわば近世的な」自然認識と「近代の客観的」自然認識の対立として整理されている。すぐに気付くように、「倫理と結びついたいわば近世的な」と「近代の客観的」という修飾語のそれぞれは、明らかに非対称だ。にもかかわらず末吉は、この非対称性を補正して、たとえば「近世の、倫理と結びついた主観的な」と「近代の、倫理とは結びつかない客観的な」とは書かなかった。末吉がそのように書かず、非対称な概念整理に止まったのは、「夢之浮言」のテクストそれじしんに阻まれたからであろう。というのは、近代の自然認識が決して客観的でも非倫理的でもないということを弁証することが「夢の浮言」というテクストのひとつのテーマだからだ。

まず「夢之浮言」[30]の冒頭を見てみよう。

雀海中ニ入化シテ蛤トナル。毒薬変ジテ薬トナル。清姫変ジテ大蛇トナル。青虫変ジテ大蛇トナル。白面金毛九尾ノ悪狐、美女ト化シテ三国ヲ動ス。今狐狼狸ノ三獣、人間ト化シテ万人ヲ苦シメ、亡国ノ基トナル。物ノ変化恐ルヘシトハ、老老夫夢中ニ汗ヲ流シ嘆息愁声大に発シ、其夢日ヲ連テ不覚中、熊ト三獣大ニ争ヒ、終ニ熊ハ誠忠ノ為ニ亡命ス。故ニ老夫恰狂乱ノ如シ。

嗚呼何事モ夢ノ世ノ中ジヤト、夢中ニ心ヲ取直シテ

夢の世に夢に夢見し夢の中見かへす夢も夢の夢なり

明治十五年二月日　伊達郡金原田夢野八老　七十歳ノ初春夢中ニ記之

◎白狼吉原ノ体ヲ見テ夢中ニナル(31)

◎狐狼狸ノ三悪獣大ニ事ヲ巧ム

◎老夫夢中ノ歯ガミ　付テコロリ病流行

◎熊ト狸議論　付テ天動地動ノ大論

◎熊猪ト狐狼狸戦ヲ始ム

◎同二度戦ウ

◎同三度戦　猪熊誠忠ノ為ニ亡命ス

此長夢ヲ見テカラ、夢ノ八老(32)、夢ノ八老、ト誰ニカ呼レタヨウニ思シカ。是モヤツパリ夢ダカ知レマセン。

前節で検討した八丈島遠島中の水中ファンタジー「判断夢の真暗」およびその他のテクストと比較しながら、ポイントを絞って検討しよう。

第一に、八丈島遠島中のテクストの一部が、「夢之浮言」において参照されている。「白面金毛九尾ノ悪狐」は、八丈島遠島中に書かれたと推定される「脾腎虚すれば水腫となる」にも登場している。布川清司は「脾腎虚すれば水腫となる」を「腎臓・腹痛・眼病・打身・切瘡・腫物などに効用のある漢方薬の製法が書かれている。この史料は思想史料として使いにくいかもしれないが、八郎の思想が陰陽五行説の影響をうけていることをよく示す史料である(33)」と

解説し、「(漢方薬全般)」と命名したが、布川の指摘するように、この史料に書かれているものごとは要約という分析上の操作を拒絶するような性格を持っている。ともあれ、ここに「耆婆」と「華陽夫人」の挿話が登場する。

〇白面金毛九尾ノ悪狐天竺ニテ華陽夫人ト化シ、同国之名医耆婆ト医論ノ時、耆婆先ツ問テ曰、三部九候トハ如何ナル事ゾ。華陽答テ寸関尺ヲ三部ト云。コノ三部ヨリ出ル所浮中沈ノ三候ニ各一部ニ三候アリテ三〳〵九候故ニ三部九トハ云也。[34]

さらに、「夢の世に夢に夢見し夢の中見かへす夢も夢の夢なり」という狂歌?も、同じく遠島中に書かれた菅野三作宛書簡[35]に見られる。このような参照のなかでも注目すべきは、「◎熊ト狸議論付テ天動地動ノ大論」という節における天動説・地動説だが、これについては後に検討したい。

第二に、悪の繁栄と善の哀亡という構図は、「判断夢の真暗」も同様である。しかし「桜鯛赤門」と「水将軍」という、二つの権門の対立関係とは異なる関係性が、「白狼」「白狐」「白狸」すなわち「狐狼狸」と「熊」「猪」の間にある。「牛王」を誑かして権力を掌握し、官員を食い殺してそれに化けて入れ替わり、さらには「コロリ」という悪気[36]によって「幾万人」を即死させる「狐狼狸」[37]は、もともとは「熊」や「猪」あるいはその他の獣、「毛虫」たちと同じく、山野に居住していた。「狐狼狸」は、その智恵によって、進んで文明開化の道を選んだものたちである――妖術によって「人間ニ開化」したのであるが。なぜ開化を選んだのかといえば、ひとつは「近年諸国諸普請アリ、此山ノ大木ヲ伐出シ、其跡ハ新田開発ノ催シアリケル」ためにいずれは住み処を追われるだろうことへの懸念と、もうひとつは「相夕ガヘニ金モウケセン」という経済的なインセンティヴである。対する「熊」「猪」たちは、「狐狼狸」の悪政によって「近ゴロ色々過役ヲ取ラレ(中略)年々月々困苦ニセマリ」と搾取される側のキャラクターである。ただし「夢之浮言」においては、物語の終末部分に至っても、抑圧された善が全面的に悪を打ち破ることはない。「狐狼狸」は余りに強力なのだ。

第三に、「判断夢の真暗」では確かに働いていた陰陽説的隠喩が、「夢之浮言」においては見られない(38)。八丈島遠島中のテクストに対する言及がある、にもかかわらず「判断夢の真暗」とは異なり善が勝利をおさめることはない。そして陰陽説的隠喩が働かない。これら三つの特徴をどのように解釈すべきだろうか。

「開化」に対する敗北

「夢之浮言」のテクストが示唆しているのは次のようなことだ。陰陽説は近代知との闘争に敗北するけれども、跡形もなく消滅するのではなくて、いわば「地下に潜る」のだ。陰陽説の正しさを暗示しながらも、しかしテクストは陰陽説と近代知との原理同士の戦いを描き、そして最終的には近代知が勝利を謳歌する。

たとえば、このテクスト全体に陰陽説的隠喩を働かせていたと仮定しよう。するとテクストは、近代知の勝利を陰陽説が原理的に保障する、つまり陰陽説が近代知の覇権を承認する、という奇妙な構図になってしまう。近代知の究極的な勝利を承認しないがゆえにテクストは、テクスト全体に対して陰陽説を働かせない。むしろ「熊」は、「牛王」を罵り、今すぐにでも東京へ行って「狐狼狸」たち「三獣ノ類族突殺シ、積ル恨ヲハラサント、牙ヲナラシ火鼻ヲ呼、既ニ其場ヲ立ントス」る「猪」を制止し、次のように言う。「斯有ル世ニハ争フナカレ。時節ヲ待ツテ行ヒ玉へ。其中ニハ、三悪ノ類族等天命ツキテ自殺スル事有ベシ。今彼等時ヲ得テ勢ヒ盛ンナルニ敵セバ、必犬死セン、先ツ先ツヒカヘ候へ」と。すなわち今現在において悪は栄えているものの、いずれは「天命ツキテ自殺スル」局面がやって来る、というのだ。

このような「熊」たちの会話を「狸」は「早通ジノ魔術(39)」によって聞きつけ、「説諭」にやって来る。

先ツ当世ノ有難キ事言葉ニ尽シ難シ。其第一、バカテモ悪デモ畜生デモ、文筆ノ芸サイアレバ、心魂ニカマハズ高位高官ニ昇リ、太給金ヲ戴キ、我等カ如キ長官トナレバ、何ニヨラズ大義ナ事ハ下々ヘ申付、若心ニ不叶バ叱ツテ直サセ、上向ハ是ニテ相スマシ、何ニモ仕事ガナヒカラ日夜美酒美食ニアフレ美女ヲ楽ムガ仕事也。ケ程難有キ世ノ中ハ、又ト二タ度アルマイニ、汝等愚ナルガユヘニ旧弊ヲ忘レズ、其如ク世ノ中ヲ恨ミ我等ガ開化ヲ妬ミ、己レガ心身ヲ苦シムル事、実ニ言語道断ナレバ、以後ハ必ズ開化シテ旧弊ヲ止ヨ。

「開化」した「狸」によって「熊」「猪」が「汝等愚ナルガユヘニ」と指弾される箇所は興味深い。「以後ハ必ズ開化シテ旧弊ヲ止ヨ」、すなわち「開化」する否かはいわば自己責任の問題であり、そのような責任を果たさずただ世の中と成功者を呪うひとびとは、単純に「愚」なのだと「狸」は語る。さらに「狸」はつづける。

汝愚ニシテ事物変化ノ理モ弁ヘズ、昔ノ道ヨリ外ニ道ナシト思ヒ、我等ガ開化ヲ誘リ妬ムハ、天ニ逆浪大罪ニシテ、汝コソ天罰遁ルベカラズ。先ツ当世ノ新ナル事、昔ノ暦法ハ天道ニシテ、地ヲ中トシテ日月星廻転スト云。今用ル暦法ハ地動ニシテ、日ヲ中ニシテ地球廻転スト云。此一事ヲ見ニモ開化セズンバアラズ。

ここから天動説を主張する「熊」と地動説を唱える「狸」の論争が始まるのだが、このテクストにおいて「熊」が弁証しているのはつぎのようなことだ。「狸」の語る地動説は、あきらかにある種のイデオロギーと結託しており、かつ客観的でもない。「狸」は天動説や、「古語に曰く」式の論証、および「人ハ一箇ノ小天地也」あるいは「人体ヨリ引出シ其理ヲ演ル」ような考え方を、「旧弊」すなわち滅びゆく、滅ぼすべき旧知識として論難するが、しかし翻って全く同様に、狸の信ずる地動説も根源的には無根拠なものであることを、「熊」は暴露する。「外国ノ何某、風舟ニテ高ク登リ、空気ノ届カザル高天ニ至リ、彼ノ軽気舟ニ居テ下ヲ見ルニ、地球周リテ元ノ海陸ヲ見ル、是地球ノ一昼夜ナリ、是ヨリ地動法ヲ考ルニ真理ナレバ」と説く「狸」に、「軽気ニ乗テ、空気届カザル高天ニ登リシトハ、大ナル虚言ナリ。（中略）高天ニハ地ノ気届カズ、天ノ一気トナッテ（中略）陸ニ生ヲウケタルモノ、一時間モ存命叶ハズ」と「熊」が食ってかかる。もちろんテクストは、「熊」の側に肩入れして物語っているにもかかわらず、しかし天動説と地動説のどちらが真実なのかという問題は、この議論において決着しない、決着させられることがない。それらの正当性は、「古語」「聖人」に権威の源をおくか、「天朝」「外国」にそれを求めるか、の差異に回収されている。

この議論を通じてテクストは、陰陽説の正しさを証明しない。物語の後半では「熊」「猪」が「狐狼狸」と血で血を洗う闘いを繰り広げるが、「悪獣共ヲ多ク殺シテ、ヒコロノ恨ミ晴タレバ、狩人ノ手ニカカリ真人間ノ宝トナルハ、我等本望トスル所ナレバ進出テ矢先ニカカラン、イザサラバ」と「熊」たちが自死するという結末を迎える。(40)この物語は、それが描き出す暴力闘争においても「狐狼狸」に一矢酬いただけで満足し、「熊」たちの勝利が語られることはないのである。猟師は「熊」たちの誠忠を讃える碑を建てるが、その存在はだれもに気づかれない、という。「牛王」の名による「狐狼狸」たちの「開化」の悪政に対する叛逆の経験――それは悲劇的結末を迎えたのだが――は、だれにも気づかれない、おそらくは「狐狼狸」たちにも気付かれることのない「顕彰碑」という媒体によって蓄積される。この「開化」への抵抗が示唆するのは、次のようなことだ。すなわち、天動説をはじめとする近代知は悪と結びついている。近代知を摂受することは、そのような圧倒的な悪に対して従属することなのだ、と。

「治乱二百年」説の挿入

しかしなぜ陰陽説は世界において働かなくなってしまったのか。世界はなぜ「開化」という悪に充ち満ちているのか。「八老遺書之信言」は、この問題を探求し、ひとつの解を提示する。テクストは、世界における悪の栄えそれじたいを、陰陽説によって説明しうるようにするために、テクストは陰陽説そのものに新たな原理を挿入する。その新たな原理が、「治乱二百年」説である。

去れは、何迄斯有悲しき世なるぞと云ふに、古人曰、治乱二百年回りと、実なる哉、[41]

「陽気」は四百年周期で循環するのに対し、「陰気」はつねに一定である。たとえば正弦波と時間軸との関係を想像すればよいだろう。「陽気」は波の頂点から次の頂点まで四百年、波の頂点から波の底までが二百年の正弦波で、対して「陰気」は時間軸である、というふうに。陰気の軸の下に陽気の弦がある二百年は、相対的に「陽気」が「陰気」より衰弱するために、すべての秩序が転倒するのだ。「陽気」が発展期にあれば、万物は秩序によって治まるが、「陽気」が衰弱期にあれば、法そのものが乱れた状態になる。ここに導入されたのは、「理」についての「理」、陽気の循環という「理」である。「陽気」は波動である、という考え方を導入することによって、陰陽説は、「斯有悲しき世」の必然を説明しうるようになった。

特にテクストが字数を費やしているのは、「男子」の「性質悪く衰へたること言語に尽し難」い有様である。「今時の男子何れも此類なれば、惣子にするときは涙死となるの理如此目前也」とまで言う。対照的にこの時期は「女子」の性質がすぐれている。「心身男子に勝れて、強く信実も備りあれば、自然と女に威をとられ、何事も女房次第の世の中なれば、女の子に能道を教へ、是に聟を取り、懸子とするときは死きはの悲さ少しは薄かる可し」と。

ゆえにこのテクストにおいて、危機は原理の所産、陰陽説そのものの所産である。原理は知りうるし、知るべきだけれども、原理そのものをひとびとの実践によって変えることはできない。善と悪、繁栄と衰退、男と女等々は、四百年周期という原理のみに根拠づけられているがゆえに、危機を根元的に除去することは不可能だし、ひとびとの実践によって秩序を回復することもまた不可能だ。「今生る丶子より十四五歳の男子、其性質以の外悪く衰へたる」

のだから教育・啓蒙でどうにかなるものではない。かつてあれほどまでに尊崇されていた「東照大神君」は登場しない。歴史の進展に伴う道具の発達に希望を託すこともない。すべては陰陽の循環の産物なのだから。

ここでテクストは決定的なアポリアに辿り着く。「我若年より世の中に心を用へける其功」によって、「これ迄世の有様を独り考るに、一つとして違ふこと無し」と、「我」はその実績を再び「自まん」する。しかし末尾は次のように締めくくられる。「前二ヶ條違う則は世の中も仕合、我も又死後の大悦也／希くは間違になれ〳〵〳〵」、すなわち、あまりにも破滅的で、ほとんど希望のない見通しの前で、「我」はみずからの、未来を見通し危機を回避する力を呪う。もしこれらの力が「間違」であれば、「我」に残される力はおそらく、「愚」だけだろう。

おわりに

八郎のテクストにおいて、「愚」とは何だったのか。八丈島遠島以前において「愚」は、ものごとの探求と正しい解釈とを妨げる障害物であり、彼らの生の再生産そのものに対する障害物であった。それは「智」すなわち未来予測に基づく危機回避のノウハウ、の蓄積に伴って減少するはずのものなのだが、そううまくゆかないのは、「愚筆」すなわち文字性を媒介とした「愚」が、「智」そのものの展開と流通とを妨げていたからであった。しかし八丈島における「陰陽説」との接触は、探求と解釈との様式に原理的な保障を与えるだけでなく、文字性を媒介とした「愚」そのものの存在の権利を原理的に否定した。なぜなら開闢は文字の発明に先立つからだ。「実理」へのアクセシビリティは万人に開かれている、ゆえに「実理」の探求を行なわないことが「愚」となる。さて八郎の晩年、明治の「維新」「開化」は、「陰陽説」そのものを蒙昧なる旧知識として嘲弄する。つまり、ものごとの探求・解釈の様式を保障し、テクストから「愚」を放逐していたいわば知的権力としての「陰陽説」そのものが、あろうことか「愚」として否定されてしまう。しかしここでテクストは、「陰陽説」を棄て近代知へと乗り換えるのではなく、「陰陽説」そのもの核心に、原理についての原理としての「治乱二百年」説を付け加えることによって、「陰陽説」を、そして「愚」を生き延びさせた。

このように八郎のテクストは「愚」について様々なこと述べていたけれども、しかし松沢村の神官三浦日向守善左衛門のように、「道無き時に富む者は悪なり、道ある時に貧しき者は愚なり」[42]とクリアに整理することはなかった。また八郎のテクストはものごとに内在する原理としての「陰陽」を探求し、それに傾倒したけれども、梅辻規清のように、「又一刻十刻百刻千刻萬刻十萬刻百萬刻千萬刻一億刻十億刻百億刻千億刻萬億刻億々刻億々々刻億々々々刻ト倍スル時ハ、辞モ数モ盡果ル也、其辞モ数モ盡果ル時、何カハ搖ク、口ハ動カナクナリ、搖ク手足ガ動カナクナリ、只々搖クモノハ、一身ノ気血ト呼吸ノミ、左レバ、天地日月ノ無窮ニ静カナルノミ、此期天地ト我ト二ツ有ベカラズシテ、一也、其一ハ、理ノ究一ニシテ、一ハ太虚ノ一也、此斯一ノ意味ハ、此處以也ト慥ニ其理究マル時、生死ノ決着ヲナシテ、常ニ安堵ニ處ズ」[43]と、無限小から無限大、身体と宇宙、時間と空間、生死の問題、究理と安堵の関係などを、よく調えられた美しい文章として遺すこともなかった。八郎はたとえば次のようにも書いている。本質的に寺院は軍事基地であり、「全以死人の魂地獄極楽行てまよえるを救ひ給ふ道具にハ有らず」、「如此、治ニ居乱を不忘の軍法、愚又は愚俗安堵ハ天下泰平の基なれば、地獄も極楽も寺も石碑も半鐘も、国を治る御方便。外ニは何之訳も無き事也」[44]。「寺院」も「地獄も極楽」も、国家のイデオロギー装置にすぎないと暴露しているのだが、海を越えた同時代人カール・マルクスと比較するのは野暮なことかもしれない。

ここでマルクスの名前を挙げたのは、決して牽強付会ではない。マルクスは八郎の五歳年少であり、『資本論』第一巻は元治元年（一八六四）、八郎が八丈島から帰島した前後に出版されたものだ。この同時代性は考えるに値する問題であるし、そしておそらくは庄司吉之助もまた、この奇妙な同時代性について考えていたのだろう。庄司は、『民衆運動の思想』巻末の「菅野八郎」解説の末尾に、次のように記していた。「（八郎が——引用者注）資本社会をどう評価したかは明らかでない」、と。

ここまでの考察から、庄司の遺した問いにさしあたっての回答を与えることができるかもしれない。すなわち、資本主義の核心をなす「労働」概念を、それ以前の社会の「働くこと」一般と分つものが、単線的で等分に区切られた「抽象的時間」である、という理解に立つならば[45]、そのような資本主義が日本という地域において展開するそのただ中において八郎のテクストが導入したものは、「治乱二百年」という、周期性を持つ循環的な時間観念であった。それは同時に、「望遠鏡の説」が示唆していたところの、直線的な時間に乗って進化してゆく道具と、それによって明らかになる「実理」という、ある種の希望に充ちた展望を放棄した、ということを意味する。

たしかに「夢之浮言」において「狸」がなじっているように、陰陽説に固執する「熊」はすでに時代遅れの旧物であり、将来における「狸」たちの必然的な零落と破滅を予示する陰陽説や循環的時間観念は、端的にいって「愚」なのかもしれない。しかしそのような「愚」——資本主義社会に生きるひとびとから見て——を「近世的自然認識／近代的自然認識」「呪術的・主観的／合理的・客観的」などという発展的・単線的な時間軸上に配分し、その消滅を期待するような立場とは別の立場、そのような期待そのものへの抵抗のあり方を、八郎のテクストは指し示している。鈍愚の潜勢力、それは資本主義につねに敗北を強いられつつも、しかしその足下にまとわりつき、その必然的な没落のときが来るのを待ち続けている。

注

(1)『〈八老十ヶ条〉』福島県歴史資料館、菅野隆雄家文書五。留守宅宛に書き送ったものの原本だと袋書きは推定している。適宜句読点を補った。
(2) 庄司吉之助ほか校注『日本思想大系五八　民衆運動の思想』一〇八頁、頭注1。

(3) のちにみるように、この時期区分は八郎のテクストにおける陰陽説のあり方（第一期においては「あり方」そのものが不在なのだが）を参照系としたものである。
(4) 『八老死後之為心得ト置條之事　七巻ノ内一』福島県歴史資料館、菅野隆雄家文書二（布川本「八郎死後之為心得置条之事」）。
(5) 『あめ夜の夢咄し』福島県歴史資料館、菅野隆雄家文書一。留守宅宛に書き送ったものの原本だと袋書きは推定している。
(6) 『半夏生不順ニ曰』福島県歴史資料館、菅野隆雄家文書三。
(7) しかし、そこに「陰陽」は登場しない。対して「〇慶応四辰ノ六月十五日迄之見聞ハ別冊ニ記したり」では、天候不順→陰陽の不和→家庭不和による育児放棄の例→不作→万物の善悪、と「不和」が一貫してゆく。これらの連関は「和」や「順」といった語によって示される。危機は、さまざまなものごとの「不和」であり、「不順」である。テクストは、みかけの「調」にだまされるな、と釘を刺している。「書簡」『闇之夜汁　全』福島県歴史資料館、菅野隆雄家文書七。
(8) 本稿は「自まん」という語彙で表明される八郎の強烈な自意識を、それ自体社会的に構成されたものとして捉えるけれども、しかし、八郎自身の「意識」や「思想」といったものを議論することはないし、歴史的社会的状況からそれらを説明することもしない。むしろ本稿は積極的にテクストのうちにひきこもる。「はじめに」において概略を述べたように、「愚」は「意識」「思想」といったものとは異なり「まとわりつく」ものだからだ。
(9) 「菅野実記巻ノ一」『菅野実記　第一』福島県歴史資料館、庄司家文書Ⅰ二四六六。「自まん」という観点からの『菅野実記第一』の詳細な分析は、早田論文を参照されたい。
(10) 前掲『あめの夜の夢咄し』。
(11) 前掲『半夏生不順ニ曰』。
(12) 前掲『日本思想大系五八　民衆運動の思想』の「解題」において、安丸良夫は次のように書いている。「ところで、八郎の依拠する普遍的な原理は、系譜的には主として儒教に由来する道徳主義的なものであったが、しかしそれは、八郎にとって、人間・社会・歴史・自然を貫徹する「天地之定理」に基礎づけられたものであった。彼はこの「天地之定理」を、八丈島流罪中に異端的な神道家梅辻規清から教えられたとしたが、その内容は、主として朱子学的な理の観念に系譜をもち、望遠鏡による観察などの疑似科学的説明を加味したものであったろう。（中略）このように、人間・社会・歴史・自然を貫徹する普遍的原理にたってしまえば、そうした原理とすっかり背離してしまっている現実の幕藩体制は、その命運もすでにきわまったのではないかという意識がうまれ、そこに歴史の転変についての予感もうまれざるをえなかったであろう。」さしあたって本稿は、「朱子学的な理の観念」云々の問題は脇におき、主として「望遠鏡による観察などの疑似科学的説明」の可能性を読み込む。

(13)「偖先つ天地開闢すると直に陰陽備るべし」『(遠島中書記しの綴)』福島県歴史資料館、庄司家文書I二四六九。引用にあたって、原文のカタカナをかなに改め、ルビをはぶいた。

(14)梅辻の「日本書紀常世長鳴鳥總論」のテーマのひとつは、人体に備わるさまざまな数から宇宙的時空間の数を計算する、というものである。

(15)「日本書紀常世長鳴鳥總論」には、「大江匡房卿ノ語ニ、人ハ天地ニ後レテ生レテ、天地ノ始知、天地ニ先チテ死ス、天地ノ終リヲ知る、天地ノ始終一身ニ在リ云々」とある。賀茂規清「日本書紀常世長鳴鳥總論」末永恵子校注『續神道大系　論説編　烏傳神道　三』神道大系編纂会、二〇〇三年、四一六頁。

(16)八郎と梅辻との邂逅譚には二種類あって、一つは『(八老十ヶ条)』中の、もう一つは『(遠島中書記しの綴)』中の記載である。それらは出会いの経緯、出会った場所、梅辻の年齢等において、記述が齟齬している。

(17)同様の言及は『判段夢ノ真暗　巻ノ上　三冊之内』にも見られる。「此義年来実理を聞まほしと、学者の言葉又ハ色々仏説書物等多く見聞スルトゐへ共、しゅミせん三十三天ハ取るに足らず、又国常立ノ尊を始メ天神七代是も実理に当らす、何卒して天地の実理さぐり出して楽シマント思ひしに、はからずも配所の身となり、今此先生の明言を聞事サイヲウが馬なるべしと独り歓喜の眉をひらく。」『判段夢ノ真暗　巻ノ上　三冊之内』福島県歴史資料館、菅野隆雄家文書四（布川本「判断夢ノ真暗」）。

(18)末永恵子によれば、梅辻は蚕を「社会崩壊の原因」と見做しているという。末永恵子『烏伝神道の基礎的研究』岩田書店、二〇〇一年、一五九頁。しかし本書杉論文にあるように、八郎は八丈島において蚕書を記している。

(19)深谷克己は民衆史的テクストにおける「徳」の意味あいについて、次のように書いている。「「徳」という言葉も、広い意味を持たせて多用される。「富貴」のように家としての目標ではないが、「徳」は作物、道具、行為などの一つ一つが百姓の手になんらかをもたらす、肯定的な状態を表す言葉としてさかんに用いられる。(中略) その他、下水の捨て方、井戸の掘り方など、なにごとにつけても「徳」のあるなし、多い少ないが論じられる。それは、最終的には農業生産量の多少に結びついてゆく。

端的な例としては、「あいを作る事。……井の水かけひき自由の田地ならば、田に作るべし。……徳多きものなり」（引用者注――『百姓伝記』の）巻十一・五穀雑穀耕作集）という用い方に、「徳」の量的な意味がよくあらわれている。」深谷克己『百姓成立』塙書房、一九九三年、一四七～一四八頁。「望遠鏡の徳」の「徳」とは、「実理」の獲「得」をもたらす「特」別なもの、という意味あいであろうか。

(20) この箇所は、「後世恐るべし」という「古語」じたいの正しさが「後世」によって確認される、という再帰的な構成を持っている。

(21) 前掲『(八老十ヶ条)』。

(22) しかしこの構図は、『(八老十ヶ条)』中の陰陽図と矛盾する。すなわち陰陽図においては、「水」は「悪」、「火」は「善」と同じカテゴリーに属している。

(23) 「深御勘考奉希上候事」『闇之夜汁　全』福島県歴史資料館、菅野隆雄家文書七（庄司本「(慶応二年百姓一揆指導説に対する意見)」）。これと同一の句は、「上」『闇之夜汁　全』にもみえる。八郎の句活動については杉論文参照。

(24) 「去年遺し置レハ茶わんの自まん」前掲『(遠島中書記しの綴)』。

(25) 注（18）に同じ。

(26) 八郎のテクストも、いわゆる民衆宗教（新宗教）のそれも、ある種の原理性――それは日常性から派生したが、情況によっては日常性と厳しく対立する――にフォーカスしている点で、類縁関係にある。しかし八郎のテクストはきわめて一方向的な性格を持っていて、忠五郎をはじめとする縁者たち、あるいはその外側にいるはずの人々との交歓や対話などの痕跡がきわめて薄い。対して「民衆宗教」のテクストにおいては、もろもろの「奇跡」が、ひとびとにおける、日常性から原理性への飛躍を媒介する、とも言える。考えなければならないのは、それぞれのテクストにおける「呪術性」のタイプではなく、例えば八郎のテクストが言う所の「自まん」、教祖たちの確信の構造であろう。

(27) 前掲「偖先つ天地開闢すると直に陰陽備るべし」。

(28) 「奉祈念／判段夢之真暗　巻ノ下　三冊ノ内」前掲『(遠島中書記しの綴)』。

(29) 末永前掲書、二〇九～二一〇頁。

(30)引用はすべて、佐藤友治「「真造弁　八郎信演」について」『福大史学』四六・四七合併号、福島大学史学会、一九八九年。適宜句読点を補った。
(31)実際の本文では、この節の前に「◎八老ノ始リ白狼開化セント狐穴へ行ク」が挿入されている。
(32)早田論文によれば、八郎にとっては「菅野」姓そのものが「自まん」の対象であり、「先祖意識」のひとつの核心となっていたという。では「夢ノ八老」という呼びかけをどのように解釈したらよいのだろうか。「夢之浮言」においては、「菅野」姓に依拠する「先祖意識」が既にその基盤を喪失している、と考えうるかもしれない。
(33)布川前掲書、二四頁。
(34)「脾腎虚すれば水腫となる」前掲『〈遠島中書記しの綴〉』（布川本「〈漢方薬全般〉」）。この挿話は「玉藻前」物語を参照していると考えられる。例えば高井蘭山『絵本三国妖婦伝』一八八九年の「華陽耆婆と医学を論ず並耆婆霊夢を蒙る」の節には、「さらバ論せん、先三部九候ハいかなることぞ、花陽答て、寸関尺を三部とし、此の三部出る所浮中沈の三候、一部三候あり、三々九候といふ」とある。また「夢之浮言」の「◎白狼吉原ノ体ヲ見テ夢中ニナル」では、「白狐オヒラン」が「大火鉢ニ寄リ、漆金銀ノ長キセルヲ持テ、烟草クユラス其風情」は「華陽婦人ガ玉藻ノ前、昔名ソアル美女達ガ、一度ニココへ再来シ、我ヲ呼カト疑レ、酔ルガ如クウツツノ如シ」と語られている。
(35)「奉祈念」『闇之夜汁　全』福島県歴史資料館、菅野隆雄家文書七。
(36)テクストによれば、「病名コロリト号シ又ハ天然トモ云ツベシ」なのだが、これを忌々しく思った「狐狼狸」たちは、「大医」を食い殺してこれに化け、病名を「コレラ」に改めたのだという。この小さな挿話は、病の本来の名は「コレラ」ではなく「コロリ」であるということ、そして医者すらも「狐狼狸」の変化であるから信用できないということ、を示唆する。
(37)狐狼狸・コロリ・ころり（と死ぬ、と「改化」する）・コレラ、というような音韻転訛は、民衆史の扱うテクストにおいて頻繁に登場する。たとえば中山みき『みかぐらうた』中の「あしきをはらうてたすけたまへ、てんりわうのみこと」の、よく知られたパロディ、「屋敷を払ふて田売り給へ天秤棒の尊」ならば、あしき→やしき、たすけたまへ→たうりたまへ、てんりわう→てんびんぼう、という音韻のずらしが、あろうことか天理教を資本主義的欲望の権化へとずらすのである。あるいは「腹痛」は親神に何かを「払いたい」からだ、という救済の技法を思い起こしてもよい。このような言語技法は決して亡びてしまったものではなく、むしろ音韻転訛には分類できないような技法も今日生まれている。「小ネズミ」「ケケ中」（「ケケ」は横組みであることを前提としているが）という記号はよく知られた現代的な例であろう。前者は音韻（イズミとネズミ）、色（灰色の毛）、風貌、そしてそれら総体が醸し出すコノテーションを、そして後者は一文字の二分割（読み手それぞれの解読を要するということは、監視と検閲の存在を暗示するかもしれない）、風貌（笑顔と「ケケ」）、音韻の軽さ、を表していると解釈する事もできる。これを不愉快に感ずるひとびとにとって、民衆世界の言語技法はきわめて厄介なものである。なぜなら作者の特定が困難であり、唯一の正しい解釈といったものが存在し得ず、かつまた論理的ではないからだ。それは、作者という主体の転向によって伝播が終息するわけではない、ゆえに除去できない。またそれを否定するためには、否定すべき対象をいちいち挙げなければならない、すなわち「イズミとネズミは関係ない」と言わねばならず、まるで滑稽な事態になってしまう、ゆえに否定することも不可能である。そしてそれは論ではないのだから、反論することもまた不可能である。このような民衆世界の言語技法の性質と「愚」との間には、ある種の構造的な相同性が認められるように思う。

(38) 白色の「狐狼狸」対黒色の「熊」「猪」、と解釈できないこともない。しかし「判段夢ノ真暗」のような記号のエコノミーをなしてはいいない。

(39) 「早通ジノ魔術」とは「狐狸」の解説によれば、「大日本国中ニ布ト掌ニ書記シ、是ヲ喰キリ其生血ヲススリ、ケ様ケ様ノ唱ヒ言ヲスレバ、我身ノ噂ヲスルモノアレバ忽チ通響シテ其所へ姿ヲ顕ス事、電信ヨリモ尚早シ」というものである。すなわち大規模な盗聴・検閲と瞬間移動を用いた捜査活動だと考えてよいだろう。

(40) 「◎天動地動ノ大論」において、「狸」は「熊」を次のように詰っている。「旧弊ト云ハ汝如キ、昔ノ事斗リ算へテ当世ニ染ム事ナク、何モ奥山ノ穴ノ中ニ居子バナラヌモノト覚テ如此屈居シテ、終ニハ狩人ノ矢先キニカカリ、皮ヲ剥レ胆肉ヲ取レ、白骨トシテ山野ニ捨ラルルヲ号テ旧弊ト云」と。「熊」たちの自死のシーンは、この「狸」の預言を踏まえつつも、しかしそれが提示していたものとは異なる結末、すなわち敗北の記念碑の建立という結末を得る。なお、「桐山ノ長十足切ト篠原ノ長八尺、熊一丈ノ左右ニヒカヘ、死ハ一所ト云合セ」という記述は、桐野利秋・篠原国幹を含意し、そのことによって西南戦争というテクストを全体として参照しているものとも考えられる。

(41) 『八老遺書之信言』福島県歴史資料館、庄司家文書Ⅰ二四八二。引用にあたって、原文のカタカナをかなに改め、適宜句読点を補った。

（42）「深夜睦言」『闇之夜汁　全』福島県歴史資料館、菅野隆雄家文書七。

（43）前掲「日本書紀常世長鳴鳥總論」、四三九頁。

（44）「其委曲を述釣鐘半鐘之」『（遠島中書記しの綴）』福島県歴史資料館、庄司家文書Ⅰ二四六九。ただし見せ消ち部分を略した。

（45）*Time, Labor and Social Domination: A Reinterpretation of Marx's Critical Theory*, New York and Cambridge: Cambridge University Press, 1993.

五章　天保六年絹糸〆買一件にみる信達両郡の村々

阿部俊夫

はじめに

騒動の後で　安政五か国条約締結の翌年、安政六年（一八五九）横浜は開港となり、大量の蚕種・絹糸（生糸）が海外に輸出された。信達両郡（信夫・伊達）の蚕種・絹糸も大量に横浜港に向けて搬出された。開港後の急激な需要拡大は粗悪品製造の原因となった。蚕種の粗製濫造・粗悪品増加に対処して、慶応二年二月（一八六六）幕府は蚕種紙（産卵台紙）・絹糸を改印し、冥加金を徴収して品質管理を図った。(1) 同年六月信達世直し騒動はこの改印令を発端とし、両郡全域に波及した。騒動後、三年（一八六七）正月藤田村は惣百姓連印の請書『御諭書御請書』(2) を桑折代官所に提出している。それによれば、桑折代官所が幕府領の村々に布達した「御諭書」の一節は次のようであった。

徒党強訴者前々より重キ御法度之趣村毎高札五人組帳前書ニも有之、いかなる山野辺鄙ニても心得おるべきハ勿論ニ候処、去六月中生糸并蚕種紙冥加難渋を表ニ唱、右御法度を背多人数党を結び、在町暴行身元之者家宅を打毀、剰金銭衣類を奪取家具を始メ糸類迄焼捨切散、穀櫃を砕き俵を破り取散し泥土ニ踏込及乱行条、無勿躰　公儀を不恐天之冥罰をもかへりみさる大悪無道之所業不届至極ニ付、厳敷遂穿鑿事ニ而、何事によらす願筋有之者、其筋江穏ニ物代等を以可願出筈なるに、大悪人共に愚昧之小民共被欺徒類ニ被誘引、窮民共助けニ可相成身元之ものを疲弊いたさせ、金銭融通止り窮民之難儀を出候次第誠ニ歎息の限り、其悪ハ憎べし愚ハ憐べし、自分ニおゐて不堪憂苦、何卒　公儀御仁徳之礼行届き、村々平和ニ治り百姓安穏ニ相続相成候様取計遣度、一ト通ならす心配いたす事也、

「去六月中生糸并蚕種紙冥加難渋を表ニ唱」とあるように、信達世直し騒動は絹糸・蚕種紙に対する幕府の改印・冥加金徴収を直接の発端としていた。桑折代官所は①「大悪人」（頭取）が②「愚昧之小民」「窮民」（小前層）を欺いて「徒類」に引き入れ、③「身元之もの」（豪農層）を打毀した。③の疲弊、村方「金融融通」の停滞は「窮民之難儀」に直結する。①②の打毀し行為は「大悪無道之所業」である。このように認識していた。

信達（伊達・信夫）両郡は複雑に入り組んだ支配領域を特徴とする。[3] 地場産業の蚕糸業（蚕種・絹糸〈生糸〉・真綿・絹布の生産）は錯綜した支配領域の枠組みを跨いで、両郡の各地域間を繋ぐ紐帯であった。蚕糸業に従事する①②は「冥加難渋」に直面し、改印・冥加金徴収を牽引する、あるいはその恩恵に預かると見做された③は打毀しの対象となり、[4] 信達世直し騒動は支配領域を越えて両郡全域に波及した。「窮民共助けニ可相成身元之もの」とあるように、②は③に依存することで、③は②を助力することで、互いの生業を維持できた。生業をめぐって、②と③は共存関係にありながらも、その関係は恒常的に対立する諸要因を抱えていた。

本稿の意図　信達世直し騒動以前、両郡は蚕糸業を紐帯とする各地域間の連携、連合を一度だけ経験している。[5] それが本稿の天保六年（一八三五）絹糸〆買一件である。両郡一八七ヵ村は管轄役所の添翰入手後、京・江戸織殿御

用商人の絹糸〆買禁止を要求して、幕府領一〇〇ヵ村惣代は勘定奉行所に、私領八七ヵ村惣代は寺社奉行所に出訴している。桑折代官所「御諭書」に従えば、その出訴は「其筋江穏ニ惣代等を以可願出」とされる順法的な訴願手順を踏んで、「村々平和ニ治り百姓安穏に相続相成候様」に適う遣り方であった。訴訟手順は支配領域の枠組みを前提としていたが、支配領域を越えた両郡全域の連携、連合は初発であった[6]。

本稿が絹糸〆買一件を事例とするのは、この一件を信達世直し騒動へ至る長い道程の起点と考えているからである。この一件を画期として、これ以降蚕糸業の進捗状況に合わせて、支配領域を越えて連携、連合する地域社会の素地が漸次、形成されるようになった。蚕糸業に起因する諸問題が両郡全域に波及する地域社会形成の過程は②③の共存と対立の関係、各地域間の共存と対立の関係が深化する過程でもあった、と考えているからである。このような視点に立って、三〇年後信達騒動を規定付けることになるであろう両郡一八七ヵ村の実情を、絹糸〆買一件訴答の史料から検証してみたいと思う。

1、絹糸〆買一件の概要

幕府の「白糸」輸入制限もあって、信達（信夫・伊達）両郡では、風土に適した蚕糸業（蚕種・絹糸〈生糸〉・真綿・絹布の生産）が元禄年間頃から盛んに行われるようになった。安永年間（一七七二～八〇）阿武隈川沿岸の粟野・伊達崎・桑折・中瀬・梁川・伏黒など、三九ヵ村は冥加永負担を条件に「奥州蚕種本場」[7]銘を獲得しており、一八世紀以降の両郡は全国有数の蚕糸業地帯として発展を遂げた。

文化一一年（一八一四）『蚕飼絹篩大成』[8]によれば、成田思斎（重兵衛、近江国坂田郡相撲村）は十九世紀前半、文化年間両郡の蚕糸業を次のように述べている。

> 享保年中の頃予が同郷の商人、毎歳二人づれニて、一人前ニ三百両ばかりの金子を携へ、奥州へおもむき、福島辺の糸を買集しに、追々盛になりて、別て本場十八郷の繁昌成こと、文化年中の只今ニいたりてハ、養蚕の家一軒前ニても、糸真綿の所務、金三百両ばかりも収納する家まゝ是有よし、福島糸の産物ハ天下の央に過、例歳数千駄の糸、京都へ登り、数十万両の代金為替手形ニて通達して、いさゝか滞事なし、されバ百姓の女業として、如斯の産物ハ、天下を尽しても有まじく、其上本場蚕紙の製、其多こと、近世諸国の商人買得に下者、東山道筋国々、千里を遠しとせず風を移して仕入に下る、（略）、是を奥州本場蚕紙と称して、諸国養蚕のたねとす、右蚕紙の濫觴ハ、元文年中のこと也とぞ、但し蚕種紙ハ、奥州本場ニかぎり、其有徳事を諸国信じて、四方の国々、蚕紙商人分配するの夥敷をや、

それによれば、①享保年間、私と同郷の商人は毎年一人三〇〇両を持参して奥州に下り、福島町周辺の絹糸を買い集めた。②以後、両郡の蚕糸業は徐々に盛んとなり、とりわけ本場一八ヵ村は繁昌している。③文化年間の現在では、絹糸・真綿の売買で金三〇〇両の収益を上げている養蚕農家もある。④「福島糸」は全国生産高の過半を占めている。⑤例年、数千駄の絹糸が京都に上り、代金数一〇万両は為替手形で支払われ[9]、取引が停滞することはない。⑥農家の女性の仕事として生産される「福島糸」は全国一の品質である。⑦蚕種本場の蚕種紙生産は大量である。⑧近年、諸国、東山道筋からの商人が蚕種紙の仕入れに下って来る。⑨蚕種紙は「奥州本場蚕紙」と呼ばれ、諸国養蚕の蚕種（蚕の卵）となっている。⑩蚕種紙生産の始まりは元文年間と言われている。⑪数ある蚕種紙のうち、「奥州本場蚕紙」は高品質で知られている。⑫蚕紙商人は蚕種紙を大量に仕入れ、周辺の国々へ販売している。思斎はこのように述べて、総じて、一八世紀享保年間蚕糸業の本格化、元文年間蚕種紙生産の開始、一九世紀文化年間蚕糸業の隆盛を指摘していた。

近江国の成田思斎が蚕書で指摘した①～⑫から程なく、天保六年（一八三五）両郡では絹糸〆買一件が起きている。天保五年（一八三四）京・江戸両織殿御用達、江戸駿河町五郎兵衛は丹下太右衛門・九兵衛と共謀して、諸国絹糸商人の信達両郡参入を妨害し、両郡で生産される絹糸を一手に買占めた。これが絹糸〆買一件の発端となった。

添翰願い　訴訟手順の上では、添翰願いの訴状提出は支配領域ごとであった。六年二・三月両郡一八七ヵ村は各管轄役所に五郎兵衛の非分と〆買の禁止を訴え、江戸出訴を歎願した。幕府領一〇〇ヵ村（伊達郡六一ヵ村、信夫郡三九ヵ村）は二月に桑折代官所、福島藩領一九ヵ村は二月に福島藩奉行所、足守藩分領一一ヵ村は三月に瀬上陣屋に訴状を提出している。足守藩分領一一ヵ村の訴状には次のようにある。

　然ル処右産業之義者信達両郡一般同様之義ニ付、御公料御私領共、今般挙而江戸表御奉行所様江前条之訳柄厚奉愁願候趣ニ承知仕候、依之当於御領分も御近領同様江戸表江出府仕、往古より仕来之通り京都者勿論江州丹州其外何国ゟ商人入込絹糸買方仕候共、御威光ヲ以私欲ニ泥ミ締買同様之取〆不仕候様、江戸表御奉行所様江奉歎訴度存候間、何卒格別之以御慈悲江戸表江御差出被仰付被下置度奉願上候[10]、

　足守藩分領一一ヵ村は御用達五郎兵衛の「御威光ヲ以私欲ニ泥ミ締買同様之取〆不仕候様」を要求して、江戸出訴を瀬上陣屋に歎願していた。歎願は支配領域ごとであったが、「御公料御私領共」「依之当於御領分も御近領同様」と

		物代
下保原	組頭	金作（願人）
小倉	名主	彦作（願人）
曽根田 福島町	兼帯名主	三郎兵衛（願人）
郷野目	名主	庄三郎（差添人）
瀬上	名主	又治郎（差添人）

【表1】　私領87ヵ村の惣代

地区	藩　領	郡	村					村数
1	白河藩分領	伊達	下保原	上保原	中	市柳	所沢	17
			布　川	掛　田	下糠田	山戸田	瀬成田	
			大　石	泉　原	仁井田	柳　田	上　郡	
		信夫	上飯坂	下飯坂				
2	関宿藩分領	信夫	小　倉	前　田	小島田	山　田	永井川	8
			浅　川	下名倉	成　田			
3	新発田藩分領	信夫	八島田	笹木野	二子塚	庄　野	上名倉	8
			成　田	石名坂	新田目			
	刈谷藩分領	伊達	湯　野	塩野目	升　目	岡	成　田	13
			平　沢	伏　黒	塚　原	大立目	下小国	
			大　波	板谷内	下　郡			
	下手渡藩領	伊達	飯　田	牛　坂	西飯野	羽根田	小　神	10
			御代田	小　島	下手渡	石　田	山野川	
	福島藩領	信夫	曽根田	福　島	越　浜	五十辺	御　山	20
			小山荒井	森　合	八木田	方木田	郷野目	
			太平寺	永井川	伏　拝	金　沢	大蔵寺	
			鳥谷野	渡　利	山　口	黒　岩	福島町	
4	足守藩分領	信夫	瀬　上	高梨子	沖中野	平　田	入江野	11
			北沢又	南矢野目	北矢野目	丸　子	本　内	
			宮　代					

（註）　天保6年6月「乍恐以書附御訴訟奉申上候」（『福島市史』9）より作成。

あるように、両郡一八七ヵ村は江戸出訴の要求を一様に共有していた。「信達両郡一般同様之義」の蚕糸業は錯綜した支配領域の枠組みを跨いで、両郡一八七ヵ村を等しく繋ぐ地場産業であった。

出訴とその後　「江戸表御奉行所様」への出訴は幕府領一〇〇ヵ村が勘定奉行所、私領八七ヵ村が寺社奉行所に対してであった。幕府領百ヵ村では、伊達郡松原村の名主源蔵・信夫郡上大笹生村の名主長吉が惣代となり、訴訟方の願人となった。私領八七ヵ村の惣代（訴訟方願人・差添人）は【表1】のようである。地区1は白河藩分領一七ヵ村、地区2は関宿藩分領八ヵ村、地区3は新発田藩分領・刈谷藩分領と下手渡藩領・福島藩領五一ヵ村、地区4は足守藩分領一一ヵ村である。地区1・2・4の惣代は添翰願い段階での惣代を継承していると考えられが、四つの私領から構成される地域3では、新たに惣代二人（三郎兵衛・庄三郎）を立てた。(11)

【表2】 私領87ヵ村惣代の動向

月	日	事　　　　項
7	6	私領87ヵ村惣代、関宿・福島・白河三藩の江戸留守居に寺社奉行所宛、訴状（6月付け）の提出を承認するよう歎願する。
	10	訴訟方、三藩江戸留守居の添翰と共に、訴状を寺社奉行所へ提出する。
	11	下保原村組頭金作、白河藩江戸留守居に訴状提出を報告する。
	12	寺社奉行所留役清水次郎助、訴状について尋問する。訴訟方、五郎兵衛が絹糸商人に宛てた絹糸買い中止の書状（天保5年7月29日付）を証拠として提出する。
閏7	2	寺社奉行所留役、証拠文書として糸釜役永・蚕種冥加永割付手形類の提出を命じる。相手方駿河町五兵衛店五郎兵衛、上京につき江戸不在。
	20	訴訟方、京より戻った五郎兵衛に絹糸〆買の出入を伝える。町名主助右衛門・家主五兵衛から出訴の承認を得る。家主発給の「人頭預ヶ一札」を受取る。
	21	足守藩分領惣代瀬上村名主又治郎、五郎兵衛と面談した旨を足守藩江戸留守居に伝える。
	22	訴訟方、町名主・家主出訴承認に付き、寺社奉行所に訴状の再提出を願い、先の訴状返却を求める。
	23	二本松紺野文十郎、飯野村角屋逸三郎、扱人となり、出入の内済を開始する。
	26	訴訟方、寺社奉行所に訴状を再提出する。
	28	訴訟方、寺社奉行所に出頭し、訴状の文字違いを指摘される。
	30	寺社奉行所、訴状を受理する。
8	1	訴訟方、裏判目安を相手方五郎兵衛に手渡す。
8		この間、寺社奉行所留役の尋問、扱人の内済、継続する。
9	5	訴訟方下保原村組頭金作、小倉村名主彦作、福島町名主三郎兵衛、相手方五郎兵衛、内済の請証文「差上申済口証文之事」を寺社奉行所に提出する。証拠書類の御下げ後、惣代一同帰国する。
11	12	惣代、一件文書を福島割元に保管する。

（註） 天保6年『絹糸〆買一件』（『福島市史』 9）より作成。

江戸出府後、私領八七ヵ村惣代の動向は概略、【表2】のようであった。惣代、訴訟方は七月六日関宿・福島・白河三藩（久世・板倉・阿部三家）の江戸留守居から訴状提出の承認を得て、一〇日に寺社奉行所に訴状を提出していた。

> 七月六日願書久世様板倉様阿部様右御三方へ奉差上候、就而右之趣差出書認メ、弥々十日寺社奉行所堀田備中様江願出候様、九日御屋敷江御届ケ奉申上候、
> 七月十日右御奉行所江右御三方之御留主居附添御差出ニ相成申候、

一一日訴訟方の一人、白河藩分領惣代下保原村組頭金作は「昨十日堀田備中守様江御差出被成下難有仕合奉存

候、」として、訴状提出を白河藩江戸留守居に報告している。
閏七月二〇日五郎兵衛の家主五兵衛は「我等店五郎兵衛江被相掛候出入有之候趣」を了解し、訴訟方は五兵衛発給の「人頭預ケ一札」を受理している。五郎兵衛は「三井下代奉公人」でもあったから、二三日三井家と取引のある二本松城下の紺野文十郎、飯野村角屋逸三郎が内済交渉の扱人に就いた。寺社奉行所の最終的な訴状受理は三〇日であった。
八月寺社奉行所留役の「御直御吟味」、扱人の「内済取扱」が並行して続き、九月五日訴訟方・相手方双方の内済が成立。双方は「猶後年ニ至り候而も、右御奉行所様江奉願上候済口証文之趣意違失再論等無之」を旨として、内済の請証文「差上申済口証文之事」を寺社奉行所に提出し、絹糸〆買一件は終わった。

一件文書の管理と伝来　内済の成立は幕府領一〇〇ヵ村、私領八七ヵ村とも九月であった。一一月一二日私領八七ヵ村惣代の五人は国許に持ち帰った請証文「差上申済口証文之事」（控）の管理と取扱いを次のように定めている。

今般寺社御奉行様江連印済口証文差上、本紙之儀者福島割元江差置、入用之節者何時成共預り証文差出し本紙受取、入用相済後猶取究置候通右割元江差戻し預置可申候、

惣代の一人、福島町三郎兵衛は福島領一九ヵ村を差配する割元役を兼務していた。「差上申済口証文之事」は三郎兵衛の役宅で管理され、私領八七ヵ村の「入用之節」に貸し出され、再度役宅に戻された。下手渡藩領一〇ヵ村では、

此書面村々写取、止り村山野川村ゟ来ル十四日迄ニ年番所迄相返し可申候、

年番所

下郷村々名主中(12)

のように、年番所が一〇ヵ村に「差上申済口証文之事」の順達を命じていた。幕府領百ヵ村惣代が勘定奉行所に提出した内済の請証文「為取替議定一札之事」(控)は

御奉行所様江者御請証文被仰付、同様調印ヲ以奉差上置候、本紙議定書之儀者桑折年番所江在之候、(13)

とされた。「為取替議定一札之事」は桑折代官所に併設された桑折年番所の管理となった。内済の請証文は支配領域ごとに、下手渡藩一〇ヵ村と同様に村々を廻覧し、請証文の内容は信達両郡一八七ヵ村に既成の事実として広く定着していったと考えられる。

寺社・勘定奉行所宛の内済請証文
H：天保6年9月「為取替議定一札之事」
I：天保6年9月「為取替議定一札之事」
J：天保6年9月「為取替議定一札之事」
K：天保6年9月「差上申済口証文之事」
L：天保6年9月「差上申済口証文之事」
M：天保6年9月「差上申済口証文之事」
N：天保6年9月「差上申済口証文之事」

【表3】は現存する一件文書である。これにより、絹糸〆買一件は支配領域の枠組みを前提にするものの、支配領域の枠組みを跨いで信達両郡一八七ヵ村が連携、連合した広域的訴訟であったことを確認できる。また、請証文は七ヵ村すべてに現存しており、文書の廻覧状況を推測できる。

【表３】　現存の一件文書

	郡	村	各管轄役所宛の訴状（添翰願い）	寺社・勘定奉行所宛の訴状
幕府領	伊達	長倉		Ｅ：天保６年５月「乍恐以書付奉愁願候」
		伏黒	Ａ：天保６年２月「乍恐以書付奉願上候」	
		松原	Ｂ：天保６年２月「乍恐以書付奉願上候」	Ｆ：天保６年５月「乍恐以書付奉愁願候」
私領	信夫	黒岩（福島藩）	Ｃ：天保６年２月「乍恐以書付奉願上候」	
		渡利（福島藩）		
		瀬上（足守藩分領）	Ｄ：天保６年３月「乍恐以書附奉願上候」	Ｇ：天保６年６月「乍恐以書付御訴訟奉申上候」
	伊達	山野川（下手渡藩）		

（註）　Ａ：『伊達町史２』　Ｂ：『桑折町史６』　Ｃ：福島県立図書館　Ｄ：『福島市史９』　Ｅ：福島県歴史資料館、庄司家文書　Ｆ：『桑折町史６』　Ｇ：『福島市史９』　Ｈ：福島県歴史資料館、庄司家文書　Ｉ：『伊達町史２』　Ｊ：『桑折町史２』　Ｋ：福島県立図書館　Ｌ：福島県立図書館　Ｍ：『福島市史９』　Ｎ：『霊山町史２』

２、絹糸〆買と村の蚕糸業

絹糸〆買以前の絹糸市

天保六年（一八三五）三月足守藩分領一一ヵ村惣代は瀬上陣屋に提出した訴状の冒頭で、信達両郡の蚕糸業を次のように述べている。

当御領分奥州信夫郡村々一統乍恐奉願上候、信達両郡之儀者一体薄地困窮之村方ニ而御田地不足之土地ニ有之、阿武隈川筋者勿論川々洪水之節者田畑共水押、或者石砂入等ニ而作毛難実法、右等之土地江者桑木植付置、農業之間往古ゟ蚕業渡世仕来外余業無御座場所柄ニ而一統御百姓相続御年貢御上納罷在、右産業之絹糸捌方之儀者前々ゟ相定リ居候村々最寄之市中江銘々多少ニ不限持出売捌、右融通を以御年貢永方御上納仕罷在、買方之もの共者京都問屋者勿論江州丹州其外国々より商人入込、売方のもの共江相場引合、年柄直段被相立売買仕来候義ニ御座候(14)、

江戸出府に際して、一一ヵ村惣代は次の四点を述べていた。①信達両郡の村々は貧しく、田地の少ない土地柄である。阿武隈川、その支流の中小河川が氾濫した時には、田畑は水没して砂礫混じりとなり、耕作が困難になる。②砂礫混じりの土地には桑樹を植付け、農業の合間に昔から蚕糸業を営み、唯一の余業である蚕糸業により年貢を上納している。③村々で生産された絹糸（生糸）は前から決まっている近隣在郷町の定期市（六斉市）で売却し、絹糸売却の収益により「年貢永」を上納している。④京都和糸問屋を始めとして、近江・丹後、その他諸国の絹糸商人が絹糸買いに遣って来る。買い方・売り方の間で絹糸取引の相場を立て、その年々に応じた値段で絹糸を売買している。一一ヵ村惣代は①②村の立地と蚕糸業、③絹糸売却と「年貢永」上納、④絹糸商人と絹糸取引について、その実態を瀬上陣屋に述べていた。

村の立地と蚕糸業　①②③については、同様に、五月幕府領百ヵ村惣代の勘定奉行所宛ての訴状に

奥州伊達信夫両郡村々之儀者御年貢田畑共半石半永上納之場所ニ而、田地無数畑方多シ土地柄ニ付山畑又者地低水腐之場所江者桑ヲ仕立、往古ゟ蚕ヲ産業渡世ニ仕絹糸ニいたし売捌、右代金ヲ以御年貢者勿論、産業ニ付糸釜役永蚕種紙冥加永、其外諸役永上納仕百姓相続仕、(15)

六月私領八七ヵ村惣代の寺社奉行所宛ての訴状には、

私共両郡村々之儀者深山幽谷多く辺鄙ニ而地味不宜、田畑共熟作相成兼候上猪鹿多く喰荒難渋仕候間、依之従古来惣百姓并村役人共農業之間蚕養ひ渡世ニ仕年貢上納高役諸夫銭等無滞出精相勤相続仕来り候、(16)

とある。「地低水腐之場所」は河川の氾濫により被害を受けた低地の田畑、「深山幽谷」は山々が迫る山間の「畑方多シ土地」である。そのような土地柄の両郡では、山間の傾斜地、氾濫原の耕地に桑樹を植付け、「蚕ヲ産業渡世」「蚕養ひ渡世」に従事していた。

阿武隈川は福島盆地（信達両郡）の中央部を縦断しながら北流する。阿武隈川の東側は阿武隈山脈、西側は吾妻山塊が盆地を区画している。阿武隈川とその支流の中小河川はしばしば氾濫した。特に、福島盆地の北半、伊達郡中央部に広がる平坦な低地帯では、蛇行する阿武隈川が氾濫を繰り返し、両岸沿いに氾濫原を形成していた。氾濫原とこれに続く自然堤防は砂礫が堆積して稲作に不向きであったが、水はけの良い土質は桑樹植付けに最適地であった。安永年間（一七七二～八〇）「奥州蚕種本場」銘を獲得した三九ヵ村のうち、蚕種生産の中核を占めていた村々（粟野・伊達崎・中瀬・伏黒など）は【図1】のように、いずれも阿武隈川両岸の自然堤防上に立地していた。氾濫原・自然堤防が桑樹の最適地であったことは後年の【図2】からも確認できる。

「半石半永」制の年貢皆済は③に「融通を以御年貢永方御上納仕罷在」とあるように、年貢高の半分を銭で納入することになっていた。この外、蚕糸業に賦課される「糸釜役永蚕種紙冥加永、其外諸役永」が永納であった。銭で納入される「半永」、小物成、冥加金などは「夏成」と称して、蚕糸業の現金収入が見込まれる夏六月頃に納入することになっていた。文化五年（一八〇三）五月幕府領、二野袋・大立目・小幡・塚原・伏黒・粟野の六ヵ村の訴状によれば、六ヵ村は

> 御年貢御上納之儀御仕法御改被為遊候、御日限之通前日ニ取置年々相納候処、当年之義者閏月有之節後ニ付、夏成御上納是迄相納候御日限之頃者作之実者不及申ニ産物飼蚕之実等モ金子相成不申儀ニ付、殊ニ私とも村々之儀者皆畑之村方ニ而、外村より者御割賦余計ニ而、前々より為心掛候而も出金ニ相成申間敷奉存候、依之奉恐入候得共、

閏六月江右定日之通上納被仰付被成下置奉願上候[17]、

として、六月ではなく、閏六月に「夏成」上納を延期するように、桑折代官所に訴えていた。蚕糸業は桑樹と養蚕を基盤とする産業である。季節と暦を調節する閏月があるこの年、六月は例年より一ヵ月早く、そのために六ヵ村は「夏成」上納を蚕糸業の現金収入が見込まれる翌閏六月にするよう要求していた。信達両郡一八七ヵ村は「田地不足之土地」「畑方多之土地」「地低水腐之場所」とされる風土の下で蚕糸業を営み、「最寄之市中」で絹糸などを売捌き、「融通」を常態とする村々であった。蚕糸業と「融通」については、例えば、嘉永三年（一八五〇）一一月幕府領、梁川・関波・粟野など一七ヵ村は

蚕養之儀も当夏者相応之取上候得共、絹糸真綿共近年無覚大下直ニ而、諸雑費迄多分相懸り更ニ利潤無之、其上平年米不足之村方ニ御座候処、近年違作之手柄打続、農業取懸り之時節より夫食払底ニ罷成、蚕養を引宛ニ金銀融通仕買夫食を以取続罷在候[18]、

としている。

絹糸商人と絹糸取引

④は「京都問屋者勿論江州丹州其外国々より」参入する絹糸商人の存在を指摘していた。天保六年（一八三五）五月幕府領一〇〇ヵ村惣代の訴状には

糸買人之儀者京都者勿論江州丹州其外国々ゟ商人入込、前廣代金差下シ置、糸之品柄注文申越候もの茂有之、其年柄相場引合直段相立売買仕候[19]、

【図１】　阿武隈川両岸「奥州蚕種本場」の村々

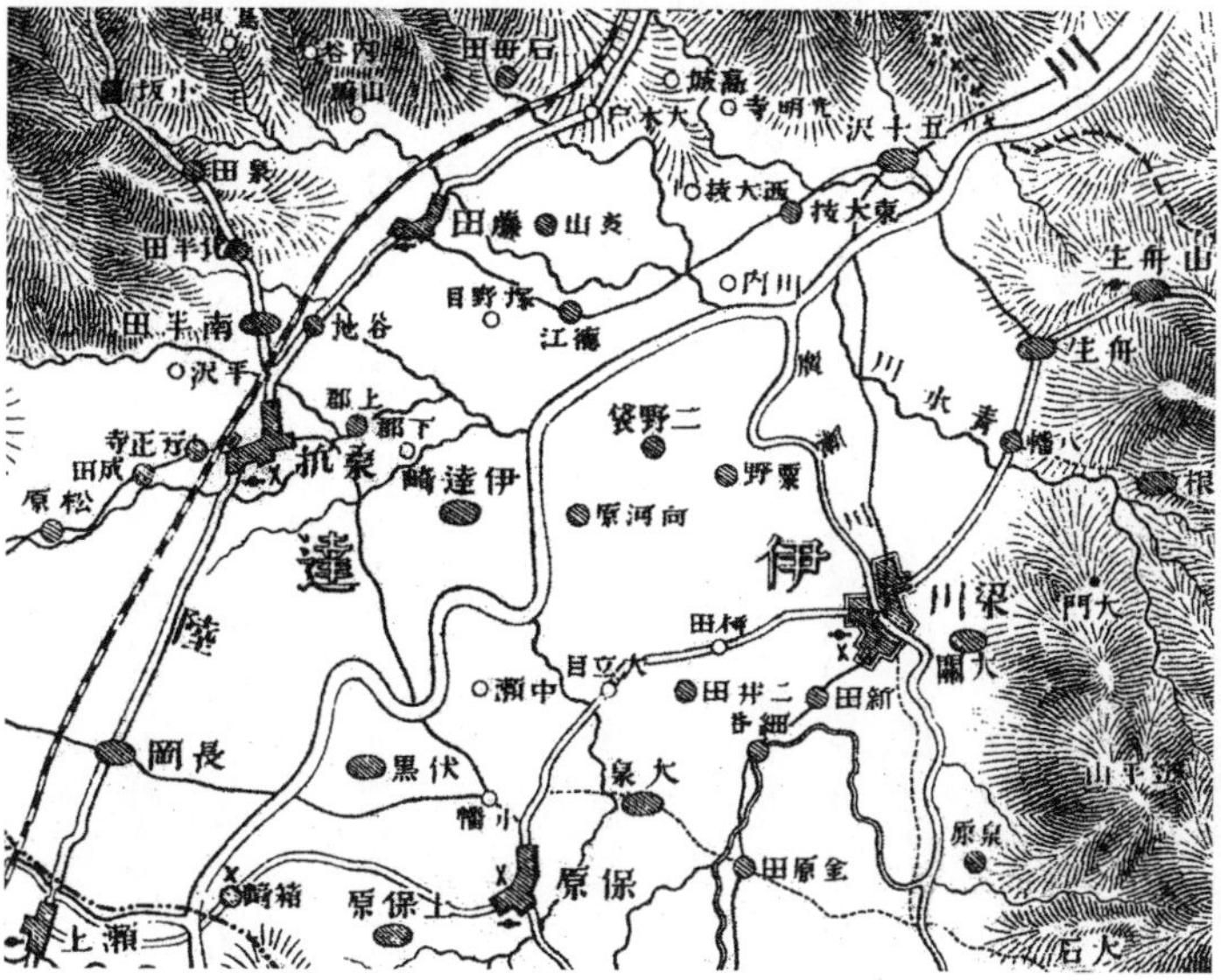

（註）　明治22年輯製20万分の１「福島」

【図２】　桑樹の分布状況

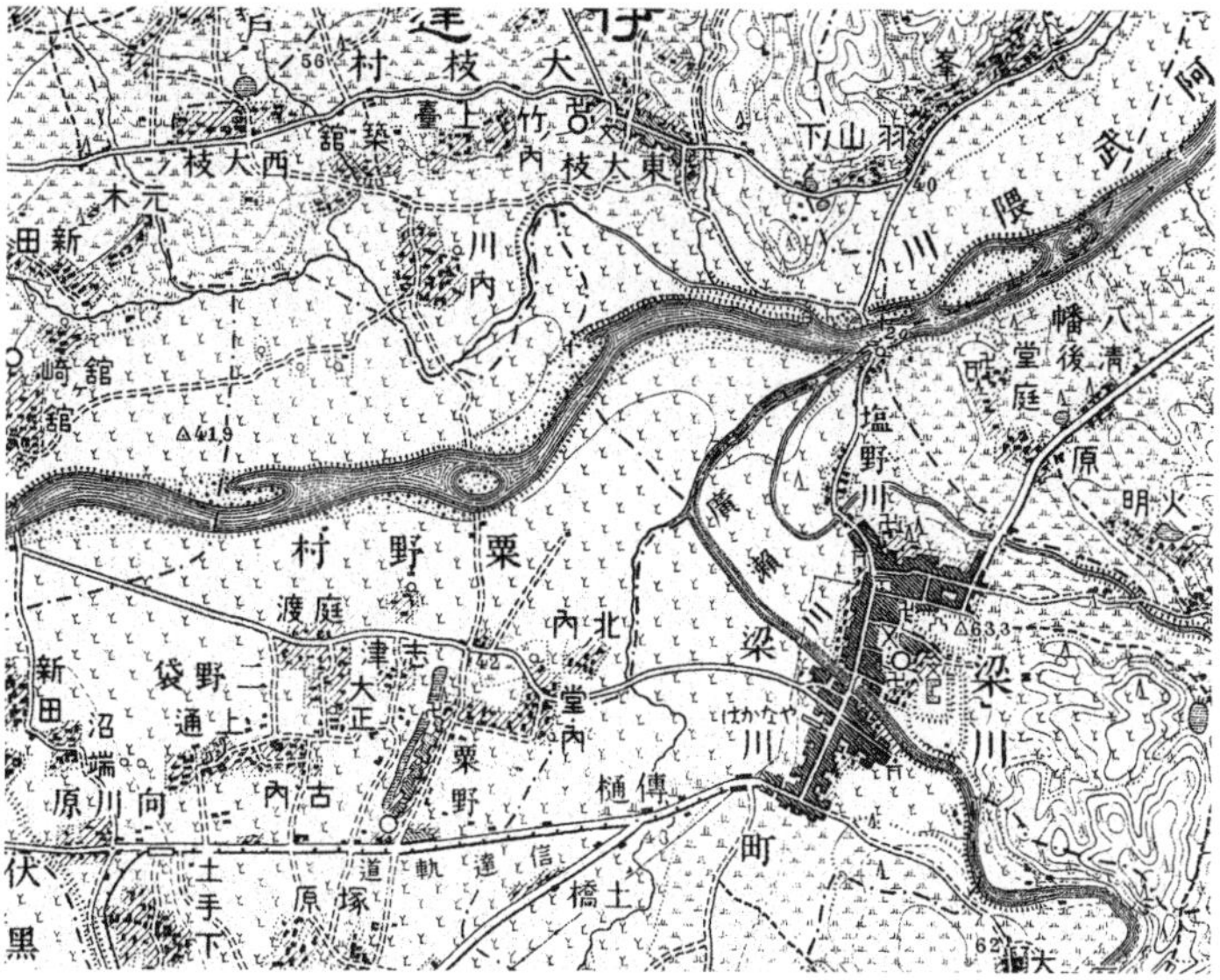

（註）　明治41年測図大正14年鉄道補入５万分の１「桑折」

とある。信達両郡に参入する絹糸商人の中には、「前廣代金」（前渡金）を渡して絹糸を注文する商人も存在していた。六月私領八七ヵ村惣代の訴状によれば、絹糸取引には二通り方法があった。

産物取捌方之儀者従古来当国福島町并在町之内ニ買継候店ニ有之、京都糸問屋者勿論江州其外諸国商人共より右買継店江追々注文申越シ候ニ付、依而者右店々よりも大勢糶商人と唱、手先之もの共夥敷在々所々市中江差出し、又者江州丹州辺商人共者直買と号し、福島町江入込ミ罷在、銘々手筋を以買継店々江申入、其時之相場を以多分之駄数を仕入致帰国、私共両郡在々之もの共者銘々分限ニ応し仕立候産物を右買継候店々江差送り、在町惣百姓共夫々取引仕候、[20]

《取引1》は注文による絹糸買いである。福島藩城下の福島町と近隣在郷町には、遠方からの注文に応じて絹糸を買付ける「買継候店」が設けられていた。京都和糸問屋、近江など諸国の絹糸商人が買継店に絹糸を注文し、買継店から大勢の糶商人が配下の者を「在々所々市中」に送り出して、注文の絹糸を買い集めていた。《取引2》は絹糸の直買いで、④である。近江・丹後国の絹糸商人が福島町に入り込み、縁故ある買継店から「其時之相場」により大量の絹糸を買い付けて帰国した。信達両郡の村々は「銘々分限」に応じて絹糸を生産し、絹糸を買継店に販売していた。

福島町は信達両郡の蚕糸業「産物」の一大集散地であった。福島商人槌屋小川家は伊勢国を生国とし、元禄一五年（一七〇二）福島町に出店したと伝えられる。京都三井家などの注文に応じて、絹糸を近隣在郷町の定期市から買い集め、「為登糸」（登せ糸）として京都に搬送していた。福島町では小川家のような城下町商人が、在郷町では粟野村池田家、五十沢村宍戸家、梁川村大竹家など、蚕種生産も営む村方の豪農が買継店を構えていた。[21]信達両郡の定期市には、福島市・桑折市・保原市・掛田市などがあった。また、祭礼市には天王市（六月一四日、岡）、愛宕市（同二四日、箱崎）、天神市（同二四・二五日、梁川）諏訪市（同二七日、桑折）などがあった。祭礼日はいずれも「夏成」上納時節であり、岡村の天王祭は絹糸取引の天王市とし全国的にも有名であった[22]。私領八七ヵ村惣代三郎兵衛は寺社奉行所の尋問に際して、「伊達郡長倉村天王市ニ而買継商人共、在方百姓共罷出売買仕来候[23]、」と返答している。買継店の城下町商人や豪農は信達両郡の村々から③の「最寄之市中江銘々多少ニ不限持出」される絹糸を、買い集め《取引1》《取引2》の京都和糸問屋、諸国の絹糸商人に販売していた。絹糸〆買一件の扱人、飯野村角屋逸三郎は「旧来京、大坂、江戸三都者勿論、江州辺諸国商人共より注文之糸絹、真綿類諸品買継渡世」に従事する豪農で、京都和糸問屋日野屋・吉野屋・井筒屋などへ「為登糸」を搬送していた[24]。

このような絹糸取引を介して、信達両郡一八七ヵ村は京都西陣を頂点とする全国的な絹糸市場に組み込まれていたのである。

五郎兵衛の絹糸〆買い

五月幕府領一〇〇ヵ村惣代の訴状によれば、絹糸〆買いの顚末は次のようであった[25]。

【第一段階】

去々巳年者是迄ニ無之糸相場下落仕凶年之折柄別而難渋仕候、右者江戸京両御織殿御用和糸絹問屋代御当地駿河町五兵衛店宮下五郎兵衛与申もの御用御撰糸御差支之由申之、外商人共江故障ヲ申不為致買受、一手ニ而買請候故之由風聞有之、猶去午年ニ至リ候而者前年違作之上糸下直ニ而夫食等ニも差支、蚕飼仕候ものも無数糸不足ニ而直段者格別引上申儀与存罷在候処、都而下落仕候得者全所々ゟ買人共奥州江入込罷在候もの之内江州神崎郡市田村熊谷半

右衛門下代五兵衛、同州同郡曽根村大橋半右衛門下代宗助両人之もの共江右五郎兵衛ゟ書状ヲ以故障申越候者近年銘々奥州江罷下リ糸買取余国江売渡候間、両御織殿御用御撰糸差支之趣和糸絹問屋共ゟ毎度申越候ニ付、其段於御当地ニ出訴ニ可及処、右之趣及承り相詫候者茂有之、然ル処右五兵衛宗助両人之もの奥州江下り糸仕入罷在候ニ付出訴ニ及べく処、一応引合不申候ニ者不本意ニ付一ト通及懸合ニ候得者買方見合早々可致帰国、不承知ニ候ハヽ不得止事及出訴ニ可申旨申越候由ニ而、右両人之もの共も御織殿御用御撰糸差支を恐入、買請候糸も及破談早々帰国仕候間、其外糸買商人共も右之趣及承り同様引払申候、

宮下五郎兵衛は江戸駿河町家主五兵衛の「店」（借家）を拠点とする「江戸京両御織殿御用和糸絹問屋代」であった。天保四年（一八三三）五郎兵衛は「御用御撰糸」不足を理由に、信達両郡で絹糸〆買いに着手した。諸国絹糸商人の信達両郡参入を妨害、排除して「凶年」の絹糸相場を「下落」に操作した。絹糸〆買いが本格化するのは翌五年である。両郡に参入する諸国絹糸商人の内、五郎兵衛は近江国神崎郡市田村熊谷半右衛門下代五兵衛、曽根村大橋半右衛門下代宗助に書状を宛てた。書状の内容は①近年絹糸商人買取りの絹糸が「余国」に売却され、「御用御撰糸」が不足になっている。この事態を和糸問屋から告げられた。②「御用御撰糸」不足を了承して絹糸買取りを中止する絹糸商人もいたが、五兵衛・宗助両人は絹糸買取りを続けた。③本来であれば即刻、両人を奉行所に訴えるべきであるが、取り敢えず絹糸買取り中止と即時の帰国を勧告して置く。④了承しないのであれば、不本意はあるが奉行所に訴える。①～④を内容とする書状により両人は「御織殿御用御撰糸差支を恐入」り、買取った絹糸を売主に返却して、近江国に帰国することになった。外の絹糸商人も五郎兵衛の命令を受け入れて、両人同様に帰国したのである。

これにより、信達両郡に参入する諸国絹糸商人には、五郎兵衛のように「御用御撰糸」確保を旨とする京都和糸問屋の傘下にある絹糸商人、五兵衛・宗助のように京都和糸問屋と無縁の絹糸商人が存在していた。信達両郡に於ける

絹糸取引は「御用御撰糸」の確保と不足を随伴しており、京都和糸問屋傘下の商人と傘下外の商人は恒常的に対立関係にあった。

【第二段階】

其後五郎兵衛手先之由申之江州坂田郡箕浦丹下太右衛門与申ものの忰九兵衛与申もの罷下り、御用御撰糸買方一手ニ仕無躰成安直段ヲ附置逗留罷在、

諸国絹糸商人が帰国した後、近江国坂田郡箕浦村丹下太右衛門の忰九兵衛が絹糸買いに参入した。太右衛門・九兵衛は「五郎兵衛手先」の絹糸商人であった。「凶年」で絹糸不足であったにも拘らず、諸国の絹糸商人が無人となり、信達両郡の絹糸相場は「無躰成安直段」に操作された。その下で「御用御撰糸買方」を開始したのである。五兵衛・宗助と太右衛門・九兵衛は共に近江国の絹糸商人であった。近江国に於いても、「御用御撰糸」を巡り対立関係にある絹糸商人の存在を確認できる。

【第三段階】

其内御年貢上納時節其外不時入用等追々差支候ハヽ、最初付置候不当之安直段ニ而茂無拠売渡候様ニ仕成誠ニ難渋仕候得共、外ニ糸捌方茂無之候間無是非何ケ年ニも無之安直段ヲ以売渡候儀ニ御座候、既ニ巳午両年糸安直段ニ而及潰ニ候ものも有之歎敷儀ニ奉存候、

信達両郡の絹糸は「不当之安直段」であっても、「外ニ糸捌方茂無之」状況では、絹糸取引は九兵衛に依拠する外

なかった。「凶年」による二年続きの「糸安直段」で多数の没落百姓を生んでおり、憂慮すべき事態であった。表2、七月一二日寺社奉行所留役清水次郎助の尋問に対し、私領八七ヵ村惣代は京都和糸問屋の傘下にある五郎兵衛・太右衛門・九兵衛三人が結託した絹糸〆買いを

江州坂田郡箕浦村丹下太右衛門代塚田九兵衛と申もの壱人奥州へ残り居、糸直段至而下直ニ相場を立右直段ニ候ハヽ引請可申由ニ而、買継店ニ者勿論信達両郡小前一同及迷惑候得共、最早夏成御上納時相成無拠処右直段を以売払候様相成難渋仕候、是と申茂右五郎兵衛太右衛門九兵衛両三人馴合、諸国商人共為引取〆買いたし候、[26]

と述べている。絹糸〆買いは「夏成御上納」の時節、買継店と「小前一同」を巻き込んで断行された。三人結託の絹糸〆買いが「凶年」下、疲弊する信達両郡一八七ヵ村の「養蚕渡世」を直撃したのである。

一八七ヵ村の要求　六月私領八七ヵ村惣代の訴状は信達両郡一八七ヵ村の要求を次のように述べている。

何卒以御慈悲相手五郎兵衛被召出前書之始末御吟味之上、同人申聞候通り京都江戸両織殿御用糸并西陣御召織御用糸実ニ御差支ニ相成候儀ニ候ハヽ、私共両郡より御買上ヶ被仰付被下置候様仕度、然ル上者為冥加と出精仕、聊御差支無御座候様可仕候間、産物之儀者古来之通り京都并丹州江州商人共直買者勿論外諸国商人共入込ミ、又者中越候注文仕入之儀無差障り手広ニ取引罷成、年貢上納高役諸夫銭勤方并大勢困窮之もの共儀百姓相続相成候様被為仰付被成下置候様、偏ニ奉願上候、[27]

一八七ヵ村の要求は二点である。第一は「京都江戸両織殿御用糸并西陣御召織御用糸」の買上げ要求である。第二

は従来通りの絹糸取引《取引1》注文、《取引2》直買い要求である。《取引1》は「申越候注文仕入之儀」、《取引2》は「京都并丹州江州商人共直買者勿論外諸国商人共入込ミ」である。その要求は年貢諸役の永納と「百姓相続」を成就させる唯一の方策であった。

絹糸〆買いの背景

訴訟方私領八七ヵ村惣代と相手方五郎兵衛の内済成立は**【表2】**、九月五日であった。「御用御撰糸」不足に起因する絹糸〆買いの背景は表3H～N、幕府領一〇〇ヵ村惣代・私領八七ヵ村惣代が勘定奉行所・寺社奉行所に提出した内済の請証文から確認できる。請証文は訴訟方・相手方の訴陳を内容とする前書、内済条目六ヵ条から構成され、双方が連署、連印している。絹糸〆買いの背景は相手方五郎兵衛の陳述から確認できる。私領八七ヵ村惣代提出の請証文[28]によれば、それは次のようであった。

寛永年中初而美濃近江両国ゟ糸挽出し京都江為差登、明暦之度諸国ゟ京都江為差登渡世仕候処、（略）、近年京都江為差登候儀者更ニ無御座候、脇国江而已売々仕候様成行、糸出産方豊凶之年柄ニ随下落又者〆買等いたし候もの有之、御用向之差支享保年中本多筑後守向井伊賀守京都御町奉行御勤役之砌願出、糸問屋三拾三軒ニ御定御定札被下置、年寄役迄被仰付候儀御座候、尤御定札表ニも和糸増長仕候ニ付、唐糸類持不渡候而も御用向不足も無之、世上融通相成候間仕来相守御用向者別而之儀世上糸道ニ携候もの共難儀不相成様可致旨被仰渡、其時節者国々江買入ニ不罷成候共奥筋之者共、京都問屋共方江差向荷物送り方仕候間、御用向聊無差支難有渡世仕候、然ル処年移り奥州筋江他国商人共入込ミ勝手ニ糸買入自然登糸薄く、尤余国者前々之振合忘却不致京都問屋共方江荷物差送り候得共、奥州筋之儀者江州表其外ゟ入込ミ買入方いたし候もの御座候故哉、更ニ為登糸無之、依之御用糸者猶更

之儀京都糸道ニ携候もの共差支勝ニ而、凡弐拾ケ年以来京都問屋共ゟ売込候諸国在々まて江州表之者共手広ニ売込連々問屋共儀御用御備糸囲方難仕、旁々難渋之始末五郎兵衛方ニ而も承知仕候、

京都に送られる「為登糸」は一七世紀寛永年間美濃・近江両国、明暦年間諸国から供給された。「為登糸」は京都和糸問屋に集荷され、京都西陣「御用御備糸」となった。その後、絹糸商人の「脇国」売りが横行し、京都和糸問屋への絹糸供給が途絶えるようになった。絹糸不足で「御用向」が困難となり、一八世紀享保年間「世上糸道ニ携候もの共難儀不相成様可致旨」を意図して「糸問屋三拾三軒」の株仲間が結成された。その頃迄は絹糸商人が諸国ヘ絹糸買付けに出向かなくとも、「奥筋之者共、京都問屋共方江差向荷物送り方」もあって「御用向」が停滞することは無かった。相手方五郎兵衛はこのように陳述した後で、近年の情勢を①「奥州筋」に諸国の絹糸商人が参入し、「勝手ニ糸買入」れるので、「為登糸」が減少した。②「余国」からは「京都問屋共方江荷物」が供給されているが、「奥州筋」には近江と諸国から絹糸商人が参入し、絹糸を買い集めているので、「為登糸」は皆無となった。③「為登糸」不足により、「京都糸道ニ携候もの」全体が疲弊しつつある。④約二〇年前から、京都和糸問屋の販売先であった「諸国在々」に近江の絹糸商人が「手広ニ」絹糸を売り込み、京都和糸問屋の「御用御備糸囲方」が困難になっている。としていた。「登糸薄く」「為登糸無之」とされる状況からは、「御用御備糸」の大半が信達両郡から供給されていたことを確認できる。

一時「脇国」売りが横行するものの、その対処策として「糸問屋三拾三軒」が結成されたこともあり、①②③に起因する④のような事態は享保年間以降、一八世紀には無かった。絹糸商人は京都和糸問屋の傘下にあった。京都和糸問屋は絹糸商人から独占的に買い入れた絹糸を、「御用御備糸」を確保した上で、残余の絹糸を諸国に分売りしていた。「唐糸類持不渡候而も」、京都和糸問屋の生業が停滞することはなかった。大石村の大橋家は「日影の大尽」と呼

ばれ、信達両郡有数の豪農であった。大橋家と京都絹糸問屋の絹糸取引は延享年間（一七四四～四七）に始まる。

御当領大石村大橋儀助先年延享年中祖父代ゟ京都絹糸問屋仲間江和談之上、累年大橋儀左衛門相続仕、京都初丹州江州常州総州、其外余国之商人江引合ヲ以、是迄数年来絹糸買継問屋と相唱相続罷在候[29]、

大橋家は延享年間から京都和糸問屋株仲間の承認を得て、代々「大橋儀左衛門」銘を引継ぎ、京都和糸問屋、丹後・近江など諸国絹糸商人と取引関係にあった。先の《取引1》注文・《取引2》直買いのいずれであっても、大橋家の絹糸取引は京都和糸問屋の統制下にあり、それ故に一八世紀には、「奥筋之者共、京都問屋共方江差向荷物送り方」が可能であったのである。

④「弐拾ケ年」は天保六年（一八三五）絹糸〆買一件の約二〇年前であるから、「然ル処年移り」とは、文化年間以降、一九世紀の情勢である。相手方五郎兵衛は④については、

江州商人共手広ニ買入方仕、全京都問屋共方江奥州出産之糸引受、夫ゟ諸国江分売仕候糸類、江州商人共直売いたし候ニ付、既ニ問屋共古元売々之姿更ニ失ひ取続難相成潰株多分出来、京都表ニ而右渡世ニ引連候もの共自然同様及潰、心至と難渋仕候、

とも陳述している。近江の絹糸商人は京都和糸問屋の販売先を侵食し、京都和糸問屋を経由しないで直接、「諸国在々」に絹糸を直売りするようになった。京都和糸問屋の独占的絹糸販売、残余分の「諸国江分売」は崩れつつあった。信達両郡に於ける絹糸取引は京都和糸問屋統制下にある《取引1》・《取引2》、京都和糸問屋統制外にある《取

引1》・《取引2》が並存していたが、①「他国商人共入込ミ勝手ニ糸買入」とあるように、後者が前者を凌駕しつつあった。新規に参入する絹糸商人によって、京都和糸問屋傘下の絹糸商人は信達両郡から駆逐されつつあった。②「余国者前々之振合忘却」とあるから、そのような事態は殊に、両訴訟方、郡に於いて顕著であった。「余国」での絹糸取引は未だ京都和糸問屋の統制下にあったと思われる。【表2】、七月一二日私領八七ヵ村惣代が提出した証拠の書状は絹糸の直売りが「両織殿御用御糸調進ニ差障迷惑」「京都西陣御召機御糸撰方ニ差支候様」となることを指摘していた(30)。諸国へ直売する新規の絹糸商人の絹糸取引は④「御用御備糸囲方」を旨とする京都和糸問屋の疲弊に直結する活動であった。

文化一一年(一八一四)『蚕飼絹篩大成』が「福島糸の産物ハ天下の央に過(31)」とした信達両郡の絹糸を巡って、京都和糸問屋・京都和糸問屋傘下の絹糸商人と、京都和糸問屋傘下の外にある新規の諸国絹糸商人は恒常的に対立関係にあった。それ故に、内済条目第一条は

糸荷物買入方之儀者江州表并其外諸国商人共儀、奥州伊達信夫両郡村々江罷越糸買入候儀、相手五郎兵衛并京都和糸問屋共儀一同差支故障無之、前書江州并其外商人共儀不法勝手之取斗不致、前々仕来通買入候筈取極候事、

として、双方に従来通りの絹糸取引を要請していた。第四条は

江州糸商人共京都和糸問屋与以後熟談儀定いたし候共、両郡村々差障りニ不相成候様可仕事、

しており、京都和糸問屋と対立関係にある絹糸商人の多くは近江の絹糸商人(近江商人)であった。天保六年

（一八三五）絹糸〆買一件はこのような対立を背景としていたのである。

おわりに

信達両郡一八七ヵ村の蚕糸業は生活基盤の根幹を成す生業であった。「糸とり」稼ぎの産物である絹糸（生糸）は《取引1》注文と《取引2》直買いにより買継店（買継問屋）に集荷され、福島町に出店を構える飛脚問屋、京屋・島屋によって郡外に出荷された。その絹糸は京都西陣「御用御備糸」となり、あるいは諸国絹織物業（羽二重・縮緬など）の原糸となった。京都問屋傘下の商人、傘下外の商人は絹糸「福島糸」を争奪し合う関係にあり、両者の対立激化は村の生活基盤を揺るがす原因となった。その究極が天保六年（一八三五）絹糸〆買一件であった。

本稿で指摘したように、信達両郡には多数の諸国商人が出入していた。これとは反対に、蚕種販売に諸国へ出向く豪農が数多く存在していた。絹糸相場は絶えず変動し、両郡の村々は変動する絹糸相場を共有していた。文化元年（一八〇四）レザノフの長崎入港、それに続く文化露寇事件は同四年（一八〇七）松前氏の梁川移封となって、両郡に波及した[32]。松前氏は文政四年（一八二一）旧領を回復するが、安政二年（一八五五）箱館開港に伴う蝦夷地収公（松前城付地を除く）により、その替地として梁川・金原田など六ヵ村は再度、松前氏が統治することになった（松前藩分領）[33]。嘉永二年（一八四九）梁川の中村善右衛門は蚕書『蚕当計秘訣』[34]を刊行した。蚕室内の飼育温度管理が可能となり、蚕当計は従来からの温暖育養蚕技術を一変させた。蚕当計による温暖育の普及、定着は薪炭の需要拡大となり、新たな山論の要因ともなった。

慶応二年（一八六六）の信達騒動の時に四〇から五〇代となる農民たちは、少年・青年期に絹糸〆買一件の顚末を目撃し体験したことになる。天保期の絹糸〆買一件以降、階層間の共存と対立を繰り返す先鋭的な地域社会の「養蚕渡世」は、三〇年後の信達騒動を準備することになったのである。

注

（1）『保原町史1』。

（2）福島県歴史資料館、藤田区有文書一一

（3）年不詳『信夫伊達両郡絵図』の「凡例」によれば、両郡二〇八ヵ村は幕府領三（桑折代官領・川俣代官領・梁川代官領、九八ヵ村）、私領九（福島藩領・白河藩分領など、一一〇ヵ村）に分轄統治されている（福島県歴史資料館、日下金三郎家文書二八三）。幕府領、私領の分轄統治に加え、村の支配領主は頻繁に交替した。例えば、伊達郡梁川村（町）は慶長六年（一六〇一）米沢藩領、寛文四年（一六六四）幕府領、延宝四年（一六七六）福島藩領、天和二年（一六八二）幕府領、同三年尾張藩御連枝の梁川藩領、享保一五年（一七三〇）幕府領、延享四年（一七四七）平藩分領、安永六年（一七七七）幕府領、寛政元年（一七八九）平藩分領、享和三年（一八〇三）幕府領、文化四年（一八〇七）松前氏移封の梁川藩領、文政四年（一八二一）幕府領、安政二年（一八五五）松前藩分領（『梁川町史』2）。このような領主変遷の下では、一円領国地帯に比べれば、支配領域への帰属意識、あるいは領主に対する恩頼感は極めて稀薄であったと思われる。また、享保一五年尾張藩主徳川継友の死去に伴う梁川藩主松平通春（宗春）の宗家相続、寛政元年平・笠間・延岡三藩の三方領知替え、文化四年・文政四・安政二年松前氏に対する蝦夷地収公と返還など、村の暮らしに直結する諸事件は高い政治意識を醸成する要因になったように思われる。

（4）例えば、桑折年番早田伝之助『公私諸用留書』慶応二年六月に「伊達郡岡村蚕種肝煎役阿部文右衛門宅を打毀」「同郡長倉村蚕種肝煎役伴六を打毀」「伊達郡中瀬村蚕種肝煎役宍戸儀左衛門宅其外数軒打毀」とある。また伝之助は信達世直し騒動の原因を「宍戸儀左衛門并土井大隅守領分同国岡村阿部文右衛門申合、生糸蚕種改方其筋江願出候故、当年古来ゟ無之口糸冥加永等取立ニ相成候様ニ存込、右両人を初め其筋江携候ものを悉恨を含居候由ニ相聞候、」とも見做していた（福島県歴史資料館、早田伝之助家文書九五）。

（5）大平祐一「近世の合法的訴訟と非合法的訴訟――救済とその限界――」（『民衆運動史3　社会と秩序』青木書店、二〇〇〇年）。

（6）この点で、郡中議定組織の形成を想定できるが明らかでない。

（7）『桑折町史1』。
（8）『日本農書全集　第三五巻』（農山漁村文化協会、一九八一年）。引用文の送り仮名文字は省略した。
（9）注（8）に「京飛脚福島へ出店京屋島屋　江州八幡飛脚出店八幡屋」とある。飛脚問屋京屋・島屋・八幡屋は福島町に出店を設け、京都へ絹糸を駄送し、為替業務に従事していた。島屋は仙台・江戸・京都・大坂・加賀などに「島屋御組合仲間」を組織し、江戸に為替取引所があった（『福島市史』1）。
（10）天保六年三月「乍恐以書附奉願上候」（『福島市史9』）。
（11）福島藩領一九ヵ村では、曽根田村名主丹治喜右衛門・渡利村名主菅野伝兵衛・方木田村名主丹治半兵衛が惣代となり、福島藩奉行所に添翰願いの訴状を提出している（天保六年二月「乍恐以書付奉願上候」、福島県立図書館）。福島藩城下の福島町では、単独で惣代を立てて訴状を提出した。福島町三郎兵衛は一九ヵ村の割元で、曽根田村の兼帯名主を勤めていた。三郎兵衛が福島町惣代となり添翰願いの訴状を提出したと思われる。以下の記述は天保六年『絹糸〆買一件』（『福島市史9』）を出典とする。
（12）天保九年『江戸済口之写　手渡　年番所』（『霊山町史2』）。
（13）天保七年正月『諸願雑書』（福島県歴史資料館、庄司家文書一五一二）。
（14）表3D、天保六年三月「乍恐以書附奉願上候」（『福島市史9』）。
（15）表3E、天保六年五月「乍恐以書付奉愁願候」（福島県歴史資料館、庄司家文書一五一二）。
（16）表3G、天保六年六月「乍恐以書付御訴訟奉申上候」（『福島市史9』）。
（17）文化五年五月「乍恐書付ヲ以奉願上候」（『伊達町史5』）。
（18）嘉永三年一一月「乍恐以書附奉願上候」（『梁川町史6』）。
（19）注（15）。
（20）注（16）。
（21）『桑折町史1』。
（22）注（21）、『伊達町史1』。天王市は郡内最初の祭礼市であった。天王市での取引相場は変動する両郡絹糸相場の基準となった。

注（8）『蚕飼絹篩大成』は「奥州福島ニて例年初糸六月十四日大市有」として「福島天王祭り　初市之図　例年六月十四日」を図示している。「福島」とあるが、この「初市」が岡村天王祭の天王市である。
(23) 天保六年『絹糸〆買一件』（『福島市史9』）。
(24) 天保三年八月「乍恐以返答書奉申上候」（『川俣町史2』）。
(25) 注（15）。
(26) 注（23）。
(27) 注（16）。
(28) 表3K、天保六年九月「差上申渡済口証文之事」（福島県立図書館）。
(29) 天保八年八月「乍恐以書付を奉願上候事」（『霊山町史』2）。
(30) 注（23）。訴訟方が提出した天保五年（一八三四）七月二九日付の書状は【第一段階】の①～④を内容とする。その書状で、五郎兵衛は「当年之所買方御見合早々御帰国被成可然候、」と述べている。
(31) 注（8）。
(32)『累世年鑑』は町飯坂村名主渡辺弥平治の日記である。弥平治はレザノフの長崎入港を「文化元甲子年七月肥前長崎へヲロシヤ舟壱艘着岸、」「同丑三月迄長崎ニ滞留、帰国之由ニ候、」と記す（福島県歴史資料館、渡辺家文書四四九）。レザノフの通商要求は信達両郡内に広く流布していた風聞であったと考えられる。梁川に藩庁を置く梁川藩松前氏の領知は伊達郡内六ヵ村九〇〇〇石余、常陸国・上野国内九六〇〇石余、計一万八六〇〇石余（『梁川町史2』）。
(33)「御用ニ付上ヶ知被仰付為替地三万石被下候ニ付、込高共四万三百五拾八石余」とされた松前藩分領は伊達郡内六ヵ村と出羽国村山郡内の村々、計三万石余。同郡尾花沢周辺の「込高」（幕領預り地）一万三〇〇石余であった（『松前町1下』、『梁川町史2』）。
(34)『日本農書全集　第三五巻』（農山漁村文化協会、一九八一年）。

六章　菅野八郎頭取説に関する一考察
―『信達騒動記』をてがかりに―

水村暁人

はじめに

慶応二年（一八六六）六月、奥州信夫・伊達郡一帯において大規模な民衆運動が勃発した。安政の開港以来の諸物価の騰貴を背景とし、蚕種新税の設置に絡む豪農・桑折代官の「私欲」を直接的な引き金としたこの出来事は、信達両郡数万の人びとが参加して周辺の豪農商を激しく打ち毀す事態に発展した。[1]これは一般に信達世直し騒動と呼ばれ、同年に武蔵国で起こったいわゆる武州世直し騒動と並び代表的な世直し騒動と位置づけられている。[2]

この騒動―本稿ではこれを信達騒動と称する―の頭取と目されている人物が菅野八郎である。庄司吉之助による研究以来、八郎は騒動に指導的な役割を果たしたといわれてきた。[3]しかし後述するように、騒動と八郎との関わりを立証する決定的な史料はなく、八郎が実際に騒動に関わったのか否かを確定するのは困難といわざるを得ないのが現状である。

本稿は、八郎が騒動に関わったのか否かを具体的に明らかにすることを目的としない。むしろそれを確定するのは難しいということを出発点にして、騒動が信達地域においてどのように語られたのかを検討し、八郎頭取説が生じたことの意味を明らかにする。

そのうえで今回扱うのが、『信達騒動記』という史料群である。(4) 信達騒動をめぐり、村方における断片的な風聞留の類から支配層による公的記録に及ぶまで、多様かつ膨大な史料が書き残された。そのなかで騒動の全体像をもっともわかりやすく我々に伝えてくれる史料が『信達騒動記』である。写本・類本が多数存在していることから、当時広く流布しながら不特定多数に読まれたものと考えられる。(5)

本稿ではまず、『信達騒動記』がどのような特徴を持つ史料なのかを検討する。現在多数現存する『信達騒動記』の写本・類本の総合的な把握はなされておらず、表現や内容の類似性に着目した体系的な検討も行われていない。まずは『信達騒動記』という史料群の存在形態、表現・内容形式を把握し、信達騒動の叙述の特徴をあぶり出すことにしたい。

本稿はいわば騒動の実像ではなく表象を追うものであるが、近世社会における民衆運動の表象を論じたものとして、百姓一揆物語研究が挙げられる。若尾政希は、一八世紀半ばに一挙に出現する百姓一揆物語という記録作品の表現・内容形式をあぶりだし、近世社会のなかに位置づけた。(6) 若尾によれば、百姓一揆物語は一八世紀半ばという時期、百姓一揆が全盛を迎えるなかで、仁政回復をモチーフとして描かれたものである。すなわち百姓一揆物語とは、近世における治者・被治者相互の関係意識としての仁政イデオロギー(7)を具現化した記録作品と位置づけることができる。

一方、須田努は一九世紀に起こった天保の甲州騒動における「騒動記」の特徴を論じている。(8) 須田によれば、甲州騒動の場において「騒動記」と括られる一連の記録が書き残されたが、それは甲州騒動の暴力と恐怖を追体験すべく語り継がれたものであるという。すなわち須田は一八世紀の「仁政イデオロギーの子」としての百姓一揆物語に対し、一九世紀における仁政イデオロギーの弛緩と作法の崩壊を語る新たな物語として天保の「騒動記」を位置づけ、百姓一揆物語から「騒動記」へという民衆運動の叙述の変容を見出している。

このような近世における民衆運動の叙述の変容という構図をふまえた上で、本稿は第一に『信達騒動記』の特徴を明らかにし、その歴史的位置付けを行う。第二に、その上で八郎頭取説が史料上どのように浮かび上がってくるのかを検証する。当時広く流布したとされる『信達騒動記』をはじめとする騒動史料のなかに、八郎頭取説はどのようにみられるのだろうか。そしてそれは信達騒動の叙述においてどのような意味を持つのか。『信達騒動記』の検討をてがかりにして、八郎頭取説発生の意味に迫ることとしたい。

1、『信達騒動記』とは何か

史料群の把握

近世社会において、民衆運動が起こった地域ではあらゆる情報が飛び交い、それがさまざまなかたちで流布した。情報の断片はときにまとまった内容を持つ記録として書き残される場合もあり、なかには物語と呼びうるような作品性豊かな記録が記される場合もみられた。信達騒動においても、村方における騒動への高い関心を反映して、周辺各村に多くの情報が流布し、詳細な記録が書き残されている。なかでも『信達騒動記』と呼びうる一連の史料群は、信達地域においてもっとも数多く書き残された。『信達騒動記』の写本・類本と思われる史料を収集し整理したものが**【表1】**である。表現・内容上に類似性がみられるものを収集した結果、現在のところ三一点の写本・類本が確認できる。

周知のように、福島県内における一揆・騒動に関する史料は、かつて庄司吉之助により大々的に収集・整理がすす

No.	タイトル	筆記年代	著者・筆写者	所蔵	翻刻史料	特記
17	［伊達信夫両郡騒動実記］	慶応3年5月		福島県歴史資料館庄司家2477		
18	慶応二年信達騒動之覚			福島県歴史資料館庄司家2486		
19	［慶応二年信達農民一揆資料］			福島県歴史資料館庄司家2487		
20	奥州信達二郡之騒擾		後藤寅次郎手記			『東北諸藩』『世直し一揆の研究』に庄司氏参照の記述あり。
21	伊達信夫大騒動記			朝倉一郎家	福島市史資料叢書19と同一か	『東北諸藩』『世直し一揆の研究』に庄司氏参照の記述あり。
22	慶応集会記			朝倉一郎家		『東北諸藩』『世直し一揆の研究』に庄司氏参照の記述あり。
23	伊達慶応騒動記		伊達郡粟野村　池田理七手記		庄司『東北諸藩百姓一揆の研究』52頁、一部記載	
24	信達騒動記		佐藤桃樹園手記			『世直し一揆の研究』74頁、に庄司氏参照の記載あり。
25	信達騒動記			伊達町　韮沢甚之丞家		『世直し一揆の研究』74頁、に庄司氏参照の記載あり。
26	信達走動記			霊山町　懸田弘訓家	福島市史9近世資料Ⅲ	
27	御百姓そふとふ記			福島市下野寺　大内和男家	福島市史9近世資料Ⅲ	
28	伊達信夫両郡騒動実記巻之五	慶応4年カ		福島県歴史資料館庄司家2476		
29	伊達信夫大騒動記	明治3年	菅野永祐		福島市史資料叢書第十九筆	
30	信達両郡騒動実記壱～参	明治3年	菅野民蔵の写し（陸奥信夫何某記之）	福島県歴史資料館庄司家2479～81		
31	信達騒動実記	明治20年	佐久間遊鶴編	福島新聞社刊／国会図書館蔵	福島県史料集成5、他	

【表１】『信達騒動記』一覧

No.	タイトル	筆記年代	著者・筆写者	所蔵	翻刻史料	特記
1	信達慶応騒擾実記		「著者不詳」	福島県立図書館（原本は福島市大字瀬上後藤虎次郎の蔵本）	福島県史料集成３	
2	信達慶応騒擾実記			福島県立図書館	福島県史	
3	信達慶応騒擾実記			福島県立図書館	庄司『東北諸藩百姓一揆の研究』	庄司氏は被害軒名について他史料にて補完
4	信達慶応騒擾実記				『日本庶民生活史料集成』６巻	庄司氏は被害軒名について他史料にて補完
5	信達騒動記			保原町柱沢　柳沼正雄家	保原町史２巻	
6	信達騒動記			福島県歴史資料館庄司家2484		『保原町史』２と類似
7	奥州信夫郡伊達郡之御百姓衆一揆之次第			庄司『世直し一揆の研究』に「川俣町高橋加久吉写本より」とある。福島県歴史資料館庄司家2484がこれにあたるか。	庄司『世直し一揆の研究』	
8	奥州信夫郡伊達郡之御百姓衆一揆之次第			福島県歴史資料館庄司家2484がこれにあたるか。	『民衆運動の思想』	
9	奥州信夫郡伊達郡之御百姓衆一揆之次第			福島県歴史資料館庄司家2484がこれにあたるか。	庄司『東北諸藩百姓一揆の研究』	
10	奥州信夫郡伊達郡之御百姓衆一揆之次第			福島県歴史資料館庄司家2484がこれにあたるか。	『日本庶民生活史料集成』６巻	
11	信達騒動記			梁川町 中村左平治家	桑折町史６巻	
12	慶応信達騒動記			桑折町 後藤浩一家	桑折町史６巻	
13	信達強訴風聞留帳			福島県歴史資料館庄司家2471		
14	信達騒動風説記	慶応２年８月下旬	北屋辰蔵豊盛写	福島県歴史資料館庄司家2472		
15	伊達信夫騒動控			福島県歴史資料館庄司家2473		
16	信達騒動記	慶応４年成立カ→昭和５年写	菅野市郎右衛門→西五十沢村高橋寅次写	福島県歴史資料館庄司家2474		

められた。しかし氏がその史料の収集元を明らかにしていない場合や、類似の史料を混同し、語句を補完しつつ翻刻している場合がある。写本・類本自体に注目する本稿の立場からすれば、史料の所在確認や特定を困難なものとしているといわざるをえない。

そこで【表1】には、従来は同一の史料として扱われてきた翻刻史料もあえて個別に掲載した。庄司が同一の史料として掲載している史料のなかには、翻刻にわずかな文字の違いがみられるものもある。単なる誤植とも言いかねないが、一概に同一の史料として扱えない可能性もあるため、ひとまず別の史料としてカウントした。

『信達騒動記』の存在形態

さて【表1】を概観してみると、「〇〇騒動記」と題したものがもっとも多いことがあらためてわかる。また「〇〇騒動実記」と題されたものも複数みられる。そのほかタイトルに違いはあるものの、ここでは表現・内容に類似性が認められるものを総称して『信達騒動記』と表記しておく。

『信達騒動記』の原本は特定できず、写本の筆写者も不明な場合がほとんどである。なかには「拙者古物店より求申し候」(9)などと古物屋からの購入を明示した史料もみられるが、入手・流布過程をたどれるものはごく少数である。

信達騒動は、信達地域以外においても大きな関心を呼んだ出来事であった。騒動直後には江戸で信達騒動に関する瓦版が出されたことが広く知られているし、三河の豪農稲橋家のところに騒動の詳細な情報が届いていることが確認されている。(11)また信達騒動とほぼ同時期に武蔵国でおこった武州世直し騒動に際して、秩父の医師伊古田純道は『賊民略記』という書物のなかで、以下のように信達騒動について触れている。(12)

奥州伊達郡忍夫郡十九万八千石ノ地ニテ豪民百余家を打毀セリ、六月十四日ハ天下無双ノ糸市ニテ三都ノ商人ハ勿論、諸国ヨリ来リ買フ、之ヲ天王市ト云、今年此日ニ当リ糸ヲ販ク者絶テ無シ、人々奇異ノ思ヲ為セリ、其夜ヨリ始リ廿日迄昼夜トナク打潰セシト、大宮久保栄五郎彼地ニアリテ七月二日帰宅ノ話ナリ、奥州武州百余里ヲ隔テ同日ニ此ノ変乱アリシモ豈奇ナラスヤ、

このように、信達騒動の情報は、信達地域に限らず他国にも駆け巡った。伊古田純道が述べているように、信達騒動は単なる一地域のローカルな出来事ではなく、慶応二年という時期を象徴する「変乱」ととらえうる事件であったといえよう。

しかしながら『信達騒動記』は、筆写されて他国に流通することはなかった。【表1】の史料所蔵地を見る限り、『信達騒動記』は福島県信夫・伊達地域に分布していることが指摘できる。『信達騒動記』は、騒動の起こった信達地域内にのみ写本として流布したものととらえることができるのである。

つまり信達騒動という出来事に対する各地からの大きな関心とは裏腹に、騒動の全体像をわかりやすくまとめた『信達騒動記』という史料群が信達地域の外に流布していないのである。『信達騒動記』は、騒動の波及した地域の人びとによる、地域の人びとのための記録作品であったといえよう。

2、表現・内容形式

内容構成

次に『信達騒動記』の表現・内容上の特徴をまとめてみたい。【表1】に示した『信達騒動記』の共通する内容を整理すると、概略次のようになる。なおすべての『信達騒動記』がこのような内容構成を有しているわけではなく、

部分的に異なる構成がみられるものや、部分的な類似にとどまるものもある。

［0］日本開闢の神話
［1］騒動の原因
［2］一揆廻状
［3］騒動への不穏な状況、百姓の蜂起
［4］一揆のありさまの具体的描写
［5］打毀し軒名・軒数書き上げ

まず［0］では、中国古来の国家の興隆、そして日本列島の天地開闢の神話が語られ、「神国」たる日本に安政以来西欧諸国が来航したことが述べられる。騒動の叙述開始にあたり、歴史的な空間のなかに騒動を位置づけようという筆者の意図を読み取ることができる。騒動の原因を安政の開港と関連付けた記述が散見されるのが特徴で、全体の中でのプロローグとして位置づけられる部分といえる。

次に［1］では、騒動の発端となった事柄について具体的な記述がなされる。これが実際の騒動に関する記述の始まりであり、『信達騒動記』の多くで記述のありようがもっとも酷似している。

伊達信夫騒動蜂起之其濫觴を尋るニ、土井大隈守領分岡村ニ阿部文右衛門・桑折御代官所川上猪太郎支配所中瀬村宍戸義左衛門両人身元相応之百姓ニ而、養蚕を家業ニ而上州辺江種売商売致シ来り候所、両人私欲を起し、本場村方江相談も不致、四十二ケ村之惣代と偽銘を以、松平対馬守様江品々願達致候義、(13)

ここでは、岡村の文右衛門と中瀬村の儀左衛門という人物を名指しで批判し、彼らの「私欲」が騒動の原因となったことが明示されている。どの写本も確かな人名を具体的に挙げて糾弾がなされている点から、写本間での正確な情報の共有がなされていたことや、騒動の原因となった人物・事柄への関心の高さが読み取れる。

［2］には、騒動の起こった周辺各村へ出回ったと思われる一揆廻状が掲載されている。ただしこれを掲載しているのはごくわずかの『信達騒動記』にすぎない。廻状では［1］の内容と重複するかたちで、物価高騰の原因である岡村・中瀬村・桑折の者供の「私欲」が糾弾されており、各村に蜂起への参加を求める内容となっている。慶応二年五月の日付の廻状で、信達地域一八八村が連署したことが示されている。

［3］以降は、騒動の具体的な描写へと移っていく。まず例年にぎわうはずの六月一四日の天王祭の糸市が開かれず、周辺各村が不穏な状況となっていることが描写される。さらに続けて、翌一五日から大勢の人数が集まり、打毀しを開始したことが描き出される。続く［4］では、打毀しの様子が具体的に描写され、得物・鳴物を持参する「一揆」勢の有様、甲冑らしきものを身に着けた「頭元」とみえる人物の有様が描きこまれる。［3］～［4］の描写にはいくつかのバリエーションがみられ、流布の過程でいくつかの系統へと写本が分岐した可能性を指摘できる。

最後に［5］では、打毀しにあった軒名が具体的に列挙される。騒動の収束の様子について詳しく描きこむものはなく、後半は打毀しの実態把握に終始して叙述が終わっている。慶応期の世直し騒動では、騒動に見舞われた村々で打毀しの動向や打ち毀された軒名・軒数などが細かく書き残されている場合が多くみられる。それは世直し騒動の際に打ち毀される側に回ることの多かった村方の名主・知識人層の危機感と情報収集能力の一端があらわれているといえる(14)。『信達騒動記』はそうした村方における情報のニーズとも相俟って、信達地域に広く流布したと考えられる。

以上が『信達騒動記』の内容構成をおおまかにまとめたものであるが、各々に表現や内容に違いを有している場合が多いことに留意が必要である。『信達騒動記』は、一つの底本が正確に筆写されて流布した史料群というより、信達地域において飛び交った断片的な細かい情報が集積されつつ、筆写の過程で必要に応じて取捨選択がなされたものと考えられる。結果的に類似の情報やストーリーをちりばめた史料群として成立したものが『信達騒動記』であったととらえることができるだろう。

内容の特徴

次に『信達騒動記』の内容の特徴をまとめたい。まず基本的な特徴としては、騒動の発端から経過に至るまでが詳細な地名・人名を盛り込みつつ時系列で記されていることが指摘できる。主に村方における被害の状況や騒動勢の動向などを記すことに頁数がさかれ、特に騒動の原因となった「私欲」の者の非道、そして騒動に参加した人びとの激しい活動性が具体的に書き込まれる傾向がある。これらのことから、まず書き手は信達地域に詳しい者であること、また読み手の関心も地域内の具体的な人名・地名へ注がれていることが看取されよう。

『信達騒動記』は、打毀しを行う人びとの激しい活動性に驚きを表す一方で、騒動勢全般に対して好意的な立場で書かれているとこれまで評価されてきた(15)。ただし騒動勢すべてを一様に好意的にとらえているわけではなく、騒動に乗じて略奪などを行う付和雷同的な輩に対しては厳しい視線を向けていることが読み取れる。それが読み取れるシーンを挙げてみよう。

やあ〳〵者共火の用心ハ第一にせよ、米穀ハ打ちゝらすな、質物ハ決て手ハ懸けまじ、質は諸人の物成ぞ、又金銭品物ハ身に付るな、此働ハ私欲にあらず、是ハ萬人の為成ぞ、此家の道具は皆悉く打こわせ、猫のわんでも残すな、と下知を聞く〻此奴原打こわす打くだく其物おとのすさまじさ百千の雷のおちかの類が如く也、又此奴原の顔付働悪鬼の如くにておそろしかりける次第也(16)、まずここでは騒動勢が火の用心を徹底し、米や質物・金品の略奪を徹底的に禁じた百姓一揆の作法を象徴的に描いていることがうかがえる。「此働ハ私欲にあらず、是ハ萬人の為成ぞ」と呼びかけあいながら打毀しを徹底的に行うさまは、まさに一揆の作法を厳守する御百姓のありようを示したものといえよう。(17)一方でその激しい活動性を、驚嘆とともに「悪鬼の如く」ととらえており、一概に好意的な立場とは言い切れない面も指摘できる。

関連して次の史料では、一揆勢に付和雷同する「悪党」「浪士」の類がときに「強盗の有様」に興じていることを批判的にとらえていることがうかがえる。

然る時は萬民神か仏歟と手合して拝むことも知るべきなり、然るに斯の如く乱暴に至るは他なし、騒動の中に悪党者諸国の浪士・乞食・非人・盗賊等の雑入したるが故なり、其故に信達両郡にて七八萬人も集り候や、其打破の時に当て酒・醤油・味噌桶迄悉く切破候て家中大河の如く流る、家財残りなく細密に打破り（中略）、或は女童に与へちらし菓子や薬店に行けば、砂糖をさらいて握飯等に付食事飢たる猿のくだものを貪るが如し、実に強盗の有様目するに忍びず、(18)

このように、百姓一揆の作法にのっとった行為とそれを逸脱する行為の双方を具体的に描いているところに『信達騒動記』の特徴が求められる。また一揆の作法を守る行為については概ね好意的な描かれかたをする一方で、一揆の作法を逸脱する輩に対して批判的なタッチで描いていることを指摘できよう。すなわち騒動勢の行為が百姓一揆の作法という社会通念にのっとって遂行されるべきであるという立場で、『信達騒動記』は叙述されているのである。

【表２】『信達騒動記』 書き出しにみられる共通性

	史料名	所蔵	出典	文言
1	信達慶応騒擾実記	福島市大字瀬上後藤虎次郎／福島県立図書館	東北諸藩百姓一揆の研究	茲に信達二郡の騒擾あり、其根元を尋ぬるに
2	信達騒動記	柱沢　柳沼正雄	保原町史２巻	此度之騒動の発端［　］尋ニ
3	信達騒動記（御百姓衆一揆之次第）	福島県歴史資料館庄司家2484		此度の騒動の発端を委く尋るに
4	信達騒動記	梁川町中村左平治家文書	桑折町史	伊達・信夫騒動蜂起之其濫觴を尋るニ、
5	慶応信達騒動記	後藤浩一家文書	桑折町史	慶応二寅年六月、伊達・信夫両郡農民共一揆之徒党を企て、乱妨いたし候始末を尋ぬるに
6	信達走動記	霊山町　懸田弘訓	福島市史９	爰ニ信達両郡ニ走動相起候、其根本尋ぬるに、アメリカ。フランス。ヲロシヤ三ヶ国の下田・神奈川来航
7	伊達信夫両郡騒動実記巻之五	福島県歴史資料館庄司家2476		混々たる浮世となりし其根本を尋るに、今年より十五ケ年前丑年、アメリカ人渡来して交易始り、イギリス。ナンキン。ヲロシヤ。フランス。等の国々横浜へ入津し、

表現形式

次に『信達騒動記』の表現の特徴をまとめてみよう。【表２】は『信達騒動記』の書き出し部分にみられる類似性をまとめたものである。『信達騒動記』の多くは騒動の原因を追及するところから書き始められる場合が多いが、その表現のありかたには一定の形式がみられる。

「発端」「濫觴」「根本」など表現に差異はみられるものの、「〜を尋るに」と騒動の原因を伝え聞くかたちでストーリーが書き始められていることが多いのが、『信達騒動記』の特徴のひとつである。

次にみられる表現上の特徴として、得物や出で立ちといった具体的な持ち物や格好に言及した騒動勢のリアルな描写が挙げられる。典型的な表現がみられる箇所を挙げてみよう。

　十六日より中瀬・梁川・五十沢・藤田・桑折・板谷内・瀬上・福島・青木・立子山辺迄悉く破壊し、十九日迄に三十三ケ村を乱暴し、破壊毎に人数相増し、七八萬人斗に相成候、其勢如奔馬轟竜虎の如く、皆棒鳶口手槍竹槍鉄砲鋸斧等を持ち候者無数、或いは蓑笠を戴き利鎌を帯候者も繁多有之様と戒る、其勢天地も震動せんとす、[19]

ここでは騒動勢の規模が約七～八万人に達する様子や、騒動勢の得物や出で立ちが具体的に表記され、その活動性が竜虎の轟くような激しいありさまであったことが描かれる。

其出立者兜頭巾ニふん込ヲ着シ晒ノ襷褌一様ニ其外百性共ニハ夫々村方ニ応し緋縮緬或者五郎腹浅黄地思々の出立也、目印ニ者馬連之如物拵色々の印を付、木綿白絹又者縮緬五郎腹等之印也、持道具ニ者竹槍大斧掛矢半棒天王寺鳶口等を持、莚旗を押立、惣勢一同ニ鯨波を作り繰出シ掛ル、[20]

さらにここでは、騒動勢が各々に目印となる旗を有していたことが描かれ、その色や様子が具体的に描かれている。また出で立ちや得物に関しても、色鮮やかな鉢巻やたすきを着用した様子が描きこまれている。百姓一揆の作法が具体的かつふんだんに盛り込まれて描かれているところに、『信達騒動記』の表現上の特徴が求められよう。さらに騒動勢をあたかも目の前で眺めているかのような臨場感、色彩や活動性を丁寧かつ鮮やかに描く描写性といったものも指摘できる。

3、『信達騒動記』の歴史的位置

『信達騒動記』の叙述

『信達騒動記』の内容の特徴をまとめると、①騒動の原因や経過を時系列に記し、騒動勢のありさまや打毀しの軒名・軒数を克明に描く、②騒動勢が一揆の作法を守ることに対して好意的/作法を逸脱することに批判的な立場で描く、などの特徴を見いだせる。また表現上の特徴として、①伝聞形式の表現で語り始められる、②一揆としての要素(=得物・鳴物・出で立ち、作法を守る一揆勢の有様)を具体的に盛り込んで臨場感ある表現で描写される、などの特徴も見いだせる。

冒頭でも述べたように、近世の民衆運動の場において、百姓一揆物語と呼びうる史料群が書き残されたことが知られている。百姓一揆物語とは、一八世紀半ばにおいて仁政イデオロギーを具現化して描かれた記録作品であり、ゆえにそのストーリーには以下のような共通する特徴がみられる。①仁政を求める「御百姓」の姿を象徴的に描き出す、②「御百姓」の代表としての頭取を仁義に厚い大人物として描く、③百姓一揆の作法にのっとって自らの正統性を堂々と主張する一揆勢の姿を描く、④治者による仁政の回復によって物語が終焉する、などの特徴である。

これまでみてきた『信達騒動記』の特徴をこれに照らしてみると、そこに百姓一揆物語との類似点が浮かび上がる。物語の書き出しや一揆の作法に関する記述といった、表現の類似である。

『信達騒動記』の多くに共通してみられる「～を尋るに」という伝聞形式の書き出し(【表2】参照)は、百姓一揆物語にもよくみられるものである。例えば寛延二年(一七四九)に同じ伊達・信夫郡で起こった彦内騒動に、『五穀太平記』という百姓一揆物語がある。ここでも「爰ニ寛延二巳年信達両郡田方立毛大凶作ニ付五穀太平記基根木を委しく尋ニ、」(21)という書き出しがみられることは注目に値する。一〇〇年以上前、同地域において描かれた物語との間に、表象のレベルでつながりがみられることを指摘できよう。

また『信達騒動記』が、一揆の作法を守る騒動勢の様子を好意的に描いているという点も百姓一揆物語との関連性を指摘できる。そもそも百姓一揆とは仁政イデオロギーに基づき実践されるものであり、百姓は正統性を主張するために、作法という規律の下で百姓一揆を行ったことが知られている。ゆえに百姓一揆物語では、作法にのっとり正統性を堂々と主張する一揆勢の姿が克明に描かれている。

『信達騒動記』は、作法を守る一揆勢に対して肯定的な視点で描かれている。なかには乱暴や狼藉を行う輩も描かれているが、それは「騒動の中に悪党者諸国の浪士・乞食・非人・盗賊等の雑入したるが故」であるとして、本来の一揆勢とは異なることが強調されている。すなわち『信達騒動記』のなかでは、作法を守る一揆勢とそうではない付和雷同の輩とがはっきりと峻別されて描かれており、その背後には〝本来あるべき〟百姓一揆の通念が存在しているといえよう。

以上の点を見る限りでは、『信達騒動記』の表現や内容において百姓一揆物語との類似性をつかむことができる。一八世紀の〝本来あるべき〟百姓一揆を描き出した百姓一揆物語を一つのモチーフとして成立した物語として、『信達騒動記』を位置づけることがひとまず可能であろう。しかしあくまでも『信達騒動記』は百姓一揆物語ではない。百姓一揆物語と『信達騒動記』との間にはたしかに類似性がみられるが、一方、あらゆる点で物語の構成に齟齬がみられるのである。次に、百姓一揆物語との相違点に着目してみたい。

叙述をめぐる相剋

まず寛延の彦内騒動における百姓一揆物語、「五穀太平記」にみられる一揆勢の蜂起に至る描写をみていこう。

山王社内ニ我先ニと馳集り如雲霞大勢集りける、去ル程ニ村役人を始メ桑折南御支配所村々不残相詰評議区々ニして中ニ市之たつたる如也、然ルニ長倉村齋藤彦内与申もの静々と罷出座ニ居レバ数千人之もの共必至与鎮り帰りて誰一言之言葉ヲ発るものなし、然るに此彦内と申人年五十ニ近キ威有て、不猛其言葉恩順ニしてとふ〳〵たる事水の流るゝ如し、如何ニも寛仁之人と相見へ然ル所右彦内各向て申様、（中略）社内鎮り暫時一言之言葉なし、然ル処はるか向より進ミ出テ一言申もの有、我レハ大笹生村百姓高弐拾五石所持仁源五郎と申もの、子供五人妻并老母有之候得共、田方不残青立ニ而一円米取上り不申、然ルを昨年より御年貢二分五厘増米被仰付、何を以て御上納可致哉、何を以妻子老母ヲ可養哉、妻子を見殺しニするより強而御引方願不叶者神山三郎左衛門か肉を喰て供に死出之道連仕らんと申ける、(22)

ここでは、山王社に集まる一揆勢の様子とともに、長倉村齋藤彦内という人物が頭取として立ち上がる様子が臨場感あふれるせりふとともに描かれている。彦内が人前に押し出て一度口上を述べると、その場の数千の人びとは静まり返るというほどの迫力、「如何にも寛仁之人」と見受けられる風情はまさに頭取としての風格を想像させるものである。

こうしたいかにも立派な頭取の姿は、一八世紀の百姓一揆物語に典型的にみられるものである。百姓一揆物語において、頭取は領主に「仁政」を訴える「御百姓」の象徴にほかならず、その頭取が命を懸けて蜂起を決意するシーンは、一揆物語の山場の一つとして、あたかも歌舞伎のワンシーンであるかのような描写を伴って描かれることが少なくない。(23)

一方の『信達騒動記』では、騒動勢の蜂起の様子や頭取の姿はどのように描かれるのか。『信達騒動記』における一揆の蜂起シーンにあたる、内容［3］をみてみよう。

一、六月十四日岡村熱田明神午頭天王両社の祭礼、毎年糸市に付人群雑踏喧嘩沸騰、摩肱如浮華、然処、当年一人も不出頗覚無莫寥候となり是他なし新役を企てし故なりと騒動の後七月一日両社又々御祭礼有りしとなり、
一、十五日の夜騒動の人数押集まり、岡村立身屋馬治宅を悉く破壊し直に本家忠右衛門宅を暴乱し悉く金銀等迄撤し土蔵を破り其勢に乗じて長倉村伴七宅を狼藉致し候処(24)（後略）、

ここでは、騒動前の糸市中止という不穏な状況が簡素なタッチで描かれるとともに、翌日から突如として打毀しが開始された様子が淡々と述べられている。一五日の夜に騒動勢が集まってきたことは記されるものの、その集会のありさまなどは描かれない。さらに人びとをまとめる頭取のすがたも全く描かれていない。

『信達騒動記』では、頭取は個としてではなく衆として表わされる。次のように描かれる打毀しの場における頭取の異形のありさまは実態として把握できるかどうか難しいが、『信達騒動記』には「陣羽織」を着用し「宰配」を手にした二〇人ほどの頭取の姿が詳細に描きこまれている。

鉄砲の者も沢山あり、中ニも頭取見へて弐拾人計、竹工足ニ身を堅メ甲をかふり帯刀を差、猖々緋々陣羽織、或ハ黒の羽織、又は浅黄之陣羽織り、差し手ニ宰配を握りし者、此町之者を案内ニ連先ニ立也、後ニハ子者随ひ床机ヲ持せ、組下々を引連赤旗を持せ、陣鐘之替りニ銅盥・茶釜の蓋をならし、陣太鼓の替りに倅が持遊び之太鼓をたたき、法印様よりかりたる所の螺の貝を吹立て吹立て鯨波の声をあげ(25)、

このように『信達騒動記』では、頭取が蜂起に至るプロセスなどはまったく描かれず、騒動を率いる頭取は仁政の体現者とはかけ離れた異形の風体で描かれる。その点で百姓一揆物語と『信達騒動記』には明確な違いがみられる。

頭取の描かれかたと同様に、騒動の収束のありかたにも両者の違いが鮮明にあらわれている。百姓一揆物語では、一揆の収束とはすなわち仁政の回復として描かれるのが特徴である[26]。寛延の「五穀太平記」でも、一揆後に頭取彦内は獄門となるが、非道の代官神山三郎左衛門は彦内の怨霊に苦しめられ、さらに幕府から切腹を命じられるに至る。物語は「非道」の神山と「仁道」を貫いた彦内を対照的に描き、仁政が回復して結ばれる。

神山三郎左衛門非道、天是を憎み給ひ彦内を以て是を禁しむる、数千之命を救ひ給ふ事是神国の著明き処也、人タル人ハ仁道を基とす、[27]

一方の『信達騒動記』では、そうした仁政の回復は記されない。『信達騒動記』の後半は打毀しにあった家の軒名や軒数に関心が注がれ、その具体的な列挙に頁数が割かれている。前述のように、『信達騒動記』は打毀しの対象となる危機にあった地域の人びとの関心にこたえる情報記録でもあった。身辺に危険の迫る彼らにとってより切実に必要であったのは、打毀しにあった軒名や軒数というリアルな情報であったのである。

このように、『信達騒動記』は一見すると百姓一揆物語になぞらえた記録形式と思われる表現がみられるものの、内容の構成においては百姓一揆物語と一線を画する記録作品であるといえる。特に百姓一揆物語に底流する仁政イデオロギーを基調としたストーリー構成は、『信達騒動記』においては成り立っていない。仁政を主張する象徴としての頭取は具体的に登場せず、ストーリーも仁政の回復によって完結しないといった点は、『信達騒動記』と百姓一揆物語の決定的な違いと指摘できよう。

すなわち『信達騒動記』は、作法をふんだんに盛り込み正統な百姓の実践を好意的に描き出している点において百姓一揆物語との類似性を認められるものの、全体のストーリーにおいては仁政回復という構図で描ききれておらず、結局は百姓一揆物語と似て非なる記録作品として位置づけることが可能である。『信達騒動記』には、信達騒動という出来事を語る手段として百姓一揆物語という一八世紀の記録作品の表現形式が援用されながらも、そのような内容構成では描ききれないという、叙述をめぐる相克が端々にあらわれているのである。

4、八郎頭取説と信達地域社会

八郎頭取説の発生

ここまで、信達地域においてもっとも広く流布したと考えられる『信達騒動記』の特徴を把握した。次に、その『信達騒動記』をはじめとする騒動史料のなかで、八郎頭取説はどのようにあらわれるのかを検討してみたい。

冒頭でも述べたように信達騒動の頭取は菅野八郎であったとする説があるが、具体的な関与のありかたについては諸説みられる。まず庄司吉之助は、八郎を騒動の黒幕であったととらえている(28)。すなわち八郎は実際に百姓らを率いて蜂起した頭取ではなく、騒動の実行者たちの指導者として影響力を持つ存在であったと位置づけている。また芳賀登も庄司に近い見解を示している。彼は八郎を騒動のオルグであったと位置づけ、騒動勢を焚きつけたのは八郎であったとしている(29)。福島県内の自治体史のなかには信達騒動を扱ったものも少なくないが、その多くが庄司あるいは芳賀の見解に依拠したものといえる。

庄司らの八郎頭取説に対し異を唱える説もみられる。斎藤和也は、八郎は指導者でもオルグでもないとし、「この一揆は八郎によって育てられ成長した誠信講の人々が中心となって行動」したと述べ、八郎を「指導者層の理論的な支柱」であったと位置づけている(30)。

また吉村仁作は、「騒動を実際に主導した人物として菅野八郎をあげることはできない」と明確に述べたうえで、

時期	地域	出典	備考
	江戸	『民衆運動の思想』384頁	
慶応2年7月21日	三河	保原町歴史文化資料館図録	書簡抜粋
	武州多摩郡	北原進『経済学季報』1970／武州一揆史料（ニ）112頁	武州一揆
慶応2年	福島	『日本庶民生活史料集成』ほか	
	福島	『川俣町史』2、596頁	
慶応2年8月	福島	福島県歴史資料館庄司家2472	打毀し対象としての八郎
慶応4年か	福島	福島県歴史資料館庄司家2476	獄中の八郎
明治3年1月28日	福島	福島県歴史資料館庄司家2478～80	
明治3年1月	福島	福島市史史料叢書19	風聞
明治20年	福島		出版
大正5年	福島	福島市史史料叢書19	

頭取ではない八郎が「世直し大明神」として祭り上げられた事実に注目する必要性を指摘している(31)。

このように、基本的にはどの研究も八郎の実行者としての関わりは否定しており、多くが間接的な関わりを指摘しているにとどまる。また八郎は頭取とはいえないという説も散見されるが、吉村の指摘するように、八郎は頭取ではないとするならばなぜ八郎頭取説が生じたのかを考える必要があろう。

では八郎が頭取であるという根拠はどこにあるのだろうか。信達騒動に関する膨大な史料のなかで、八郎の騒動とのかかわりについて実際に述べた史料は意外なほどに少ない。【表3】は、八郎と騒動との関わりについてふれた史料を網羅したものである。福島県内の自治体史を見る限り、膨大な数に上る信達騒動関係史料のなかで八郎について言及したものはわずかにこれだけである。しかもこの中に騒動と八郎との関係性を具体的に立証する史料があるといえるかというと疑問である。後述するように、いわゆる「一次史料」から八郎の騒動への関与を指摘できるものはなく、『伊達町史』も指摘しているように、史料上において八郎が実際に動いたという形跡を追うことはできないのが現状なのである(32)。

【表３】　八郎文言

	史料名	分類	種別	筆者
1	瓦版「世直し八郎大明神」	遠隔地	瓦版	
2	古橋暉兒日記	遠隔地	日記（書簡）	愛知北設楽郡稲橋村豪農
3	伊達信夫打毀一条被仰付候面々覚	遠隔地	覚	武州多摩郡本宿村名主
4	百姓一揆につき届書	風説	届	
5	累世年鑑	風説	覚	川俣町町人渡辺家
6	信達騒動風説記	誤報	騒動記	桑折弥五郎写し置いたものを北屋辰蔵豊益写す
7	伊達信夫両郡騒動実記　巻之五	後日談	騒動記	
8	信達両郡騒動壱～参	後日談	騒動記	菅野民蔵の写し（陸奥信夫何某記之）
9	信達信夫大騒動記	後日談	騒動記	菅野永祐
10	信達騒動実記	後日談	騒動記	佐久間遊鶴
11	立子村訴訟文書	後日談	―	

八郎と八郎頭取説

八郎本人は、自身の頭取説についてどのように言及しているのだろうか。八郎は騒動の指導者としての嫌疑をかけられ梁川の代官所に捕縛され牢獄へつながれた。梁川の牢獄において八郎自身が頭取説について否定し赦免を願い出ているのが以下の「深御勘考奉希上候事」である。

然ば、相馬より御写拝見被仰付候実記之義に付、色々の噂有之、下拙身の為あしかるべしと御心せつの趣、花より承り、難有奉存候、併、下拙身分之義は、信達両郡三十万之騒立さい只一身にぬり附られ候程之義、且又御存の通、入湯の節は尊　公と馴合、わらだ状を拵い、寅之助に配らせ候抔、不思寄事をぬり附られ候事、

松沢条八殿差出され候廻文も、八郎工夫なるべし抔、不思寄事をぬり附られ候事、

色々落し文有之候も、八郎が工夫なるべし抔、右同断、

もがみのそふどふも、八郎が工夫なるべし抔、右同断、

右之通り、何も彼も不残ぬり附られし拙が身之上御書写之実記位をぬり附られ候迚、誠にさゝいの事、これしきの

事、如何様の噂有之候迚、少も苦労とは存じ不申候間、御心安く思召、（中略）勘七等が悪事の数々は拙若かりし時より其実を知りたれば、其又実事を書入、猶又拙が身にありし事ども、自まんするならば、御写しの実記より百倍に御座候、先づ其凡を自まんして左に入御覧候、（中略）いやはや、あきれたる世の人心に御座候、尊公思召処は、村のものが他国まで美名を知られたる嬉しさのあまり、写取持帰て、八郎に見せて悦ばせ、其外心ざし有友達にも見せて悦ばせ、又八郎血筋のものにも読聞せたらば、嘸々悦ばんと、一図に思召、元入して写取し御心とはいすかのはし程行違、右等のけちをつけられては、嘸々赤面にも思召し、又拙に欺れしと思召さば、何程歟拙に御恨も可被為有事に相心得、下拙も大に当惑之至りに候、[33]

ここで八郎は、自分に嫌疑がかけられたのはまったくの濡れ衣であり日頃より対立のあった博徒勘七らによって頭取の汚名を「ぬり附られ」たと述べている。八郎は、瓦版や風説において自分が頭取であると噂されていることについて、自らの有名ぶりを考えれば「自然」のことであると半ば「自まん」をしながらも、実際のかかわりについてはきっぱりとこれを否定している。

また八郎は、明治以後になって再び騒動について言及している。明治二〇年（一八八七）、佐久間遊鶴という福島新聞社の社員によって『信達騒動実記』が出版された。[34] これは八郎を主人公として描いた信達騒動に関する講談調の物語といえる。八郎はそれに寄せた序文において、自分が頭取とされたことを自己の身に降りかかった「災難」であったと述べている。

今年福嶋新聞社佐久間氏が騒動一件より愚老が災難ニかゝりし事を読本ニすれバ何か書ケヨト申されしに、愚老モ最早冥途の旅立近しと思へば、

咲ば散る花と知りツ、ゆふの風
菅野八郎　七十五齢

このように、慶応二年から明治二〇年に至るまで、八郎は一貫して自身の頭取説を否定している。もちろん八郎が自己の騒動への関わりを否定しているから彼が頭取ではない、ということはできない。彼がことさらに自身の頭取説を否定していることがむしろ頭取としての現実味をましているというとらえかたも可能である。

しかしここで注目したいのは、「深御勘考奉希上候事」において、「実記」に書かれているような「色々の噂」を八郎が否定している点である。ここからは、当時における八郎頭取説の情報源として「実記」なるものの存在を指摘できる。すなわち当時「実記」に八郎が頭取と記され「噂」となり、それがもとで捕縛されるに至ったと八郎自身は考えているのである。

ここでの「実記」とはなにか。「深御勘考奉希上候事」には「村のものが他国まで美名を知られたる嬉しさのあまり、写取持帰て、八郎に見せて悦ばせ、其外心ざし有友達にも見せて悦ばせ、又八郎血筋のものにも読聞せたらば、嘸々悦ばんと、一図に思召、元入して写取し御心とはいすかのはし程行違」云々とあり、「実記」が八郎の美名をとどろかせるものとして、八郎の思いとは裏腹に写し取られていったことが読み取れる。

『信達騒動記』と八郎頭取説

「実記」とは具体的に何をさすのか。**【表1】**に網羅した『信達騒動記』のうち「実記」という語がタイトルに付されているのは№1〜4の「信達慶応騒擾実記」、№28の「伊達信夫両郡騒動実記巻之五」、№30の「信達両郡騒動実記」、№31の『信達騒動実記』である。№31は先に示した明治二〇年刊行の出版本であることを考えると、№1〜

4、28、30のいずれかであることが想定できる。しかしこのうち№1～4には八郎への言及は見られない。

庄司吉之助によれば、「実記」とは【表1】中の№28を指す。確かに№28には八郎が頭取として記されている。しかし№28の冒頭部分には以下のような記述があり、下線部の年号から換算すると№28の成立は、安政の開港から一五年目の慶応四年（一八六八）ということになる。

其根本を尋るに、今年より十五ケ年前丑年アメリカ人渡来して交易始りイギリス。ナンキン。ヲロシア。フランス。等共国々横濱へ入津し中にもイギリス迷惑を震しが故、薩州侯の実父嶋津和泉守深ク是を憤ル、折からに、勅使差添として東都へ下向し帰郷の刻ニイギリス人無礼有之ニ依て生麦村ニて異人三人馬より下に切ツて落す、異人是を怨として薩州へ押寄炮戦数度ニ及ぶ、(35)

八郎が捕縛されたのは慶応二年の七月であった。八郎は「実記」の情報がもとで捕縛されたことから、「実記」に関する八郎の言が正しいとすれば、遅くとも七月までには「実記」は成立し周囲に出回っていたと考えられる。成立年代が正しいとすれば№28ではありえないこととなる。残る可能性としては、№30の「信達両郡騒動実記」も挙げられる。その筆写年代は明治三年（一八七〇）にあたる。原本の成立はもっとはやい可能性もあるが今のところこれを「実記」と特定することはできない。

以上のように、「深御勘考奉希上候事」に記された「実記」の正体は今のところ不確かである。しかし八郎の言が正しいとすれば、信達地域にも八郎頭取説の含まれた「実記」と呼びうる写本がかなり出回っていたことになる。

しかしながら、信達地域において八郎が述べる「実記」にあたるものはみあたらない。また地域に広く流布したと思われる『信達騒動記』の写本・類本にも八郎はほとんど触れられていない。これまで見てきたように、『信達騒動記』は、打ち毀された軒名などについては事細かに実名が挙げられて記されていた。地域においてかなり具体的な情報が出回っていたと考えられる。しかしその『信達騒動記』に、打ち毀す側としての頭取八郎の名が一向に記されないのである。これをどのようにとらえたらよいだろうか。八郎が「実記」と呼ぶ記録が騒動関連地域で見当たらないことの意味、なおかつ『信達騒動記』という当時信達地域で広く流布した史料群のなかに、八郎頭取説に触れたものがほとんど見当たらないことの意味を考える必要があるのではないだろうか。

八郎頭取説と信達地域

八郎頭取説を否定しながらも「実記」や噂で八郎頭取説が広く流布していることをみとめている八郎。一方で信達地域を中心に広く流布した『信達騒動記』にはほとんど描かれない頭取八郎の姿。この八郎頭取説をめぐる錯綜したありようは何を示しているのだろうか。ここであらためて、八郎頭取説に言及した史料を検討してみたい。

【表3】に示した八郎頭取説を分類してみると、第一に、遠隔地における風説の類として八郎頭取説が立ち現れることが指摘できる。江戸で売られた瓦版の記事には、八郎が「なんぎの者」を救うために騒動の先頭に立って打毀しを行っていると言及されている。

是は此度しんたつ両ぐんごふそう一条に付、大明御方目次第一字に申のべ候、糸役ばくだいの事、其外米穀諸品高直段に付、こまいの者なんぢうにおよび候所、かなはだの八郎と申物、なんぎの者すくいのため、百性ども引つれ、せい十万余人、種紙のはたさし、扨御陣屋御門の内其外惣家こわし、岡部村文右衛門初め、保原、やな川、ふくしま、月立、川又家こわし、(36)

情報の正誤はともかくとして、この瓦版の情報が広く人口に膾炙したことで、信達地域から遠く離れた地域において八郎頭取説が躍るようになっていったと考えられる。三河国北設楽郡稲橋村の豪農古橋暉児が、美濃国中津川の市岡正蔵との書簡のなかで、「奥州伊達信夫一揆凡十万人大将半田八郎与申」という情報に接していることが知られている。また武州多摩郡本宿村の名主内藤氏は、武州世直し騒動について書き記した記録の中で「奥州福島領　寅六月十五日夜　伊達信夫打毀一条被打毀候面々覚　金半田大明神　此者ハ大家之百姓ニ而八郎ト申者(37)」と、瓦版に近い情報に接していることがわかる。

またわずかに残る信達地域内の記述も、「金原田八郎と申者右騒動之頭取仕候様に各々之風聞に専に御座候処(38)」などのように、「風聞」といった不確かな情報の類として頭取説を記す傾向がみられる。おそらくは「風聞」として伝わる過程で、情報が誤って伝わったのであろう。八郎に関する明らかな誤報もみられる。三河の古橋氏は「半田村」の八郎と記しているし（**【表3】**-No.2）、あるいは八郎が打毀しの対象とされたと伝えるもの（**【表3】**-No.6）すら見受けられる。

そのほか**【表3】**から読み取れるのは、騒動後かなり時が経過してから八郎頭取説がまことしやかに語られる傾向がみられることである。表中No.7以降の史料は騒動後一年以上経過したものである。騒動中から直後の時期、信達地域にもっとも騒動の情報が飛び交ったと思われる時期には、信達地域内に全くと言ってよいほど八郎頭取説はみられない。

以上のことから、八郎頭取説は、信達地域から空間的にも時間的にも離れた場において生み出されたものであったと考えられる。裏腹に八郎の生活圏には八郎頭取説の痕跡はほとんどみられない。何より当時広く信達地域に流布したと思われる『信達騒動記』にほとんど八郎のことが触れられていないということは特筆すべきであろう。すなわち「一揆の頭取は八郎である」という言説が生み出される空間は、八郎の生活圏にはなかったのである。

八郎が頭取であるとする従来の研究では、八郎が地域における指導的立場に位置した人物であるという前提が存在していたといえる。誠信講を組織した地域のリーダー八郎というイメージが先行するなかで、八郎は騒動の頭取と規定されてきたといえよう[39]。しかし実際には信達地域社会において八郎頭取説は積極的に語られた形跡はなく、特に『信達騒動記』という地域密着型の騒動の叙述においても、ほとんど八郎について触れられることはなかったのである。

これらのことから、信達地域では八郎が頭取であるか否かに関心が示されていないことが指摘できる。さらに言えば八郎は、信達地域社会において騒動の頭取として仰がれるような人物ではなかったことが浮かび上がる。八郎が捕縛された際、頭取であることを否定しつつも、他国まで美名が響き渡っていることを半ば自慢げにとらえていたことに、そうした地域社会と八郎とのギャップが逆説的に読み取れるのではないだろうか。

おわりに

ここまで述べてきたことに基づき、本稿が取り組んだ二つの課題――①『信達騒動記』の位置、②八郎頭取説の意味――について考察を加えたい。

まず『信達騒動記』は、写本・類本の分布から考えれば、信達地域においてもっとも流布し広く読まれた記録作品であったといえる。その叙述のなかには、一揆の作法を守る騒動勢のありさまや、いかにも百姓一揆らしい得物や出で立ちを有した騒動勢の様子が、一八世紀の百姓一揆さながらに詳述されており、その点において『信達騒動記』は一八世紀以来の民衆運動の物語の枠組みにのっとって描かれたものと指摘できる。しかし一方で、騒動の具体的な描写のなかには作法を逸脱する行為や主体も盛り込まれ、仁政を回復するかたちでストーリーが完結していないことも大きな特徴として挙げることができる。全体としてみれば、近世の民衆運動としての百姓一揆の姿を描ききれていない物語であると指摘できる。

しかし天保の「騒動記」のように、百姓一揆物語に替わる新たな物語として『信達騒動記』を割り切ってとらえるべきではないだろう。一九世紀において、民衆運動の実態の変容とともにその叙述のありようが大きく変化していったことは確かである。天保の「騒動記」には、それが先鋭的によくあらわれているといえる。しかし『信達騒動記』は、仁政の回復で完結しない「騒動記」的な要素を持つ物語でもあると同時に、一揆の作法などの表現がふんだんに盛り込まれる一八世紀的な志向性を持った物語でもあった。このように相反する要素がせめぎあっているところにこそ、慶応期の民衆運動の叙述をめぐる様相がよくあらわれているのである。

つまり『信達騒動記』の表現・内容や構成からは、一八世紀から一九世紀へという単純な構図で物語の変容がすすんだとはみなせず、むしろ両者が錯綜したありようが浮かび上がるのである(40)。一九世紀の民衆運動の叙述とは、近世の百姓一揆になぞらえて物語を描く志向性と、そこからはみ出すような主体や行為の描写とのせめぎ合いの場であった。『信達騒動記』には、一九世紀における民衆運動の叙述をめぐるそうした相克のありようが如実にあらわれているのである。

では、このような『信達騒動記』の叙述の構造のなかで、八郎頭取説はどのような意味を持つのだろうか。まず『信達騒動記』には一揆の正統性を代表する人格者としての頭取が描かれていないことが確認できる。仁政の体現者としての頭取は描かれず、そこに現われるのは、一揆の枠組みからは外れた異形の姿をした無名の頭取たちであり、そこに頭取八郎の姿は描かれることはなかった。

この事実は、『信達騒動記』が一八世紀型の頭取をそもそも描いていないという意味で、頭取八郎が登場する余地を持たなかったということを示していると同時に、八郎が地域社会から頭取としてとらえられるような人物ではなかったという地域社会と八郎との関係をも映しだしているといえる。結局八郎は、信達地域社会において、一八世紀型の頭取としてのみならず、逸脱する異形の頭取集団の一人としても想起されることはなかったのである。

　こうして地域社会における民衆運動の叙述に描かれることのなかった八郎は、江戸の瓦版や遠隔地の風聞、あるいは明治期の講談調物語において姿をあらわすことになる。八郎は、江戸の瓦版では「世直し大明神」として描かれ、明治期の『信達騒動実記』では義侠心あふれる「義民」[41]として描かれていった。[42] 八郎は、地域・時間を隔てることで、信達地域社会の眼差しとはかけはなれた頭取としてあらたに描き出されていったのである。

注

（1）概要については、『日本庶民生活史料集成』六巻、三一書房、一九六八年、などを参照。
（2）佐々木潤之介『世直し』岩波新書、一九七九年。
（3）代表的な成果として、庄司吉之助「菅野八郎の思想」『近世民衆思想の研究』校倉書房、一九七九年、などが挙げられる。
（4）本稿では、史料群の総称として『信達騒動記』という表記を用いる。実際の各史料のタイトルは【表1】参照のこと。
（5）庄司吉之助も「一般に流布」したと述べている。（『史料東北諸藩百姓一揆の研究』御茶ノ水書房、一九六九年、九五頁）。
（6）若尾政希「百姓一揆物語と「太平記読み」―百姓一揆物語研究序説―」岩田浩太郎編『民衆運動史二　社会意識と世界像』青木書店、一九九九年。
（7）深谷克己「百姓一揆の思想」『思想』五八四号、岩波書店、一九七三年。
（8）須田努「人斬りの村から―一九世紀、民衆運動における暴力の語りと集団記憶―」『年刊　ジラティーヴァ』四号、方法論懇話会、二〇〇七年。
（9）『信達騒動記』福島県歴史資料館　庄司家文書Ⅰ二四八四。
（10）芳賀登編『豪農古橋家の研究』雄山閣出版、一九七九年。
（11）保原町歴史文化資料館『信達世直し一揆と金原田八郎展』保原町教育委員会、一九九六年。
（12）近世村落史研究会編『武州世直し一揆史料』一、慶友社、一九七一年。

(13)『信達騒動記』(『桑折町史』六巻、一九九二年)。
(14)落合延孝『幕末民衆の情報世界』有志舎、二〇〇六年。
(15)たとえば安丸良夫は、『信達騒動記』のひとつ「奥州信夫郡伊達郡之御百姓一揆之次第」を、「蜂起した民衆にもっとも好意的な記録といってよい」と位置づけている(『日本の近代化と民衆思想』青木書店、一九七四年、一七〇頁)。
(16)『信達騒動記』福島県歴史資料館 庄司家文書Ⅰ二四八四。
(17)作法がより自覚化されて描かれるのはむしろ作法が逸脱化していく一九世紀であるという興味深い指摘もある(久留島浩「移行期の民衆運動」『歴史学研究会・日本史研究会編『日本史講座』七巻、東京大学出版会、二〇〇五年)。
(18)『信達慶応騒動実記』福島県立図書館所蔵、(『福島県史』九巻、近世資料二、一九六五年、所収)。
(19)『信達慶応騒動実記』福島県立図書館所蔵、(『福島県史』九巻、近世資料二、一九六五年、所収)。
(20)『信達走動記』(『福島市史』九巻、近世資料編Ⅲ)、一九七一年。
(21)庄司前掲、『史料東北諸藩百姓一揆の研究』。
(22)『五穀太平記』(庄司前掲『史料東北諸藩百姓一揆の研究』、所収)。
(23)保坂智『百姓一揆と義民の研究』吉川弘文館、二〇〇六年。
(24)『信達慶応騒擾実記』福島県立図書館所蔵、(『福島県史』九巻、近世資料二、一九六五年、所収)。
(25)『信達騒動記』(『保原町史』二巻、一九八三年)。
(26)若尾前掲。
(27)『五穀太平記』(庄司前掲『史料東北諸藩百姓一揆の研究』)。
(28)庄司吉之助『近世民衆思想の研究』校倉書房、一九七九年。
(29)芳賀登『世直しの思想』雄山閣、一九七三年、八八頁。
(30)斎藤和也「菅野八郎の行動と思想」『福島の研究』三巻、清文堂出版、一九八七年。
(31)吉村仁作「信達世直し騒動と蚕糸業」『福大史学』四六・四七合併号、福島大学史学会、一九八九年。
(32)『伊達町史』一巻、通史編上、二〇〇一年。

(33)『闇之夜汁　全』福島県歴史資料館、菅野隆雄家文書七（庄司本「（慶応二年百姓一揆指導説に対する意見）」）。
(34) 国立国会図書館蔵。
(35)『伊達信夫両郡騒動実記　巻之五』福島県歴史資料館庄司家文書I二四七六。
(36) 庄司吉之助・林基・安丸良夫『民衆運動の思想』岩波書店、一九七〇年、三八四頁。
(37)『諸方打毀騒動并窮民記』（『武州世直し一揆史料』二、慶友社、一九七四年）。
(38)『伊達信夫大騒動記』『福島市史史料叢書』一九揖、一九六七年。
(39) 八郎頭取説の史学史的な発生論については、総論（須田）を参照のこと。
(40) 近代移行期の民衆運動の物語の特徴については、拙稿「慶応二年武州世直し騒動にみる「百姓一揆」の崩壊」『民衆史研究』七四号、二〇〇六年、も参照のこと。
(41)『信達騒動実記』（明治二〇年刊、国立国会図書館蔵）の冒頭「はしがき」には、「慶應年度に起りし信達両郡に係る百姓一揆と義民金原田八郎一家の顚末を記るして余ます所なし」とある。
(42) 義民が近代化の過程において「再発見」されていくことの意味については、金井隆典「日本近代成立期における義民の「発見」と「主体」の形成」『人民の歴史学』一五八号、二〇〇三年、に詳しい。

Ⅲ　史料

一、菅野八郎関係未刊史料

はじめに

菅野八郎に関連する史料の多くは、すでに庄司吉之助・布川清司両氏によって活字として刊行されている（Ⅰ　総論参照）。ここで紹介する史料は、菅野八郎文書のうち、未公開でかつ「Ⅱ　各論」の各論文で使用されたものである。菅野八郎の思想・心性、一九世紀における家意識などの社会文化を考察する上で、また信達騒動の風聞のあり方を解明するために、重要であろうと思われる史料をセレクトした。参考にしていただければ幸いである。

1、史料解説

『菅野実記　上』

福島県歴史資料館　庄司吉之助文書Ⅰ二四六五

『菅野実記　上』は副題に「八郎祖父嘉伝次并ニ八郎父和蔵之伝」とあるが、内容はほぼ和蔵の伝記である。成立年は不明だが、本文中の「安政三四年頃も未存命」との注記から、安政四年（一八五七）から八郎が町奉行に捕縛される同五年までの作成と思われる。

本史料によれば、和蔵は明和七年（一七七〇）に生まれ、才知に富み、陽明学者熊坂台州から儒者にしたいと懇望されるほど学問的素養があったという。一方で、千苅の田を耕作したため「千がり和蔵」と呼ばれるなど出精人でもあったという。

本史料の主要な逸話は、和蔵の江戸出訴とその後の平右衛門らとの対立である。

前者は和蔵が同村の平右衛門と間引き禁止の発令を願い、寛政五年（一七九三）に老中戸田氏教らへ駕籠訴したことに始まる三度の江戸出訴である。その結果、寛政九年に小児養育金下付と間引き禁止が発令され、和蔵らの名は近村に広まったという。しかし、江戸からの帰途の口論がもとで平右衛門とは不和になった。

後者は和蔵と平右衛門との不和から生じた二つの事件である。一つは平右衛門らが和蔵の妾を和蔵から引離し、怒った和蔵が妾を負傷させた事件である。和蔵は入牢したが程なく出牢した。次は和蔵殺害を平右衛門が企てているとの虚言に和蔵が逆上し、平右衛門一味を殺害せんとして捕縛された事件である。これにより和蔵は七年間入牢するが、剃髪すれば出牢させると説く奉行に、剃髪する道理はないと拒否するところで本史料は後欠となっている。八郎はかかる和蔵の行動を「正直一ぺんニして短慮甚しき」と評するが、「信」より出た「天の助ケ」がある行動と肯定し、八郎の「信」の信条の正しさを説く逸話となっている。

本史料は『菅野実記　第二』とともに、菅野家の歴史を叙述し、自家の威信を高める由緒書の一つといえるが、学問的素養をもつ出精人で、老中籠訴もおこない、「信」の人である和蔵像は八郎の行動規範となる理想像でもあった。

（早田旅人）

『菅野実記　第一』

福島県歴史資料館　庄司吉之助文書Ⅰ二四六六

『菅野実記　第一』（中本竪一七丁）は、安政三年初夏「病ひの床」で書かれた。冒頭、万人は「伊弉諾伊弉冊尊」にはじまるゆえ、「いやしき百姓の我々より上ミ　天子ニ至る迄、皆此神の子孫末葉ニして、我（われ）人（ひと）ともニ先祖の高下あるべからず」など、神話的な一種平等の人間観を呈した上で、それゆえに代々の身の行いと世の盛衰を書き記して子孫に伝へ置くとし、開祖以来の由緒を「八老一代記　自まん（満）巻」として詳述する。

まず、菅野家開祖は「菅原道実卿より四十代之末葉、出羽頭菅原ノ道植之嫡男、出羽太良道一」だとし、道植は永仁二年「北畠源中納言」に召され、「出羽半国」を給されて田河郡に住んだが、足利尊氏の反逆時、後醍醐天皇に従う北畠昭家に臣従して主人共々討死した。「嫡男道一」ら男子七人も北畠家本城の伊達郡「霊山城」の危機に馳せ参じたが、暦応元年二月二七日、手前「山野川」で霊山城の炎上を遠望、兄弟七人は自害した。嫡男道一の兜鉢に奉じる「御丈壱寸」の「観世音之尊像」を墓印として埋葬したが、羽州の妻子が尋ね来て庵三軒を建てて居住、いま「三軒在家」の字名がのこり、この三軒から菅野一族が地域にひろがったとする。

嫡男「道一居士」の二〇代の孫「六助」は「尊像」を奉じて金原田に移住、五代目の八郎は「嘉永六丑ノ年、右七人の法号を石面ニ顕し、尊像ハ則此石中ニ奉彫籠《ほりこめ》、一字の堂を建立」して「開祖五百五十回忌之法事」をいとなみ、「近村菅野氏不残呼集メ酒飯を施」した。また元和八年、六助が「秀忠公日光御社参」にあわせ「家内七人…不残引連れ日光山江参詣」して以来、家康信仰が菅野家代々のものとなっているとした上で、六助から八郎まで五代の系図に実名と法号をしめす。

本冊は、嘉永六年の先祖意識と対外危機感の高まりで言動が急展開するなか、神話的な一種平等の人間観を前提に、菅野家の由緒を中世にもとめ、東照大神君への信仰の由来と菅野家系図をあわせ、子孫教訓書としてまとめたもの、と考えらる。（杉 仁）

『八老遺書之信言』

福島県歴史資料館 庄司吉之助文書Ⅰ二四八二

菅野八郎は、『八老死後之為心得ト置條之事』（福島県歴史資料館、菅野隆雄家文書二）など、いくつかの遺書を残している。『八老遺書之信言』は八郎最後の遺書である。裏書には「明治十六年 舊三月 十一日興之」とある。八郎が本史料を執筆したのは、この明治一六年（一八八三）と考えられる。

八郎は史料冒頭で、「大凶作」への恐怖に触れている。「今年ヨリ四十六年前申ノ大凶作」としているのは、天保の飢饉の事である。これに関連し、史料中盤では「治乱二百年回」との説を唱えている。興味深い点は、徳川幕府の治世も二〇〇年末に至り「乱」となったとし、明治一五年は、この「乱」からすでに五〇年たったと述べている部分である。晩年の八郎は天保という時代に、徳川幕府の治世の「乱」の始まりを見い出したのである。

明治一〇年代以降も、八郎は陰陽説によって彼を取り巻く社会・世界を理解しようとしている。「男子」＝陽に対して「女子」＝陰とし、今の世は「男子の性質大ニ衰へ」る一方、「女子ノ性質少シモ不衰」「何事モ女房次第ノ世ノ中」となったと述べている。八郎にとって明治の世とは「信義勇ヲ知ラザル世」であった。

明治時代に入り、八郎は、金原田・梁川・桑折という空間に住み沈黙していった。その心性の一端は、

『八老遺書之信言』から解明できるかもしれない。

嘉永七年（一八五四）、老中への駕籠訴を企図した八郎が、遺書としてしたためた『八老死後之為心得ト置候之事』で、八郎は忠五郎に対して、葬儀の細々とした手順とともに、孝行をもっとも重要な徳目として説いていた。

『八老遺書之信言』も、忠五郎に宛てられた遺書である。八郎は、明治の世＝「陰」論に関連させ、女子相続こそが適切であると語っている。八郎の実践行為は、つねに菅野家の繁栄とリンクしていた。しかし、明治時代、八郎はリスクをおかしてまでもの菅野家の繁栄を欲していない。八郎は、自己実現の途が閉ざされた明治の世を、実践行為からではなく、かつて八丈島で見いだした陰陽説で解釈している。まぎれもない「陰」の時代であると。

（須田　努）

『信達騒動風説記』

福島県歴史資料館　庄司吉之助文書Ｉ二四七二

慶応二年（一八六六）の信達世直し騒動に際し、信達地域には類似の表現・内容を持つ史料が多数流布した。本史料は、信達地域においてもっとも広く書き写されて流布した『信達騒動記』の流れをくむ史料の一つである。現在、福島県歴史資料館の庄司家文書に収められているが、元々の所蔵は不明である。

二五頁からなる竪帳で、前半部は信達騒動の起こった経緯を詳しく書き記し、後半部は主に福島城下に迫る騒動勢の激しい打毀しの有様を描いている。騒動勢は終始「一揆共」と表現され、鎮圧の藩兵らを押し返す様子が具体的かつ肯定的に描き出されている。一方、騒動後落ち着きを取り戻した村々に無宿体の者共が横行し金銀を押し貸りする様子を否定的に描いている面も読み取れる。

末尾の記載からは、桑折町の弥五郎なる人物による筆写本を、丸屋辰蔵豊盛という人物がさらに筆写したのが本史料であることがうかがい知れる。筆写者を書き記している数少ない『信達騒動記』といえよう。なお丸屋辰蔵による筆写時期は慶応二年八月と記されており、史料の成立自体はさらに早い時期と考えられる。また表現・内容の一部に他の『信達騒動記』との類似性がみられるほか、『慶応信達騒動記』（後藤浩一家所蔵、『桑折町史』所収）とまったく同一の表現もみられるなど、騒動関係史料の複雑な筆写の痕跡をうかがうことができる貴重な史料といえる。

なお本史料中では、菅野八郎は打毀しの被害者として記されている。これは明らかな誤報ではあるが、菅野八郎について触れた数少ない騒動関係史料でもあることも付言しておきたい。

（水村暁人）

凡　例

翻刻にあたっては、読者の便宜を考慮し、つぎのように表記を改めた。

一、旧字はすべて新字に改めた。

二、以下の助詞はかなに改めた。

江→え
者→は
与→と
ゟ→より
茂→も

三、欠損等により判読できない部分は［欠損］、また判読できなかった文字は□とした。

四、朱書きは（朱書き）と記した。
五、原史料の表記を尊重し、適宜（ママ）と記した。
六、ミセケチ部分は二重線を付した。

2、史料翻刻

『菅野実記　上』

（表紙）

菅野実記　嘉伝次
　　　　　和蔵之伝
　　　　　　　上

八郎
身に染リ更行
日の影氷うる

菅野実記、八郎祖父嘉伝次并ニ八郎父和蔵之伝

一　八郎祖父嘉伝二と云ハ、生得実直ニして、若年ノ内ニ両親ニわかれ其上極難渋ニして、女房之身ニも不成、養父伊嘉平之世わニ而生長ニおよびしが算筆を好ミ、又謡を好ミ、ケ成上手之仲間となり、少々三芸之弟子抔出来、廿五才之時、泉沢大地内屋しき、蔵人之孫よりつまをよび夫婦中六ツましく暮し梟ニ、早くも月日立去りて、明和七庚寅年正月元日、一男出生して、名を和蔵とよびて、難渋之中ニ養育し梟ニ、又安永七戊戌年正月元日ニ二男出生して、名を義蔵とよび、此年惣領和蔵九ツなり、去年より手習・学文為致梟ニ、実覚よく一を聞テ十ヲ知ル之才智あり、猶も両親いつくしみ養育スルニ、生長スルニ随ひ器量人ニすぐれ梟ば、父母之よろこび大方ならず、然ルニ十八歳ニして山居入之荒畑を買受、此処ニ小屋をつくり、只壱人住居して毎日昼ハ畑を起シ、夜ハ学文手習ニ其身を苦しめ、諸人のほめものとぞなりニ梟、如此出精止時なきゆえに、次第ニ身代もヶ成ニ暮し、廿壱才ニして、高子村熊坂泰儒先生ニ入門して、学問ニ心ヲゆたね梟ニ衆人ニ勝れ、学才よければ、殊之外先生の御気ニ入、親嘉伝二方へ度々申来候ハ、和蔵義、学才誠ニよく候得ば、此方ニて儒者ニ致し可遣間、予ニ遣ハされ可然旨追々申来り候へ共、嘉伝二申候よふハ、惣領なれば、進上致し難しと答梟ニ、無是悲其侭にて年月を廻り梟、然ルニ廿六歳之時、同村平右衛門と心を合セ国々子害し多キ事を歎ヶハしく、其旨御公儀様え可願上迚、色々様々工夫をこらし願書相認メ候、其文ニ曰、

乍恐以書附奉願上候

一　安藤対馬守領分、奥州伊達郡金原田村百姓和蔵奉願上候趣意は、奥州・羽州・野州・常州・上州五ヶ国之義、出生子共殺害仕事、老人之咄伝へニて承り候処、尤先年も極困窮者ハ養兼、無拠出生之節、其子害

事まれニ有之候へ共、至而悪敷事ニ存候所、段々国之習之様ニ罷成、困窮ニ不限我身の苦労を去ルために子ハ害スものニ相心得、猶又四五拾年、此方は相応に相暮し候者も、子供少勢ニ仕、婚礼其外賑々敷いたし度相心得候ニ付、間引ケと号ケ悪敷事ニは存不申、子害し甚多ク相成候義、歎敷奉存候、夫故欤近年至而人不足ニ相成、娵・聟取ニ不都合之金子入候故、困窮者ハ妻子之主ニ相成兼候得ば、其者存心悪しく罷成、農業出精不仕、色々ニ身之上持ほごし、子孫其家絶果候百姓、右国々村々ニ数多ク相見へ申候、私身分ニて奉願上候義、恐多キ御事ニは候へ共、実ニ歎敷奉存、乍恐子害之義御法度ニ被仰出度奉願上候、猶又人少ニては、諸事万民之不為ニも御座候故は、国々ニ荒地多ク出来、且又道橋并ニ堰普請又ハ、御伏持・御伝馬人足其外諸入用等相かさんじ又ハ手作ニ余り候田畑、外方へ入作仕候ニも人少故ニ、諸夫役多分相掛り候へば、小作之ものよりハ高主方ニ而田徳無之、却而御高壱石ニ付永廿四五文宛年々弁納仕場所も多出来、其上、他国より給金取数万人入込ミ、農業人過半他国者と相見申候、何分他国ものニてハ、其地方不相応之手入仕候、剰国人不足故ニ、追々給金高直ニ相成、手数減少仕候へば、毎年不作いたし、存外ニものニ取上り不申候、其内ニ而右高直之給金相払候へば大切之御上納ニ行詰り、無拠家財其外迄売、代替御上納仕候間、年々潰れ百姓数多出来申候、尤五ヶ国之義ニ御座候へば、左程ニ無御座候国所も有之候へ共、悪敷地方は右之通り少も相違無御座候、是偏ニ子害多ク人少ニ相成、面々暮しかたく、弥まし子共養兼、猶此上ニも子害多ク成行候ハヽ、如何様之難義出来可申候哉難斗、歎ヶハしく奉存、同村平右衛門と年来申合漸々去々丑ノ八月両人罷登り、戸田采女正様え乍恐御駕籠訴仕候処、其筋へ願候よふ被仰渡、願書御差戻しニ付御領主様へ御駕籠訴仕候処、差越候段御理解被　仰聞、其上相願可申筋も有之ば、梁川奉行所え可願出旨被　仰渡候ニ付帰村仕候処、御領主様難有も御領分一統へ被　仰出候は、極困窮者ニは、三人目之子供より養育米として年々五俵ツヽ、被下置候ニ付、御領分ニは子害し仕候もの壱人

も無之、難有仕合ニ奉存候、猶又去寅ノ八月、私義江戸表へ奉御駕籠訴候処、御領主様え御引渡ニ相成、
直様御差出しニも可被成下之処、国元より村役人・親類罷登り必至と異仕候故、下拙身ニて大造之義、奉
願上候は恐多ク奉存、早速帰村いたし居候処、近郷之もの共噂仕候よふハ、和蔵・平右衛門両度迄江戸表
え走登り、子害シ法度之義奉願上候へ共、御取上ケ無之よし、然は子を害ス事悪敷事ニは有間敷抔申之、
猶々子害シ多ク相成、以之外気之毒仕、無拠奉再願候、何卒右願之通り子害之義、堅ク御法渡《(ママ)》被　仰出被
成下置候ハヽ、人勢沢山ニ相成、地方相応之作物出来、荒地開発其外万民之助ケニ御座候間、私義ハ不及
申ニ数万人出生之子共、重々難有仕合ニ奉存候、已上

寛政七乙卯ノ七月日

安藤対馬守領分
奥州伊達郡金原田村
願人　和蔵判

御公儀様
御役所

前書之通奉御訴訟度奉存候間、何卒格別之以御慈悲、御差出し被成下度奥書を以奉願上候、已上

寛政七乙卯ノ七月日

金原田村願人
百姓
和蔵　印

御領主様
御役所

右之通り奉願上候処、御差出しニ相成、平右衛門義ハ信達両郡之願書双方共江戸登り仕度奉願上候処、両

人共数月江戸表ニ止宿して其入用大金なり、段々御評儀之上御吟味ニ相成、江戸奉行所ニおゐて御理解被仰聞候は、其方共願之趣至極尤之事なれ共、ケ様之義は　御公儀様之思召を以御斗へも可有之なり、然ルニ百姓之身分として、甚タ不似合之事故、御評定之上、御斗へも可為有間、其義を相待べしとよく〳〵御理解有之、御書附被下置候趣意如左、

奇特ニ聞済被置　奉行 ㊞

奥州伊達郡

寛政七卯ノ十二月

金原田村

百姓和蔵

右之御書平右衛門方へも被下置、帰村被　仰付、極月廿二日出立、両人雪中をふみわけふらり〳〵と国元を心さして下ル道すがら、金銀は不残江戸ニ而遣へ果し、国元之家も極貧ニ落入たれば、帰ルも足ニちからなく、たどり〳〵て、よふ〳〵ニ宇都之宮へぞ着ニ凫、此城下をも行過て、はるかニ北をながむれば日光山之雪を見テ、平右衛門云よふ、平「サテ和蔵衆われ等ハ何故ケ程ふし合セなるぞ、数万人之命を助ケント思、四五年以来昼夜心をくだき、江戸へも三度登り、よふ〳〵御聞済之御書一枚ツヽ頂戴して、身代を失ひ、只今一銭のろよふもなく寒さハ寒し、空腹ニもなりしぞや、其上　御公儀様御斗へ可被為有旨、被　仰聞候へ共、是以如成何なる哉、覚束なし迚之事ニ日光山ニ走登り、鬼となり、たとへ悪名ニても名を来世ニ残さんと思ふハ如何ニと云、和蔵「サテ〳〵貴公ハ腹か空シイ迚さよふの事ハ云べからず、数万人之命を助ノントト思、斯まで心を尽し、今日光山の鬼となり人をそこなう事、たとへば角を直さんとして、うしを殺スーひとしく、又時節を待ならば天何ぞ信を捨給わんや、先ツ〳〵鬼となる事ハ止メ候へ、平右衛門「なるほど貴公

之云所も一理ありとハ云ながら、今夜之宿払ニも行当り、何を以テ一命をつなぎ国元へ帰るべき哉、此寒風ニあたり餓死スル事目前なり、大丈夫なんぞ此侭餓死すべけんや、死して何のゑきかあらん、貴公ハ思の外之こしぬけ也と云、和蔵「ナニ腰ぬけとや、平「勿論也、貴公云ニまかせて天命をまつ内餓死スル外なし、餓死して人の笑を受候事ナント大丈夫と云べけんや、是則こしぬけと云ものなり、和蔵「しからば腰ぬけニかまわず鬼となり候へ、平「サレバ年来貴公と心を合せ万事六ツましくまぢわり、今更離レ〳〵ニ相成候事、是又大丈夫のなす所ニあらず、夫故鬼と成共餓死スル共、同意不致してハ大丈夫之本意ニあらず、迚も鬼となり候事貴公ニは同心致候哉、予又餓死スル事ハ不同意なり、別ニ又大丈夫之本意も不失、餓死もせず、鬼ニも不成、よき工夫もあらば聞べし、和蔵衆如何ニと云、此時和蔵大声をハッシテ云よふ、和「イカニ平右衛門衆よく聞そふらへ、カツシテモトウセンノミヅヲノマズ、鬼と申ハ皆盗人なり、大丈夫之義ヲ知ルもの其朋友を此道へ引入ントスル事有べけんや、是迄左程の悪人共不思して、万事六ツましく致しタルハ、予一生のあやまりなり、若又心を改メ鬼の心を捨テント思ハヽ、予にツヽき命のあらん限り歩行給へと云て、先キニタチテ立引立行ニ、是平右衛門・和蔵不和之始なりと云、然ルニむかうより供壱人召連来ル道者有り、行合見れば両人共知ル人ニて、地獄ニ仏、是則天の助ル所なりと、一ト始終を咄して金子借用致度趣咄シ候所、此人顔をしがめ、さて〳〵貴様方ハ心得違也、我等斯安楽ニして江戸見物ニ出掛ルも、平ぜい出精すればこそ、猶又此度抔ハ江戸より書状至来之上罷登り、是より春をかけ銭もふけの工夫なり、夫にマアなんとばか〳〵し候ハ、赤子之せんさく死のふ共ころそふ共他人之事、何ンニもかもふ事ハあるまい、そんな人ニ金かして何国で返金ニなるあてもなし、併ならぬと言ば、とこやら小きみがわるいと言ながら、さんとくより田沼南領二枚取出し、是で堪忍して下され、と詫言まぢり悪口半分ふるいながらかす、両人思ふ様見ルニ、相違の黙《ヤツ》ケ様之者ニ見つぎを受ル事けがらわしと思共、腹のむなしさをしのぎ兼、心ならず借用して早々此所を立わかれ、次キの宿ニてうなぎ屋へあがり早々茶づけ出し呉よ、うなきも沢山ニ頼ムト言ながら、両人座しきへ行、平「ナント和蔵衆カツシテモトウセンノ水ヲ不呑トいわれしが、此金ハ彼の匹夫より借タル金、あまりりつぱな金でもあるまい、和「ナニ匹夫なり共得心之上備貸しタルニ何ンノけがれのある、尤貴公の言通りきやツ実匹夫ニして、壱分之金借しもけがらわし皃共、帰村之上倍金ニして返金すべし、平「なるほど夫も可然、アノやろふの向つらへ打つけ返スべし抔語り居ル内、茶づけ出来皃ば、両人先ツ腹壱盃食して勘定何ほと丶問ニ、壱分之内廿四文返りなり、只一ぺんニ遣果して此家を出立、和「サア是からは大丈夫、鬼共くまん、我気力金原田迄一ト飛なり、平右衛門衆如何思ふぞ、平「ハ、先ツ今日一日ハ左も思ふべ皃共、又夕方ニなり腹がへツたら飛行事ハさて置、片足運ぶも太義（ママ）なり、其時ハ我が言ニ随へ鬼となり候へ、和「イヤそれハ言べからず、又々天の助ケも有べしと足を早めて行程に、呑ず喰ず夜通しニ互ニ無言ニして、二十三里の道ヲ走下ル、然ルニ平右衛門親類伝重郎金子をたくわへ迎之心ニて、江戸をさして登ル処ニ道ニて行合、是ハ両人共ニ下タられしか、先ツ〳〵目出度しと言、両人大ニ悦び、両人「ヤレ〳〵我等は夕辺夜通しニ来り、実ハ昨日之朝食しタル斗りなり、早々助ケ候へ、伝「夫ハ気之毒千万也、先ツ向ふの茶屋へ来り給へと、両人運れ行、食事沢山ニして金五両平右衛門ニ渡ス、和「サテ平右衛門衆是が則天の助ケと云ものなり、モウ何ンにもあんじる事ハ何るまいナ、平「サレバ八苦之娑婆とハよく云たものだ、此金を以テ貴様を助ケ返金の出筋をあんじらる丶、猶又貴公昨日の言葉ニ予を悪人と言しが、悪人の金を以テ命をつなぐハ大丈夫ニあらず、依而今度こそアノカツシテモを思ひ出し、トウセンノ水を呑ぬよふにしてもらいたい、和「なるほど利の当前なり、然らば其金ハかるまじ、依ては一ト通り言事あり、貴公弥悪人ノ業をなし、鬼ともなりて世を渡ル気ニ覚悟致したる哉、然ル則バ此和蔵見のがし難し、見のがしてハ同類なり、直様此所の役所へ訴人して汝を召とるべし、覚悟せよと言捨て立ントスルを、伝「サテ〳〵おまい方ハ六ツましく帰村スル事と思は以の外のよふす、何事欤ハしらね共、是迄昼夜兄弟同様之交りして、只今ニ至り左よふの義御互思召違なるべし、先ツ〳〵双方之義論、此伝十郎ニ預ケ、相替らず六ツましく下り候へと、色々取直し、三人同道して帰村いたし凫が、是より何となく和蔵・平右衛門不和と成、互ニ身ヲ苦しめし根ざしとこそハなりニ凫、両人極月廿七日帰宅して、和蔵家内を見ルニ、家財道具不残売払、年とり米も一切なく目もあてられぬ有様也、道中ニ而あらそひ不致は、平右衛門方へ行、無心云よふもあるなれど、最早彼とハ不和の色をあらわしたれば、其義叶ハず、依而関波村六郎兵衛宅へ行、私義昨日江戸より罷下り候処、家財道具ハ不残るす中ニ売払ひ、其上当時之飯米一粒も無之、極難渋ニ落入当惑仕候、依之来年一ヶ年御奉公可仕候間、あわれ金子弐両御かし被下度奉存候と折入テ願凫ニ、渋屋六郎兵衛殿何思イけん、早速承知して金弐両前金として和蔵ニ貸渡ス、同人大ニ悦び早々暇をつげ立帰り、先ツ年越之用意して目出度嘉年仕、明れば寛政八丙辰年元日之礼も終り、早くも四日となり、明日ハ高子村先生方へ年賀ニ行ント思い、夫々年玉の仕たく抔スル処へ、先生方より御書至来、取手おそしと封出し切見ルニ、

一　其方義養育願と号し、百姓之身分ニ不応願いたし、公儀へ御苦労相掛候段甚タ以テ不届千万也、是則俗ニ云山しと云もの也、依而勘当可為之旨申来り、和蔵ハツト思いしが、ア、是悲もなき次第也、師も予が心中を知り給わず、同輩ならば直様走参り心中不残打明し、実心数万赤子助ケ度信実明白ならば、勘当ニも及まじとハ思共、其義も不相叶、只此上は関波之身の代を払ひ、其後勘当御免を願ふ外あるまじと心を極メ、五日之明方ニ家を出、六郎兵衛殿へ行申様、私義極貧なれば今日より御奉公可仕候、御不便を被加可被下と言、六郎兵衛立出、六「サテ〳〵珍ら敷男也、平人ハ何程極貧之暮し方ニ候テも、正月抔ハ先ツにごり酒の呑合をしてあんかんと日を暮ス、其中に寒中もいといなく他家へ奉公可致之所存、未々頼母敷存ル也、当年之義其方を以奉公人の頭となし、給金ハ其斗へを見テ増金遣スべく候間、万事頼ミ入

之趣也、和蔵難有承知畏り入、一心ふらん奉公大切ニ相勤メ、年々盆前給取十八人なるを三人減じ、先ツ春仕事を取片附、百廿人之人足を掛、自分溜井のさらがヘスル、月早くも立去りて七月十日となりニ皃、此日思い〳〵ニ暇を取皃共、和蔵一年之約束なれば暇もとらず、己ハ居間に扣居ル、此時六郎兵衛、和蔵を呼、サテモ珍らしき男也、先ツ是迄の勤方、予が代ニ其方如キもの壱人も遣へし事なし、当座の褒美として金弐両也遣ス間、今日帰宅して親ニよろこばセよとて下されしハ実ニ難有事共也、和蔵涙をながし、此御恩いつか報じ奉らんと彼金を持、我家ニ帰り親ニ為見皃ば、親ハ勿論、家内一同悦事限りなし、其日之内ニ関波村へ帰り、家内一同大悦仕候段御礼申上候所、六郎兵衛殿猶々悦、水魚の交りとぞ成ニ皃、依七月より暮迄人足積方等万事和蔵ニ任セ置、早くも月日立去りて十一月ニ成皃は、田方ものみ取揚ケ取調ニ相成候処、籾廿二石三斗之除、去年よりハ取れましたり、依而同月廿七日之夜、旦那ニ而酒肴を調へ家人不残呼出シ、褒美之御言葉あり、皆々心之侭ニ呑候得、誠ニ当年ハ格別取レヶ宜敷候、全体和蔵手配よく、皆々其手ニ随へ動キ呉候故也と仰られ、酒飯思の侭ニ馳走セられ皃、其翌日和蔵壱人御招有りて旦那言よふ、六「サテ〳〵其方義我家の為を思イ、一日も麁略無え勤呉候段忝なし、併長ク人の下ニつくべきものニあらず、当年限り成べし、末頼母敷存ル也、依明年は自分ニ百姓致すべし、夫食米何程入用成ぞと言、和「ハイ私義自分ニ百姓仕候ニは籾三十俵も御座候ハヽ、真似合可申と答皃は、其分ならば心やすし、予永ク貸遣スべしと仰有り、難有頓首して、是より暮迄三百人も可掛ル程之自分溜井を新ニほり、目出度いとまを取帰宅スル、此年も極貧之年越なれ共、右之咄しを家内一同楽しみニ目出度年をぞむかい皃、明れば寛政九丁巳年、千苅之田を散田して作りしニ、世の人千がり和蔵と呼あいり、此年渋屋より三十俵之籾を借用して千苅之田を仕附しが、壱文なしの大百姓なれは多分もふけもなく、替ル事なき極貧なり、然レ共、聊心くツせずして昼夜之わかちなく動《(ママ)》ク故、月まし日ましニ暮しよく、諸人の見つぎ多クして、先ツ当村寿山と言ル山伏有凫が、此人と六ツましく交りしニ、此年暮ニ至り、寿「サテ和蔵公、貴殿も無妻ニてハなるまじ、予思イ附タル仲人有り、其娘ハ小手ノ庄大久保村白幡山大正院之三女ニして随分貞女なり、是を妻ニ可然と思ふハ如何ニと言故、和蔵打うなづき、貴僧可然思召ニ候ハヽ、拙者いなむ事なしと答へしかば、寿山此日の内ニ大久保村へ立越し、弥縁定ニ相成、此年の婚姻なり、時に和蔵二十八歳なり、大正院娘きゑと申て今年十八歳なり、又此年従へ御公儀様被　仰出候は、当年より相改難渋百姓子共養育として金子可被下置之間、子害致間敷旨日本国中へ御触ありしかば、和蔵・平右衛門威名リン〳〵として近村ニ其名隠れなし、先ツ此年ハ猶々妻を呼て家内も大勢無事ニ年をむかい、明れは寛政十戊午年、新玉の祝とし、家の正面ニ一昨年従御奉行所被下置タル御書

奇特ニ被聞済置　　　奉行○

寛政七乙卯年十二月日　　　奥州伊達郡金原田村

百姓和蔵

右之御書をはり置、近村近郷子害シ致スもの有之は、其分ニは済スまじと思しハ不云と知れし有さま也、早くも此年も極月ニなりしかば、きゑ女壱人の女子を産、名をたつと呼凫、後、中之内ニ別宅スル是也、光陰矢のことくニして、寛政十三今年改元享和元年辛酉ノ三月、又壱人の女子出生スル、名をうんと呼、後、向屋しきニ別宅スル是なり、又享和四年改元ニ而、文化元甲子十月、又壱人の女子出生ス、名をみつと呼、後、中之内の家相続スル是也、然ルニ今年細谷村山屋しき市五郎と申者極貧ものニて、女房懐胎致凫ニ出生之子ハ迚も養育致兼候間、害ス外無之抔風聞専なれば、和蔵工夫をこらし書状相認メ、同村役元へ差遣し候処、難捨置、当人呼寄理解申聞、子害し致間敷旨厳重ニ申付、其趣返書至来也、後市太郎と申て其家相続いたし○安政三四年頃も未存命也○、然ルニ和蔵三人目之子出生いたしたれば、御上様より玄米五俵ツ、年々

被下置㒵、実ニ難有御事なり、文化四丁卯年二月、又壱人廿八の女子出生セリ、名をふうと呼、後に小手ノ松沢村悪源太堂の下ニ住居スル是なり、去文化三丙寅年、小手ノ大久保村白幡山大正院ニおゐて和蔵母病死スル、法号

大《タイ》慈《ジ》院《オン》正《シヤウ》伝《テン》恵《エ》法《ホウ》大《タイ》姉《シ》、則同村へ葬り㒵、是何故と云ニ先年和蔵いもふとを以、大正院の娵ニ致し置故也、然ルニ和蔵日々月々ニ身体募り今は何一ツ不足なく、当村勘五郎娘を妾として専勘五郎家を助ケ、梁川堀江与五右衛門殿へ夫々請合いたし、当村地内ニ堀江之田地多ク有之㒵を、不残勘五郎方ニ而引受、諸世わスル事トいたしける、勘五郎義も此ゑき二而たちまちケ成之身体とハなりニ㒵、是ぞ和蔵身を果スの種とハ後ニぞ思ひしられたり、ア、浅ましき世の中也、与五右衛門之田地を手ニ入度斗りニ而、和蔵ニ娘をゑばニ飼イ、段々望も叶へ身体もケ成となりしかば、己か娘人の妾ニして、一生を日かげニ為暮候事を無念と思ひ、邪斗を廻し、隣家なれば平右衛門ニ内談し㒵ば、同人心中大ニ悦、是こそ和蔵ニ意趣を報スル究竟之手掛りなりと、勘五郎方へほどよく挨拶して専ら謀斗をめくらし、和蔵義百姓之身分として勘五郎娘を妾ニいたし、壱軒の御百姓己が手ニ入、後ニは勘五郎家を潰ス事疑なし、其上ばくゑきいたし、多ク之人を苦しめ候義言語同断なり、各如何思ハるゝ哉と能弁を震、諸人をまどわし㒵ニ、元来和蔵義勢イはげしきものなれば、諸人のにくしみ多かりしかば、村内七八分ハ平右衛門・勘五郎ニ心をよせ、すき間あらば和蔵を取ひしかんと心を配しと云、然ルニ文化八辛未年六月廿七日、和蔵父嘉伝二死ス、法号

義信良鑑清居士、和蔵両親を失ひ、昼夜泣啼限りなし、尤是迄村内色々平右衛門・勘五郎ニ加談悪斗を工ミしか共、嘉伝二の恩を受しものも多かりしかば、其事はつせざりしが、最早嘉伝二死ス上はたれ憚ルものなく、村中にくしみの色をあらわし㒵ば、平右衛門此時なりと先ハ勘五郎ニ内談して娘ニ聟をとらせんと斗ル、勘五郎可然と思ひ、和蔵と娘の間ニ子共三人有㒵をむごくも引離し、無体ニ娘ニ得心させ、別ニ聟取の

請合して徳次郎と云愚者をかたらい、聟ニ取らんと云ニ、娘はなく〳〵此事和蔵ニ語り《知らせ》しかば、同人タツトせき立、和「己人非人、斯予と一生をかたらい、子共三人迄産育テ、たとへ何程両親進ルとも其事得心スルハ何事ぞ、又両親迚も人面獣心のしわざかな、予を以テ与五右衛門之田を手に入、今更用なしと思、子まで産タル其中を引離シ、別ニ聟取りする抔とわ言語ニ断へし人外もの、おのれ其儘可置哉と村内の気込ミも推量なく、正直一ぺんの心より短慮之気ざし起りしこそ、無運の元とぞなりニ皃、和蔵無念やる方なく、是三人之子共 此三子後ニ一女ハ荒浜武者寅蔵と云者ニ嫁ス、二女ハ小嶋村源兵衛ニ嫁して子数多有り、三男ハ幼年ニて死ス、 等が身之上を思ひすごし、涙之上の涙、昼夜たもとのかわくひまもなく、壱人り心をいため、月日を送ル内、文化九壬申年正月も目出度人は祝皃共、和蔵ハ去年壱人りの父ニわかれ、其上勘五郎非道ニして既ニ娘を取返し、人しらぬ方へ預ケ置、三人の子共は和蔵手配してそこ〻と預ケ、養育スル心之中の無念さハ、心有身はよそ目ニも押はかられて愁れなり、然ルニ二月下旬ニもなりしかば、勘五郎・平右衛門密談シテ色々悪斗をかまへ、弥勘五郎聟取之咄し専ら也、既ニ十月ニもなりしかば、今は娘も呼返し、 婚姻之仕度ニ而、其賑大方ならず、今ハ和蔵たまり兼、己此儘置べきかと、草苅鎌をとぎあげて、右の小脇ニかいはさミ、飛がことくニ走り行、おのれ女め実意愛情を失ひ、三人の子ハ既ニ預ケ、両夫ニまみゆる人畜め、覚悟せよやと云ま〻ニ、氷りの如キ以前の鎌ふりあげ、てふと打処へ母の小もの走セ来り、ヤレマテ和蔵どの言事ありと取すがるを、和蔵取ッテつきのけ言事聞事是迄なりと怒りの大イキホットつき、女目あてニ切つくるニ、目あて違わず女の頭ハッシト切レバ、何かわ以テたまるべき、其座に倒レ生体なり、母は一生けん命ニ而娘にげよと云皃共、元より覚悟の身の上なれば、にぐる心なき故ニ、伏たルま〻にて動キもせず、親の非道ハ是悲もなく、観念してこそ見へにける、和蔵此ありさまニ心つき、サテハ女は道を知り命を捨ルハ覚悟ニ而、親の言葉ニしたがいしか、ア〻ふびんとハ思共、手を負セテハ助ケ難シと鎌取直シ、とゞめさ〻んとスル処へ、近所之もの共おりかさなり、和蔵をさ〻い手負を引立、裏の外方へ連レテ行、和蔵はがミをなしてあせれ共、せん方なければしあんを極メ、此女存命ならば予が命ニもかゝわるまじ、一ト先ツ此場を退去りて後の様子を見届ケント、四方よりむらがり掛りて取押へんとするやつばら、小しやくなりと云まゝに、四方へはらりとけたをせば、其勢イニ恐をなし、あたまかゝいてにげながら、おのれ和蔵、後日ニ思しらせんと、方々ニこそ退走ル、跡ニハ和蔵只壱人リ相手なければ優々と此家を立出、血ニ染たる鎌を持、我家をさして帰り皃、跡でハ手負を介抱して右之ようすをちく一ニ平右衛門ニ語りしかば仕済たりと横手打、手負ハ浅きづ命ハ受合、和蔵めハちくてん疑なし、御上へ訴へ召とりて首を見ルはまたゝく内、勘五郎来り候へ、親類共も跡ニつゝけと云捨て、役をさして走り行、先ツ村役人え断りて、役所をさして急き行、兼而平右衛門村中へ示し置たれば、此事聞付我も〳〵と村中上を下と騒動して、忽チ四五十人寄集り、村役人を先ニ立、押立〳〵役所へ走セつき、訴への趣ニは和蔵剣げきのふるまい致し、人をあやめ退去り候間、早々御人数御下ケ下され、御召捕可被下、しからずんば一村立難し杯、口を揃て訴へ皃ば、御役所も早速御下知有て捕手の役人数多差出し、其上百姓共ニもよく〳〵申含ムよふハ、和蔵義心得も有ルやつなりと及聞、随分ぬからず汝等是家の四方を取かこみのがすまじと、上下心を合セ其夜日暮より和蔵家を取かこみ、百姓共は棒・鎌・とび口・或ハ竹鑓り等思〳〵に引さげて、向ふの土手下タ、こゝの木かげニ隠レ居テ、息をつめ、わな〳〵ふるいながら心ニ思ふよふ、和蔵め間違ふて我居ル所へ出ねばよいが、にくさハにくし、恐ろしゝ、四方ニ心を配り居ル、和蔵は斯とつゆしらず、女の命ハ如何なるや、死ねば我もと覚悟をきわめ、何ニもセよ少しの内何国なり共身を隠し、女の身之上をも聞知り度、先ツ御上を憚リ我家を立のかんと思、心しづかニ用意して旅立之したくニて、一ト腰ぼつこみ何之気もなく表口へ出行処へ、取手の大勢無てふ灯ニ而声をも不掛、笠越しニ一ト打バツタリ打すへられ、ハツトためらふ其内ニ、御上意なりと口々ニ四方八方おりかさなり、有無をいわセす高手こ手、いましめの内ニてふちん二数十火をうつし、白昼のごとく二てらしたて、和蔵引立粱川さして帰しハ、目ざましかりheeh有様なり、評二曰、百姓の和蔵如キを召捕二、無てふちん無言二して一ト打打て後御上意なりとハ、御上二もあまり御ひきやうのよふ奉存候事、夫より段々御吟味二相成候所、和蔵一々始末を申上、且又勘五郎非義非道、又ハ女の両夫二まみゆる事人非人之仕業と思ひ、其恨ミ愚意二こりかたまり、斯之仕合如何様共御法次第罪二行下さるべし、和蔵二おゐて聊御上様を奉恨義無之候得共、右様之仕合三人の子供を思いやり、女え之恨ミハ山々御座候、筋違之夫婦とハ申なから、親子愛情二おゐてハ相替らず、万事御賢察之程奉願上候と申上ゟば、御上様二も御尤と答さるとゐへ共、村内一同不得止事、和蔵村内二有之内は、一村納リなし杯と平右衛門二たらかされ、実と思ひ其趣口々二罵り言上ス、御上二も無是悲、和蔵入牢被仰付ゟ、跡二は女房涙二くれ、四人之女子あり、まだ其上二懐胎之様子もあり、夫ハ入牢被　仰付、何と成行身之上ぞと、明暮心も身二そわず、泣居ル内も月日の行にハ関守なく、涙と共二年をむかい、明れは文化十癸酉年七月二も成しかば、御上様二も御評議し給ふ処、和蔵義男の魂尤なれ共、大勢之訴無是悲入牢ハさせたれ共、別而大罪と申義は是なし、公儀表も恐あり、早々御免被　仰付可然と事極り、七月十日、難有も御免二相成帰宅スル、家内之悦ひ大方ならず、実二目出度盆の月をぞ拝しゟ、和蔵うれしさのあまり、「何もかもそらになりけり盆の月　又曰、「一息のくもりもあらじ池水にうつるは月の光りなりけり、早くも八月十五日二なりゟに、女房産の気しきとなり、安々と産おとし、見るに男子なれば夫婦大二悦ひ、其ちやうあい不浅、後二和蔵家相続して名を八老と云しハ是也、然ルニ和蔵思ふよふ、予何之悪事もせず村内へあだする心も少しもなし、然ルを予か勢イをにくみ、且ハ己ガ曲りを不知、其罪を予二ゆづるがため二平右衛門佞弁を震を実として、村内過半予二てきする奴原、此恨ミいつか報ぜんと色々に心を砕キゟ二、平右衛門悪心ます〳〵増長して、仙台角田辺より壱人之女をかどい、ふくしまへ売女二ス、此女口おしく思ひ、手紙を和蔵方へ遣し頼入、和蔵不便ニ思ひ、先ツ平右衛門方へ行、心得違之趣異見ニおよぶとゐへ共、平右衛門少しも取合ず、貴殿何ぞ含ミあらん、存分ニ致されしと以の外之挨拶ニ無是悲立帰り、仙台への書状認メ差遣し候処、早速仙台より掛合ニ相成、平右衛門申分ケ無之ニ付、入牢被仰付㒵、然ルニ平右衛門遺恨十倍して、おのれ和蔵め予出牢之上ハ忽此恨を報ずべしと、はがミをなして入牢ス、今年松前嶋守様御領分ニ相成、万事別而御仁恵あり、平右衛門わづかニして出牢被　仰付しかば、又々村内之佞人奸人をかたらい、和蔵ありてハ中々我等安心なりかたし、如何すべしと昼夜工夫専らなり、平右衛門又悪斗思イ出し、勘兵衛・左内ニ言含メ、其上八百吉杯ニ流言させ㒵ハ、和蔵義以前の遺恨を含、勘兵衛・左内・平右衛門等を罪ニ落スの謀斗専ら也、然ルを察して三人之もの共心を合セ、和蔵を殺害スル之工夫又専ら也、近頃気之毒千万也杯云出し㒵ば、一犬虚を吠れは万犬実を吠るのならいニて、村一同ハ不及申ニ、近村迄も風聞手ニ取如クなり、既ニ和蔵耳ニも入しかば、正直一ぺんニして短慮甚しき和蔵故、是を実ト思、左内弟多仲を呼寄、如何ニ此節の評判虚実之義弁へあらん、遠慮なく語リ候へ、若し隠スニおゐて、貴殿も同腹疑なし、如何ニ〱と取詰られ、多仲心ニ思ふよふ、兼而平右衛門等と申合セたは最ならば、わざとため息ホツトつき、貴殿の云わるゝ通り相違なし、既ニ彼等内談取極メ候へば、御身之上風前ノ灯のごとし、併此義私より聞取し杯深ク言給ふ事なかれ、貴殿とハ内縁有ルを以テ、斯明白ニ咄ス也と、実しやかに声をひそめ物語リスル故、和蔵実ト思ひ云よふ、己が悪を弁へず予を殺害せんと斗ルハ何事ぞや、貴殿の知らせニあらずんば此和蔵ハ犬死也、よし〱此上は彼等三人を打て予又死べしと、勢イ込んで気色も変じて見へ㒵ば、多仲仕済したりと早々いとまをつげて立帰り、直ニ平右衛門・勘兵衛・左内等ニ此事を語リしかば、平右衛門横手をてふと打、和蔵愚なり愚なり、和蔵予斗り事ニ両度まで落入、最早今度ハ命を失ふべしと大口ひらいて笑い㒵、勘兵衛・左内口を揃、何故和蔵命を失ふ哉聞セ候へと云、平「先ツ〱夫ハゆるりと語ルべし、表テ之戸引立候へ、裏戸をひらき置べしと云故、何事をスルやト両人あやぶみながら差図ニ随へ、表裏之手配して平右衛門がそばニ居寄て如何よふの工夫のあると申せは、平右衛門云ふ、短慮之和蔵今の間ニさわき立、此家へ乱入スル事疑なし、其時我等こそ〳〵と裏口より退出し、直様梁川御役所へ欠込、旧悪を申立、且又今度百姓家へ乱入いたし、御百姓之さまたげ相成候段、此平右衛門口ニまかせて申上べし、其時貴殿等も心次第和蔵之悪事申立候ハヽ、松前より之今参り善悪ニかゝわらず、大勢ニ贔屓して和蔵を取ひしぐ事鑑ニかけて見ルがことし、若三人ニて事六ツかしき時ハ、以前之もの共連印させる事、平右衛門手の内ニありと弁舌とふ〳〵とのべ凫ば、三人之ものども小踊りして、中ニも左内云よふ、和蔵来らば我等兄弟梁川へ走行べし、其跡ニて平右衛門・勘兵衛・貴殿等両人村連印取揃て、跡より来り候へと万事悪斗取極り、早々和蔵来よかしとかたづをのんで待掛凫、此事和蔵ゆめニもしらず、証故なければ御上へは出来られず、さり迚此侭居ならば犬死なり、先ツ左内ハ毎度相談宿と聞、是へ押シ込ミ左内を打果シ、直様平右衛門をも打果し、勘兵衛ハ馬鹿故ニ退ケばにがしてもめいどの惑もあるまじと、覚悟を極メしこそ正直短慮の浅ましさ、ア、是悲もなき次第也、

（＊から＊＊まで朱書き）

（＊）予今倩考ルニ、善正直と短慮と勇気と信と是一ニして同体也、先ツ信なれば萬事正直也、正直なれば立服スル也、立服つよきハ勇気を催ス也、皆是信の有処より起ル也、依而信つよければ愚ニ成ル、是匹夫故也、匹夫之智つよきハ甚ダ悪ニ近し故ニ、和蔵信つよき故ニ愚となり、平右衛門智つよき故に悪となり、互ニ身を苦しめ十変萬化して身を果し、其上村内之不為と成り、終にハ平右衛門悪の報ニて、平右衛門ハ仙台石之巻ニて悪事をなし、御仕置ニ成しと云、和蔵愚なりとゐへども、信有故にや終ニは天のあはれミを蒙り、老年ニ及ては名主役迄相勤メ、六十八歳ニして目出度めいどニ趣しハ、善悪共に天の鑑ニ懸給ふ事斯のごとし、恐慎むべし〳〵

又曰、仁義礼智信是五常と申、常に一ツも忘ル、事なく用ゆべき事なれ共、何れも其身ニ応じ能ほどニ用ル事第一也、仁過ル刻ハ家納らず、義過レば人遠慮の心を生ス、礼過レばへつらいと成ル、智過レば悪となる、信過レば愚と成、サテ〳〵めんだふなり、依而迚も五之ものよきほどニ用ル事叶まじ、然ばセメテ萬事信を不失候よふいたし度物なり、たとへ愚ニなり、一たん難義ニ及事ありても、信より出たる愚ハ天の助ケあり、ゆめ〳〵疑ふ事なかれ、（＊＊）

和蔵血気頭上に登り、憤怒の眼じりさかだちて、左内が家ニ走り行、おのれ左内、何故に予を殺害セントハスルぞ、出て勝負せんやとよばわり凫、平右衛門始四人のもの共そりやこそ来たぞと云まくり、四人一同裏口よりこそ〳〵〳〵、和蔵愚ニして男気つよく家の中へと踏込ばおくしたる歟、左内人をころさんと斗ル事目さず、てきの予壱人来ルなれば望ミ叶へはべらんに、家の内ニおともせず、しづまり返へて居ル事何事成ぞ、早々勝負を決せと声のちるほどよばわり〳〵、半日ほども居ル内ニ梁川より捕手の大勢左内先達走セ来リ、あばれもの御上意なりと後より声かけられ、ハツト思ふりかへれば、ぢつてい・早なは手ニ手ニ持、御上意なり、下ニ居よと口々にはわりしかば、何かわ以テてきすべし、大ニ頭をすりつけて一ト始終を申上ント思ふ処へ、大勢来りてなわかけ引立て取帰り凫、夫々日々白洲ニおゐて左内兄弟と和蔵日々の論判被仰付凫に、和蔵ハ一生けん命信実心ニ徹して涙を流し候へハ、怒りを含ミ弁口さわやかなり、左内兄弟も智者なりとゐへ共、元来巧ミ事なれば云まくられ、既に明日は和蔵ニ御かまへ無之、左内兄弟入牢たるへき旨被仰渡凫、然ルニ村役人佐七申上凫は、明日今一ト度論判被仰付度奉願上候処、其旨相叶へ、佐内兄弟并ニ和蔵三人とも縄附ニて年番迄御下ケなり、全体佐七も勘兵衛同腹之者故右之願也、此夜佐七金原田村へ立帰り、勘兵衛・平右衛門等面談して左内兄弟云伏られ、明日入牢被仰付之処、しふ〳〵今一度論判義を願立帰りし也、連印ニ而不願してハ迚茂和蔵ニ及所ニあらず、何時ニ連印調へタルぞと云ニ、よふ〳〵村半分なれは、佐七是ニ而ハ不相成ト勘兵衛・佐七両人ニて役元へ行、今夜ノ内ニ村一同連印取揃申度候、左なくば我等両人退役いたすべしと云、名主善蔵無是悲村内を夜中ニ触、印判取そろい惣代平右衛門也、願書之趣ハ、和蔵村内ニ有之候而は、一村御百姓相続いたし兼候趣へ旧悪まで書加へ、役人始村一同之願也、次ニは若もの中へ申含メ、是又右之願也、惣代栄蔵ニ而若もの四十壱人明日早天ニ梁川へ強訴同様之有様なり、和蔵何程弁口達者なり迚可叶事ニあらず、又御上様ニも和蔵壱人ニ一村ハ替がたく思召され、尤村内一同スルモ平右衛門智一ツより起ルなれ共、是和蔵も其罪有ルニ相違なしと御上ニも御評義極、和蔵壱人罪ニ落せば村内当時ハ納ルべし迚、村内一同御召出され、和蔵壱人と掛合被　仰付皀、然りとゐへ共、元来和蔵命を差出し実意はき出し舌戦するどく壱人限り云伏皀共、御上様の御評義極りし上は何かは以テ叶ふべき、御奉行様被

仰出皀は、和蔵よく〱承レ、其方むかし語りも聞つらん、大勢ニ手なしと申事弁へよ、左内・多仲両人之申上ル処相違無之段、村役人共ハ一村一同若もの迄願出ル上ハ、何程其方骨折し迚及さる義弁へよ、善悪ハ天命をまてよかしと、難有御一言ニ和蔵平伏して是より一言半句あらそわず罪ニ落、入牢被仰付しハ残念至極の事共也、女房きゑはやれ嬉しやと悦ふ間もなく、又々夫ハ入牢之由、聞にたへ兼声をあげて泣入斗り也、しかれ共迚も叶ぬ事なればよふ〱心取直し、五人の子共の養育やら、御高四十二石之余田畑仕附の諸世わやり、昼夜あけしきひまハなし、此苦労中々筆紙ニ尽し難し、是ハ扨置、先年和蔵世話人として積善寺の鐘を作ル、其節杯諸人の取用へ大方ならず、何事ニよらず村内ニ若大変有之時は夫々取用へ、今ハ斯迄村一同こりかたまり和蔵壱人取ひしくハあまり心外之事也と思共、女の力及ぬ事、泣々年月を送ル内、娘共も生長して聟の仲人有り皀ば、たつ・うん両人ニ女の手元非常の工夫して、聟取をぞいたし皀、年月早くも行去りて、文政三辛辰年、御殿様より御内意下り皀ハ、和蔵義別ニ罪なきニ、七ヶ年之間入牢之由聞給ル、随分異見を加へ出牢可為致ト仰ある、依而夫々御評義となり、出家剃髪為致可然迚、其旨年番忠兵衛を以テ和

蔵ニ申聞候よふハ、御殿様より御仁恵之御義有之候ニ付、出牢被仰付なり、乍併剃髪致スべしと云、和蔵曰「御意難有之共剃髪之義は御免可被下と云、忠兵衛涙を流し、貴殿心得違なるべし、剃髪いたしたり迚一生と云事ニはあらず、出牢之内斗リ直にげんぞくしても御上におゐておかまいないとの仰なれ、剃髪して出牢し給へと云、然レ共、いかな〳〵和蔵得心せず、和「サテ忠兵衛殿よく勘弁し給へ、たとへ出牢之内斗リ剃髪しても、和蔵ハかなぬ時ぼうずニなり、又げんぞくして人なミの口を利ク事片腹いたしと、世上の人口のがれがたし、然ル刻ハ出牢してもしんだ同前、志ハありがた凫共、此和蔵ニおゐて望なし迚候へと云、依之忠兵衛せん方なく其趣奉行所へ訴へ凫、奉行所ニおゐても扨々和蔵男気也と思召とゐへ共、内意たり共一たん上より被　仰出候事、其御趣意無之出牢為致候事もなりがたし、さりながら
御殿様之内意も恐あり、如何ハせんと御心をなやませられ、ある夜ひそかニ勿躰なくも御奉行様直ニ牢屋の前に来り候也、奉行「サテ〳〵和蔵、此方義如何心得しぞ、先日ゟ忠兵衛を以申聞ス通り、剃髪不致候而は汝御上様へあらそふの道理、旁以てゆるしがたしと、又ハ其方理づよき故、一村を相手取大勢に手なしとなり、今又御上之内意ニ背キ候条、いつれ御免ニなるべきぞ、牢死致さば其身斗り歟子孫ニ迄恥を残スあり、ふびん千万也、此道理を相弁へ剃髪可致ト理を明らかニ解給ふ、和「実に見苦敷獄屋へ尊体を被為運、罪人之私へ御理解之段御慈悲之程、心魂徹し難有［欠損］私義実事を以万事を斗へ候得共、其事時を得ずして如此［欠損］御理解ニも善悪ハ只天命を待べしと難有仰ニ伏シ、斯の仕合ニ候、然ルニ天命［欠損］義剃髪仕程之咎無之［欠損］

『菅野実記　第一』

（表紙）

菅野実記　第一

菅野実記巻ノ一　惣目録

一　天神七代之略由并ニ人々大祖之高下無之事

附リ、菅野氏開祖之事

夫天地開辟の始を遠くたずぬるに国常立尊《クニトコタチノミコト》より三代之尊ハ、男神而已ニして、よふやく四代目泥土煮尊《ウヒチニノミコト》・沙土煮尊《スヒチニノミコト》と男女の神あらわれ給ふ、男神は勢州月よみの宮の神体是也、女神志州伊沢の宮の神体也、第七代ニ至而、伊弉諾《イザナキ》・伊弉冊尊《イザナミノミコト》より、交合始りて、多く子を産ミ給ふ、是則天神七代と奉申、たとへいやしき百姓の我々より上ミ　天子ニ至る迄、皆此神の子孫末葉ニして、我人ともニ先祖の高下あるべからず、しかりとゐへ共、先祖数代之間ニ名を天下ニあらわし、又ハ、其身みじゆくニして名をうしない、子孫に至るまで上下のへだてとなる、実ニ天正の頃、威を天下ニふるい、文禄元年、朝せん征伐して、彼ノ国の王子までとりこにしたる太閤関白平ノ秀吉公と奉申ハ、天文五年之時、尾州愛智郡の土民弥助の子ニ産れ、生長して天下を治メ給へし事、よく諸人の知る所なり、是を以考ルニ、其智衆人ニ勝れたるものハ大祖の高下なきゆへに、天下のあるじともならん歟、故に野人農夫の我々も、子孫末葉ニ至而は二合半の米ニありつき、大小をたばさむものも出生せん事もあらん歟、しかれば、代々身の行いを記シ或ハ世のせいすいを書記し、子孫ニ伝へ置ならば、少しハ後覚のはし共なりぬべしと、愚の甚しき予か身ニも自まんの心ハ沢山あり、依而八老一代記自まん巻を爰にあらわす而已

于時安政三辰ノ初夏

病ひの床に居なから書

八老一代自満巻一

一 八郎先祖之由来 自満之始

扨予か先祖と申ハ 伊弉冊尊より三代之孫、忍穂耳尊《オシホニノミコト》より六十一代之後胤、菅原ノ道実卿より四十代之末葉、出羽頭菅原ノ道植之嫡男、出羽太良道一之二男、宇平二道量之一子、山野川菅野六助より十二代ニして弟なるもの二家督をゆづり、其身は金原田村ニ住居ス、則菅野六助と申、是より八郎迄十代なり、菅卿より都而六十五代、暦数九百五十四年 八郎迄十四代なり（ママ）、

右出羽頭と申ハ菅公流罪之時一家委ク、（ママ）離散し
右出羽頭と申ハ菅公流罪之時一家委ク

道植も羽州ニ来り、菅原は恐れあり迚、菅野と改メ、農業渡世専として数代此所ニ住し㒵、然ルに永仁二年之時、よふやく時至りて

北畠源中納言昭（ママ）家卿ニめし出され、出羽半国を下シ給わり、田河郡ニ住ス、然ルニ足利尊氏反逆ニより

て、昭家卿後醍醐天皇江御味方奉り皀ニ、道植御供して京江登り、主人諸共討死ス、于時道植七男あり、嫡男道一・二男道次・三男道輔・四難道治・五男道直・六男道兼・七男道恒、七人共ニ心を合国境をかため皀ニ、上方の大変急をつくる事くしのはを引かことくニして、皆々心も心ならず、先ツ本城霊山覚束なく、兄弟七人道を急き、時日をうつさず、すでニ霊山近き山の川迄はせ来り、山の半ふくニ登り見れば、留守居相馬郡司なるもの足利に心をよせ、霊山ノ本城江火をかけしかば、火ゑん天をこがして見へ皀ば、七人の者共身体爰に極り、家来ハ不残落し遣り、兄弟七人思々ニ自害せり、然ルニ道一兜の鉢ニ頂し千手観世音之尊像あり皀を近辺の農夫是を見附、七人の死かばねねんごろにうづめ、尊像を墓の印とス、是ハ暦応元年二月廿七日也、然ルニ羽州ニ残れる妻子、追々此事を聞伝へて尋来り、墓の辺ニ柴のいほりを三ツまでこしらい、朝暮念仏ノ声絶間なし、いまた近辺ニ寺院多かりしかは、龍帰《リヤウキ》山雲開寺（今ハ絶テなし瀬成田村入口ニ有しと云）の住僧ニ頼ミ、法号

千手院観翁良音道一居士
菅原寿永道次居士
菅山了原道輔居士
雄山了英道治居士
賢心了雄道直居士
徳安了寛道兼居士
忠山了義道恒居士

如此法号して念仏おこたりなし、然ル道一、二男二女ありしニ、嫡子ハ家名を失ふ事を恐れて系図の一巻を持、尾州ニ知ルものありて是をたより、家名を起さん迚、此者尾州へ趣しと云、依て此辺に菅野氏多しとゐ

へ共、系図書所持スルものなし、万一ありと云ハヾ必定疑物なりと知ルべし、又山野川村さんげざいけとのふる事ハ、柴のいほり三軒出来、久しく住居ス、依其頃誰云となく三軒在家〳〵と云なせしを今ハ字となるとなり、又、観世音の尊像ハ七人の墓の上ニ勧請して七騎の観音と唱へ奉、其言葉ハ今ニ残れるなり、彼の尊像金仏御丈《ミタケ》壱寸なるを先ニ云道一より十四代之時、弟太郎右衛門ニ家督をゆづり、此尊像を守り袋ニして当村へ来りしと書記ス、尤是迄の事ハ今小じま村ニ住ス清左衛門と申ハ八老伯父ニして、予か家の古書を所持ス、其中ニむしつみちぎれ〳〵たる古紙ニ見へたるを写したるなれば、疑ふ所なし、然ルニむかしハ嫁聟ニ限らず苗字持参する習ニて少しゆへ、有苗字なれば先キの苗字をはぶき、此方ノ苗字ニ直し不苦は縁定可仕旨仲人なるものニ掛合、則嫁の家の苗字を持行抔する為に、予が祖も山の川村ニ住して子供ニ嫁聟を取、又ハ先方へ聟養子遣スニ自満らしく菅野を遺したりと云、依て大石・石田・掛田・山野・川辺に菅野氏誠ニ多し、しかりとゐへどもなさけなきハ七騎の観音ありとハ知れども菅野氏の開祖なりと知ルものまれなり、又彼の尊像金原田村へ持来るゆへんも知るものまれ也、依之先祖之由来絶ン事を恐れ、嘉永六丑ノ年、右七人の法号を石面ニ顕し、尊像ハ則、此石中え奉彫籠《ホリコメ》、一宇の堂を健《(ママ)》立して、猶寄進の面々是又石面へ顕し、永く菅野氏の開祖タル事子孫へ伝ふる而已を心とす、此時道一居士五百十五年なれ共、入仏の折を幸イとして五百五十回忌之法事をいとなみ、近村菅野氏不残呼集メ酒飯を施したり、以後も予か家あらん限りハ年忌〳〵不忘して法事勤度事也、

一　予か祖代々毎々に書伝あるならば幸イなれ共、元和八戌年以来書記シたる者なし、併、清左衛門所持之古書ニ、元和八年迄之事ハあちらこちらとちぎれ〳〵も見へたれば、法事もいとなみ、又予か今書残スの助ケともなれり、尤、元和八年ニ金原田村へ家をうつし、家内七人有㒵ニ不残引連れ、日光山え参詣したる事抔も見へたり、何ゆへ家内中参詣いたしたると思ひしに、御記禄《(ママ)》を見れは、元和八年ニ始テ秀忠公、

日光御社参、其にぎわい大方ならずと云、依而六助　家康公の大徳を感心奉り、是より信心台《(怠カ)》ル事なしと見へたり、其言伝へ如左、

夫実の信心申ハ忠を　ハ第一親ニ孝を　ハ第一親ニ孝を　尽シ、主人有身ハ忠を　主人有身ハ忠を　尽し、家業を出精して御年貢・諸役を恙なく相勤、仮初ニも人を偽り諂ふ事を不為、理非善悪を能弁へ、弱を助ケ強を制スの旨を含ミ、少シたり曲心を不出、万事正直を本として義と信の二ツにハ一命もおしむべからず、譬ば其身ハ泥中ニ沈とも其一心猶泥ニ不染、唯寝ても起ても泰平の御代　東照太神君　尊き事ヲ　の不忘して　荒シたる田畑を開発シ、一粒なり共実のりを取あげ、世の中の宝とせよ、是ぞ誠の信心ニして少シハ神恩を奉報端ともならん歟、如斯の申伝有之候を今爰ニ書記ス、

一　先キ言、元和八年より以来、一切書記なしとゐへ共、予より五代前、六助より五代之間、法号等もあらため、猶又俗名等も記し置ゆへ、予死去ニ至り、家督なるもの書加へ、段々子孫へ伝へべきものなり、先ツ五代之法号如左、

千手院観翁良道一居士より二十代孫（朱字）

寂会常照居士　　俗名六助事、此人ハ金原田村家を移シタル、六助より六代目ニして
延享元子年六月十二日死去

凰山義鳳居士　　伊嘉平事、此人シンデン屋敷より後家入也、依而予か家の家督ハ先夫六助之子嘉伝次ニゆづり、伊嘉平之子孫ハ今曲木屋しき嘉蔵是也、尤予か家之新宅なれば、たんばハ一ヶ所也、

大慈院正伝恵法大姉　　嘉伝妻、文化三未年閏二月十三日死去ス、

義信良監清居士　　俗名嘉伝次事、六助嫡男也、文化八未年六月廿七日死去、

五国養育鐘翁居士　俗名和蔵事、嘉伝次嫡男也、此人兄弟三人也、
弟清左衛門ハ小手ノ庄小嶋村ニ住ス、弟三ハ女ニして小手ノ庄白幡山大正院ニ嫁ス、
然ルニ和蔵事天保八酉年三月十一日死去ス、行年六十八歳、子供八人あり、如左

白幡大正大姉　和蔵妻、俗名きゑ事、此人大久保村白幡山大正院之娘也、嘉永四亥年三月廿日死去、
行年七十二歳、

椿山八老居士　和蔵末子ニして今子供二人あれ共、壱人ハ欠落して行衛不知、壱女ハ山ノ川勇右衛門
ニ縁定して、姉の子忠五郎を家督ニス、八老いまた不死、

忠五郎、是ハ和蔵三女ノ子也、
妻はな、是ハ勝蔵四番の娘也、
子二人あり、後、代々此筋ニつづくべし、

一女たつ　此子　夫勝蔵　当村中ノ門ニ別家ス

一女はつ、坂下市右衛門ニ嫁シ子二人あり、夫死シテ　今小国村小林屋敷ニ嫁シテ、
又子二人あり、夫を惣吉と云、

二女ミち、小国村我僧屋敷ニ嫁して子四人あり、夫ノ名ハ久作と呼、
三女るめ、小手ノ松沢ニ嫁して子供二人あり、夫ノ名ハ勘作と呼、
四女はな、八郎養女ニなる、
五男源作、是ハ勝蔵死後小国村嫁して是を産ニ、又夫死シテ立帰ル之時此子連れ来
り、今八老養育ス、

二女うん
夫善吉
今山向ニ別宅ス

三女みつ
夫為吉
勝蔵家督となり
今中ノ内

四女ふく
松沢村義蔵
妻となり子
四人あり

五男八老

六女ゑつ

此子一女いち、山ノ川村勇右衛門ニ嫁して子供四人あり、尤是ハ先夫ノ子なり、
二女はる、当村寄居屋敷伝重郎ニ嫁して子供二人あり、
三男和助、当村庄蔵娘を女房ニ貰ひ、善吉家相続して子二人有、
四女きゑ、いまた無縁、

嫡子忠五郎、八老養子ニなり、子二人あり
二女はつ、大久保村忠次郎妻となり、子二人あり
三女みの、当村勇助妻と也、子壱人あり

嫡子寅之助、是ハ先夫之子ニして今八老家ニ居り、父運七之家を起さんとす、然ルニ
故有て忠吉養子ニ成ル、于時安政三辰ノ八月定ム
二女つな、去年はぎたいらむらニ縁定ス　ほそぶ屋しきト云歟
三男、父義蔵家相続人と定ム
四男、いまだ無知して諸事不足

父和蔵家相続ス

小じまむら岩子屋しき源太郎妻と子三人あり、ゑつハ死　去ス
嫡子源吉、同村之内へ聟養子となりて子二人あり

二男源二郎、是ハ死去

三男源三郎、父源太郎家相続人と定ム

七女ゑき　是ハ仙台荒浜徳次妻となり子三人あり

八男　死去ス

〆和蔵子供兄弟八人なれ共、今存命なるハ五人なり、しかりとゐへ共皆々子孫多クして目出度し〳〵

三才之子供忠五郎実子

世続、嘉伝次

二男

八三郎

菅野蔵書

（以下鉛筆書きの系図　略す）

『八老遺書之信言』

（表紙）
明治十五年
八老遺書之信言
旧四月初一日
［　欠損　］

治ニ乱ヲ［　欠損　］
万治ニ凶作ヲ不忘ト我ハ
誡ル也

菅ノ八老遺書ノ信言

○□（朱印）
一大凶作近ニ在リ、違作連年ナル可シ、人々其貯《タクハ》ヒ有度事也
是何故ト云ニ今年ヨリ四十六年前申ノ大凶作ヨリ人気悪ク、年々気候モ宜シカラズ故ニ尚々人気悪ク衰へ、其気天地ニ通シテ陰陽ヲ悩シ、歳々ノ不作ニ万物不足シ、是ガ為ニ慾情次第ニツノリ、悪気ヲ醸ス

ユヘ弥陰陽和セズ違作ツヾキテ終ニ大凶作トナルコト明ニ悟ル可シ

一前條ノ如ク不陽気続キタルユヘニ男子ノ性質大ニ衰ヘタリ、雖レ然女子ノ性質少シモ不レ衰ヘ故ニ女子アル人ハ是ヲ老ノ懸子トスベシ、若シ此意ヲ用ヘズ男子ニ懸《カヽ》ラバ老年ノ悲《カナシ》サ譬ルニ物ノ終ニ泣死トナルコト鑑ニカケテ見ルガ如シ、夢々疑フコト勿レ

此理如何ト云ニ不気候ヲ俗ニ不陽気ト云モ天然也、天ノ気ヲ号ケテ陽ト云フ、天ノ気退キタルヲ不陽気ト唱ル也、然ルニ男ハ陽ナレバ、天ノ気ヲ受テ生ル可キモノナルニ不陽気ノ中ニ生ル、男子ナレバ、天ノ気薄ク其上不陽気ヲ呼吸シ、其物々ヲ食ヒ生長スルユヘ性質悪ク衰ヘタルコト言語ニ尽シ難シ、其目前ナルハ当世ノ人、信実強勇更ニナク、是ヲ知ラザレバ、人情モ耻モ知ルコト不レ能、先ツ金員ヲ貸ス者元金五円、壱ヶ月ニ付利子共五銭、三ヶ月コロバシ難渋者立コト不能、是レ信実無証也、又是ヲ借用シテ立ンコトヲ思フハ愚ノ至リ也、是レ性ノ衰ヘタル証也、然レバ信義勇ヲ知ラザル世ノ中トナリ、忠孝ノ道モ不知、唯々我身ノ勝手宜シキヲ思フノ外ナク、父母ヲ養《ヤシナ》フニ犬馬ヲ養フ如ク、手足達者ニ己ガ為ニナル中ハ親ラシクスレドモ、年老テ不自由ニナルカ、又ハ長病ニナルカ其時ハ早ク死ネカシニ取扱ヒ、孝行ノ心更ニ無シ、亦君ニ仕ルニ木像ニ仕ル如ク、君ハタテモノニシテ我ヨリ下ヲ掠メ、君ヲダマシテ金員ヲ引下ケ、何ニ附テモ己斗リノ益ヲ考ヘ、主君一生懸命ノ場ハ逃去、分《ブン》取リト名テ百姓・町人ノ宝ヲ盗ムノ類多シ、若千人ニ一人信実備リ、孝ヲ尽サント思フ者アレバ、必ズ其身病神ニテ心ニ不レ任、是ヲ見ル親ノ心其悲サ五臓ヲ絞ルガ如シ、今時ノ男子何レモ此類ナレバ、懸子ニスルトキハ泣死トナルノ理如此目前也

偖又女子ノ性質衰ヘザル理ハ、地ノ気ヲ号テ陰ト云フ、陽退トキハ則、陰気ツノルガ世ノ有様也、然ルニ女ハ地ニシテ陰也、陰気ツノリシ、其中ニ生レ、充分心身ニ強気備リ、盛ンノ陰気ヲ呼吸シ、其物々

ヲ食ヒ生長スルユヘ、心身男子ニ勝レテ、強ク信実モ備リアレバ自然ト女ニ威ヲトラレ、何事モ女房次第ノ世ノ中ナレバ、女ノ子ニ能道ヲ教ヘ是ニ聟ヲ取リ、懸子トスルトキハ死キハノ悲サ少シハ薄カル可シ、能々此理ヲ深考ス可キモノ也

去レハ何《イツ》迄斯有悲シキ世ナルゾト云フニ、古人曰、治乱二百年回リト実ナル哉、我聞知リシハ、足利家ノ治世凡二百年ノ末ニ至テ、乱ニ入ルコト又凡二百年ニシテ徳川家ノ世ト成、治世凡二百年末ニ至テ、乱ノ気ザシ発ル、今明治十五年迄既ニ五十年也、然レバ此後五十年ノ間ハ真坂下リニ人気悪ク衰ヘ、違作凶年多ク弥乱ニ入ル可シ、人々其御用心専要也、其次ノ五十年ニ至ラハ五年ニ一年、三年ニ一年豊年万作アリ、少々ツ、人気立直ル可シ、~~其次ノ五十年~~其次ノ五十年ニ至テハ、年々万作連続シテ天気人気モ晴々ト也、国中ニ賢将良臣顕出、真事ノ天下太平国家安穏、万民豊楽トハ此時也、是ニテ都合二百年也、先ツ夫迄ハ弱キト名ノ附クモノハ体ノ弱キモ、心魂ノ弱モ、身代ノ弱キモ少シモ立コト不ㇾ能、実ニ悲シキ世ナルナル《(ママ)》可シ、偖又前ニ云今ヨリ五十年ノ間ハ、真坂下リニ世ノ中悪《アシク》ナル、理ハ今生ル、子ヨリ十四五歳ノ男子、其性質以ノ外悪ク衰ヘタルヲ見テ考レバ其理明也、

右之條理学者モ未云ハズ、然ルニ愚老無学ニシテ此理ヲ吐出スコト、心無キ人ハ片腹痛シト笑フベケレトモ、我若年ヨリ世ノ中ニ心ヲ用ヘケル、其功ニテコレ迄世ノ有様ヲ独リ考ルニ、一ツトシテ違フコト無シ、故ニ世ノ中ノ真理定理ヲ吐ニハ、文筆ノ拙キモ耻ズ、又学者ノ誹リテ、反テ片腹イタク、一途ニ血筋縁者ノ苦ミヲ助ント欲スル而已

尚遺書ナレバ銘々血分ヲ左ニ略記ス

前二ヶ條違ウ則ハ世ノ中モ仕合、我モ又死後ノ大悦也

希クハ間違ニナレ〳〵〳〵

抑萱ノ氏ノ先祖ヲ遠ク尋ルニ、伊達郡山ノ川村ニ七騎ノ観世音アリ、是萱ノ氏ノ開祖ニシテ兄弟七人ノ
墓ニ建立スト云々
千手院観翁良音道一居士　七人兄弟惣領 道一ノ法号也
此子孫、萱野六助ノ代ニ至リ、古主顕家ノ御茶ノ水ニ用ヘラレタル清水アルヲ以テ、金原田久保屋敷ニ転宅ス、三代目六助其子ヲ嘉伝二ト号ス、又其子ヲ和蔵ト号ス、妻ハ小手荘《シヤウ》大久保村白幡山大正院二女ニテ、其名ヲきエト呼、夫婦ノ法号如左、
五国養育鐘翁居士　萱ノ和蔵コト
白幡大正大姉　妻きゑコト　五子有
右三代目六助ニ子有テ病死ス、妻ナルモノ後夫《コウフ》ヲ呼、其《ソノ》名ヲ伊嘉平ト云、此子権七ト号、嘉伝次トハ胤違腹一ツノ兄弟也、依而別家ス、権七ノ子ヲ嘉七ト号、其子嘉蔵ト号、此養子今ノ庄六是也、金原田村曲木屋敷ニ住ス、同萱野氏ニシテ子数タ有リ

一女たツ　夫勝蔵ト呼　分家シテ金原田ニ住ス、養子シテ今ノ忠吉是也
　先夫金原田村大橋市右エ門
　一女せん　長男辰蔵父家ヲ継テ子有
　　夫金原田村大橋庄平　次男庄吉、三男惣吉、四女、五女アリ未タ定ラズ
一女はつ　後夫小国村小林惣吉
　二男喜惣次　是ハ小林《国》村小林ノ家ヲ継ニ子アリ
　三男惣四郎　分家シテ父ヲ養ヒ子多ク有リ

居士和蔵夫婦ノ血筋

二女うん　後夫善吉是ニ三子アリ

二女みち　夫小国村犬飼久作

三女とめ

四女はな　先夫金原田村佐市

二女はる　夫金原田村長沢忠太郎

是ハ小国村ニ嫁シテ二子アリ　一男犬飼次平
父ノ家ヲ継、同村我僧坊ニ住ス、子多クアリ
二女のよ同村ニ嫁シテ子多クアリ

是ハ旧松深村甚作ノ妻トナリ一女アリ是ニモ又一女アリテ後死ス、
今ハとめノ孫也

是ハ八老ノ養女ト成テ三子有、下八老ノ部ニ詳也
先夫ニ一女有　いちト号、山ノ川村菅野勇左衛門妻ナリテ五子アリ
長男梅二郎ト号、父家ヲ継、同村梅ノ口ニ住ス
二男忠吉ト号、一子有テ後病死ス
三女りよ　二子アリテ後流浪シテ行方なし
四女まつの　旧関波村ニ嫁シテ子多クアリ
五女ゑち　細谷村ニ嫁ス

一女でんト号、今保原ニ住ス
二男清四郎ト号、父家ヲ継金原田寄居ニ住ス、子アリ
三女くら　同村八三郎ノ妻トナル
四男倉松　未タ定ラズ、五女ハ旧関波村弥蔵ニ嫁ス

六男忠七定ラズ

うんノ
三男和助
妻ゑき

母ノ家ヲ継同村ニ住ス後流浪シテ今会津ニ住
子　一女ゑい　同村庄次郎妻トナリ、子多クアリ
二女たつ　柳田村ニ嫁シテ後病死ス
三男善吉　父家ヲ継
四男善五郎　未夕定ラズ

四女きゑ

旧関波村弥蔵ノ妻トナリ五子アリ
一女ふよ　同村ニ嫁シテ子アリ
二男義右衛門　世継ト定
三男代三郎　定ラズ　四女五女是モ定ラズ
一女はつト号　一女しのト号、同村ニ嫁シテ子多クアリ
大久保村忠次　二男竹蔵　世継ト定シテ子アリ
郎ノ妻トナリ　三女ちうト号、同村嫁ス
三子アリテ同
村ニ住ス

姉たツノ養子ト
ナル金原田ニ住ス
三女みつ
夫忠吉　三子アリ

二男忠五郎コト、八老ノ部ニ詳也
三女みの、金原田村畑勇助妻トナリ四子アリ

先夫金原田村
斎藤運七
一子アリ

四女はま
後夫松澤村
高橋義蔵三子アリ

父和蔵ノ家ヲ
継金原田旧久
保ニ住ス五子アリ
五男八老
妻リツ
山ノ川村菅ノ
勇右衛門姉也

長男清四郎　父家ヲ継子多クアリ
二男彦次郎　分家シテ同村ニ住ス
三男彦太郎　梁川脇屋吉兵衛聟トナリテ子アリ
四女きせ　未タ定ラズ

叔父忠吉ノ養子トナリ、金原田ニ住ス二子有
一男寅之助　一女このト号、聟ヲ取り名ヲ冨吉トヨブ、是ヲ世継ト定メ子アリ
妻たけ　二男忠助ト号ス、早世ス

二女つなト号、川俣矢澤ニ嫁シ二子アリテ後病死ス
三男安蔵、子多クアリ、流浪シテ行方ヲ知ラズ
四男栄次郎、父ノ家ヲ継子多クアリテ旧松澤村ニ住、今ノ高橋義蔵是也
妻おく

長男祖父ノ名ヲ貰ヒ和蔵ト号、流浪シテ行方なし
二女三女四女　三子トモ早世ス
五女くまト号、山川村勇右衛門ノ嫁トナリ二子有テ後、不縁今柱田村佐藤文内ノ妻トナル
八老姉みつノ子也　一女ちうト号、旧大島村ニ嫁シテ病死ス

養子忠五郎　二男嘉伝次　未タ定ラズ
同はな　三男八三郎　家督ト定メテ子アリ
同人姉たつノ子也　妻クラ　金原田村ニ住ス

居士和蔵　是ハ小島村寄居清左衛門ノ養子トナリ、子無キユヘ又養子ヲ貰ヒ其家ヲ継、
其身ハ同村寺門ニ隠居シテ是モ養子ヲ貰ヒ、其名ヲ清助ト呼、是ニ多クノ子アリ、長男
弟義蔵　父ノ家ヲ継、今杉下清松是也、小島村ノ住、二男清次郎三女四男モ未タ定ラズ　但シ清
松ノ子多クアリ

同妹りヨ　是ハ小手荘大久保村白幡山大正院ニ嫁シテ三子アリ
一女みやト号、木幡村へ嫁シタレトモ子無ク手戸村ニ病死ス
二男少納言ト号、流浪シテ行方なし
三女ダエト号、手戸村佐藤屋吉兵衛妻トナリ、二子アリ
一女ハ　旧泉澤村ニ嫁シテ病死ス
二男京太郎ト号、父家継、今佐藤吉兵衛是也　同村ニ住ス

（朱丸）○居士和蔵ノ妻きゑ本妻ト同名也、妻腹ニ三子アリテ
後不縁シテ次郎七ト云後夫ヲ呼、是ニ二子アリ

別腹
一女ゑつ　長男源吉小島村細越屋敷ニ聟トナリ、其家ヲ継、子有り、今同村次平是也

小島村夫源太郎　二男源次郎、父家ヲ継、同村岩子ニ住ス、子多クアリ

同段

二女ゑき　是ハ仙台荒浜徳次郎妻トナリ、子多クアリ

三男七郎　是ハ早世ス

四男猪太郎　父家ヲ継金原田ニ住ス、今脇屋治郎是也

五女ヒデ夫庄右衛門　二子アリ　長男幼名江守ト号、今梁川脇屋吉兵衛是也

二女かね子アリ、今ノ畑義助是也

金原田勘五郎聟次郎七

此二名和蔵ノ血筋ハ切レタレドモ　ゑつ女ゑき女。七郎。治郎。ヒデ。五人同腹ナレバ兄弟ノ血縁結コト如此也

法名五国ノ四十六年ニ五十回ノ法事

同　白幡三十参年ノ法事ヲ勤ム

于時明治十六年

旧三月十一日与之

伊達金原田ノ住

菅野八老㊞(朱印)㊞

七十一歳

『信達騒動風説記』

（表紙）
信達騒動風説記　全

信達騒動風説記

慶應元丑年、桑折御代官川上猪太郎様御支配中御公儀様ニ而、中国御征罰并先年御上洛、且両御丸御類焼旁広太之御物入ニ付、　神君様以来太平之御恩度と思ひ蚕種紙え改印を請、冥加永相納候様、尚同二年寅春、絹糸買入候もの共、右糸え改印を請、冥加永相納候様御触出しニ相成、郡中百姓共迷惑之由ニ付、村役人共連印を以村々より惣代を相立、私領・御料共ニ難渋ヲ申立歎願致候處、其筋え御伺ニ相成、一同御下知待居候中、六月十四日、岡村・長倉両村鎮守熱田大明神・牛頭天王両社御祭礼糸市ニ差懸り、然ル所糸買共仲間申合秤止ニ致候故糸市相止ミ、殊ニ昨丑年郡中、身素柄之者共分限ニ応し而、御用金差上候様被仰付、必至と金詰りニ相成、質渡世之者共一同相休、受質而已質品預り人更ニ無之、米は追々高直ニ相成、金壱分ニ付白米三升五合ニ而売人無之、難渋之百姓弥増し難渋ニ及、村々廻文を以申合、六月十五日之夜五ッ半時頃、凡弐百人余寄集り、土井大隅守様御領分蚕種紙え改印、発願人岡村右馬次・同人親類忠右衛門并伴六、右三軒破り毀し、其勢ニ乗し而桑折宿え押寄、若松屋兵助・柊屋為作、両人右馬次組ニ付恨ミ有之由、右之様子を桑折御役所え訴候者有之、三町之名主家並人足大急、御陣屋え為詰候様被仰付、不取敢丑ノ刻頃町内申触候処、三町より人足百五六拾人程相詰御陣屋より為御固メ、大筒弐挺引出し手附・手代之衆陣装束ニ而町人足引連西町入口え出張いたし、且一揆共は産カ澤台坂辺迄押寄来ル、声ヲ当ニ大炮打放し候得共、一揆共壱人も怪我無之逃去り、漸々沖中野村百姓壱人、外ニ生酔壱人捕押え入牢ニ相成、翌十六日之夜五ッ時頃より不得止事千人余ニ而伊達郡川東中瀬村え押寄候ニ付、又々桑折宿前夜之通騒立、家並人足を以町之両人（ママ）人口を相固メ、且騒動人は改印発起人中瀬村儀左衛門・同人親類仙之助・孫五郎外弐軒破り毀し候ニ付、桑折御陣屋より為御召捕手附・手代之衆町在人弐百人余召連、桑折船場え出張相勤、大熊川大洪水殊ニ渡船弐艘共ニ一揆共巻揚置渡川難相成、無拠鉄炮打放し候得共、百姓共え不当、却而御代官様え悪口雑言不届ニは候得共、川向之事故無拠不眼合し而已夜を明し、十七日之朝桑折御陣屋より大急板倉様・上杉様・白石様へ早馬ニ而御加勢御願ニ相成、同日夕刻板倉様御加勢御差ニ相成、西町大嶋屋杢右衛門宅え御旅宿相成、然ル処同十七日之朝、凡三万人余百姓方寄集り、鯨波之声揚、粟野村長蚕を乱妨ニ打毀し、同村池田善兵衛は金弁ニ而内済、同日四ッ時頃より川東松前伊豆守様御陣屋元梁川え押行、仙台屋与吉・額田や仙蔵・本家八巻屋・紙屋久太郎、右四軒破毀し同日夕刻より川西五十澤村え渡り、完戸福平事喜惣次・同人新宅を打毀、同日夕刻より大窪村え押移り室原与惣次打毀、同夜五ッ時頃藤田宿通懸り、最上屋仙蔵・樋口屋卯蔵・穀や・伊勢や、右四軒打毀し、同夜八ッ時凡五万人程之一揆共手分致し、壱手は泉田村太郎右衛門を打毀、壱手は北半田村名主早田伝之助、是者去ル文久二戌年、御大名様御内室方御国元え御引取相成、人馬継立大助・小助・常助而已ニ而は勤兼候程之大荷物通行ニ付、川東・梁川外拾七ヶ村手明村ニ候間伝言、手明村之義は昔尾州様御二男ニ、松平出雲守様三万石ニ而梁川住居之節、右村拾七ヶ村助郷御免ニ相成申候、人馬手伝被仰付度旨桑折御役所え歎願いたし候処、右拾八ヶ村え人馬手伝へ相勤候様御利解有之候得共、拾八ヶ村之者共往古より人馬相勤候義無之ニ付、例ニ相成候而は難渋之趣申立御請不仕、是は先御代官前田勘四郎様御支配中ニ而、右一件道中御奉行え御差出しニ相成、当寅年迄五ヶ年相懸、弥拾八ヶ村ニ而人馬相勤候様御利解ニ相成、右一件之根元、早田伝之助・泉田村太郎右衛門殿其恨ミ有之由ニ而、早田忠太郎義は伝之助親類ニ付、外壱軒、右四軒乱妨ニ破毀し、十八日五ッ時迄相懸り、夫より五ッ半時頃泉田村を毀候人数、善地村へ押行名主吉郎右衛門并粂次郎、是も伝之助組ニ而人馬助郷差村一件之恨ミ有之由ニ而弐軒共打毀し、夫より両勢壱手ニ相成、桑折宿え押寄追分ニ屯致し、是又桑折宿ニ而は兼而用意致し一揆共寄セ来ルを今やおそしと相待、入口より壱丁程先へ進ミ板倉様之御加勢之大将は湯浅兵次・内田兵右衛門、軍師杉澤清之進、足軽弐百人程、鉄炮拾五挺皆軍支度ニ而猩々緋之陣羽織を差し小具足ニ而兜をかため実ニ花美やか成出立、銀之唐人笠之馬印真先ニ押立陣大鼓并引馬等は股方ニ並置重而陣取成、大炮弐挺真先ニ固置、少々下りテ川上様手附・手代衆同猩々緋え陣羽織軍装束ニ而陣取、是も鉄炮ニ而厳重ニ相固メ誠ニ美々敷有様成、町方より目明し共初メ手下之もの共大勢壱刀を帯シ襷懸ニ而勇を進ミ而相詰、騒動人之内四五人召捕御陣屋え連行、町之人足は四五百人ニ而城方辺ニ控居、然ル処白石之御加勢人数は至テ微弱と相見え、藤田宿迄参り候得共乱妨人と大勢恐怖いたし、桑折迄進ミ兼途中藤田宿へ控居、桑折え使者を相立候抔臆病之振舞と人々笑ひけり、且板倉様御加勢湯浅兵次馬乗ニ而、一揆共屯いたし居候追分え参り、此間纔ニ四五丁程有之、湯浅一揆共ニ申聞候様は、此度我々共取扱ひ願之筋有之候ハヽ、何成共取上遣し候間、重立候もの斗り残、余は引取候様申渡候処、一揆共口々ニ重立候者斗り残り候而は頭取ニ罷成候間壱人も引取事難相成、殊ニ馬乗ニ而利解トハ甚無礼也、挨拶も答も致すニ不及抔と罵り、湯浅も便果持余し、右之段川上様之御手代衆ト申談し候故、直様右之様子川上様え申上候処、甚タ御立腹被遊不届千萬成、百姓共鉄炮ニ而打払呉候様板倉様之御加勢え御願入候得共、板倉様之加勢申様、百姓ハ子供同前事ニ百姓を鉄炮ニ而打放し候義は御断申候、是ニ付無拠手附・手代衆并目明し手下之者共騒動人之大勢ニ恐怖致し大炮其侭捨置、右往左往ニ逃行、板倉之勢も是ニ困り果、内田兵右衛門は歩立ニ而追分え行、右之趣一揆共え申聞候得共、数万之百姓雷之落たる有様ニ而桑折へ乱入いたし、町方之人足共も無詮方騒動人之中え取入り、供ニ町内横行致し、捨置候御固之大筒弐挺は百姓共打毀し、剰へ獄屋を破り囚人を逃し、且板倉之加勢共乱妨人之中え交り、陣太鼓は乱妨人ニ被打、手持無汰汰ニ御陣屋入口加藤屋貞治脇迄引取固居、一揆之者共装束は兜斗りかむり候も有り、鎧斗差たるも有り、毛氈之真中え穴を明ケ肩衣之様差たるも有、且又小袖・振袖・打懸毛々之模様蓬莱山之縫散し、或者名月の糸織、色々之差類弐ッ三ッ四ッも差たるも有り、上下之上斗り又は下斗り差たるも有り、懐中え種々品相奪取懐え入置はらみ女様ニ致、右之支度は我内より差而出たるニあらす、梁川之呉服屋又五十澤・大窪・北半田え押込候節奪取、自分古差を捨、我勝手次第ニ差たる様子、竹具足を差たるも有り、真綿ニ而天窓を包、或者欝金木綿抔、又は絹糸抔を以襷ニ懸ケ、絹糸ニ而采配之様ニ拵ひ、且者小袖又は掛物抔種々の衣類を竹之棹え結附纏之様ニ押立、大勢之乱妨人共鯨波之声をあけ、其騒動ハ夥々敷事町中老若男女肝を冷し、且又名主を初物持より酒・肴・振り飯は無限り積出し御地走いたしける、町中商人店先より何品ニよらす勝手次第ニ奪取、打毀人数共は鋸・斧・まさかり抔得物〳〵を以働有様其勇猛成事魔利支天之荒たる如、板倉之加勢も持余し、実ニ尤なり、騒動人共六万人程ニ而、柊屋井筒屋伝次郎、右九軒破り毀、是より弐手ニ分れ、壱手は信夫郡え押行、壱手は桑折へ、残り板倉勢の扱を為作を初メ油屋久之丞・若松屋兵作・若松屋栄吉・田澤や勘七・染や考吉・江戸屋徳次郎・新田澤や金助・受候故、加藤屋之脇ニ而情々利解有之候得共、大勢故一朝一夕ニは届兼、是も又弐手ニ分れ、壱手は万正寺村観音寺境内え引取、壱手は伊達崎村河原え引取候ニ付、板倉様之加勢は百姓共之歎願筋、川上様え申談に候処、高子村熊坂卯右衛門・石田村菅野藤兵衛、両人え取扱被仰付、板倉様加勢湯浅兵次扱人之内、熊坂卯右衛門を召連、桑折村役人を案内為致、万正寺村え立越し、一揆百姓共大勢故、取扱之趣書付を以申渡し候其文ニ言、絹糸改印御免、蚕種紙改印御免、米は金壱分ニ付壱斗宛之直段、絹糸者百目ニ而金三両之積りニ申宥、愚昧之百姓共承服いたし、漸々暮六ッ時頃万正寺を引払、村々え帰宅、且又伊達崎村河原え引取候一揆えは板倉方内田兵右衛門、是も同扱人菅野藤兵衛召連、桑折宿役人案内ニ而万正寺村同様ニ、同文言書付を以申渡し候得共、是ハ川東拾八ヶ村人馬助郷懸り之者多分ニ而、種々差拒ミ扱之趣承服不仕、大半川東へ引取、板倉之加勢を初扱人も僄果持余し、十九日之朝残り居候者共漸々承服いたし、河原を引払村々え引取、且又川東え不承知ニ而引取候一揆共追々大勢ニ相成、十八日之夜七ッ時頃より新田村橘弥太郎・同弥作・金原田村八郎、右三軒を打毀、十九日之朝白川様御陣屋元保原押行淀屋文蔵・同与三郎を打毀し、同五ッ時頃より伏黒村藤兵衛・作蔵・仁井や夫より箱崎村三軒、上保原石垣打毀、冨澤村左重を破り是より弐手ニ別れ壱手は大石村え行日陰儀右衛門を打毀大金を奪取、夫より飯田村三軒毀し掛田え行、金澤屋佐平・安田や利作・陣場屋、夫より御代田村酒屋与惣次、布川村壱軒、夫より簗舘え行、塗屋両家立花様御在所手渡村利作右残打毀、冨澤村ニ而相別候、壱手は小国村名主越巻林平、夫より上糖田村壱軒、夫より青木村伊東与平・同本家、夫より飯野え押行、枡屋兵右衛門・村田屋彦三郎・塩屋両家・枡田屋平蔵・枡田屋定蔵・外壱軒、夫より大久保村え押行、佐藤や徳次、同新宅并穀屋すまや右不残打毀、是より両勢壱手ニ相成、川又え押行是ハ御代官森孫三郎様御陣屋元故、町之入口厳重ニ相固候得共、一揆共雲霞之如大勢ニ而、森孫三郎様手附・手代防き兼右往左往逃去候故一揆共者後先より乱入いたし、酒屋仁平・藤屋与右衛門・大内伴蔵・酒屋弥七・山城や治平・穀屋和吉・穀屋利吉・高橋勘兵衛・絹屋忠次郎右不残打毀、是は十九日夜明迄相懸、是より福嶋え押懸り桑折ニ而別候者共と壱手相成約定之由、然ル処昨十九日午之刻頃、福嶋表騒動鎮候ニ付無拠川又を引払、村々え帰宅いたし候由ニ御座候、且又桑折ニ而別レ候信夫郡え押行候もの共板谷内村を通り懸、酒屋両家を打毀、右村役人共案内ニ而土井大隅守様御陣屋元湯の村を通り、塩屋庄吉・質屋新右衛門被打毀、其上ニ陣屋之者共初メ村役人共迄麻上下ニ而一揆共を出向ヒ、誤伏し而居候体馬鹿敷様子申斗りも無之、右麻上下を差し候侭ニ而百姓共信夫郡白川御領分飯坂村え案内いたし候抔は前代未聞ニ御座候、夫より飯坂村佐藤や徳兵衛・柳屋嘉右衛門・三枡屋勘吉、右三軒打毀し、瀧之町堀切善兵衛少々被破候得共、金弁ニ而相済、是より一揆共弐手ニ別、壱手は飯坂村役人え案内被致、飯塚村善右衛門・大笹生村すならの傳右衛門・同三十衆・入え野村久作を毀し、夫より越後新発田様御陣屋元八嶋田村酒屋清兵衛夫より下野寺村太田忠七・大森村名主下村太郎右衛門、郷ノ目村壱軒、小倉村三軒、鳥渡村三軒右不残打毀、右は十九日明方迄相懸、且飯坂ニ而別れ候一揆共、十八日夕刻、木下備中守様之御陣屋元瀬上宿へ押行、今出屋卯源太・加藤屋寅吉并穀屋外弐軒打毀、其夜は泉村松川河原ニ屯いたし、弥々大勢ニ相成、然ル処板倉甲斐守様より御使者至来、明十九日之朝福嶋え参り候様申来候故、一揆共一同承知いたし、其心得ニ而一揆共兵粮を遣休居、十九日之朝一揆共は弐手ニ別れ、壱手は信夫山ニ登り、釣鐘を突鳴し騒立候故、板倉之御固之士、御城下両入口を堅固ニ守り居候得共、御山之鐘頻りニ相鳴し候ニ付、持口を弱いたし、御山新町入口え皆々集り守り居、然ル処泉村河原ニ而手分いたし、一揆共は往来を行々敷、福島押行、北町口より乱入、且又鳥渡を毀候もの共は同十九日之朝、洌川端ニ屯いたし居、同時ニ柳町口より乱入いたし候故、板倉様之御固之人数肝を潰し、上を下へと騒動致し、御固を打捨、右往左往ニ逃去り候故、同信夫山え登り候一揆共御山新町口より乱入、三方之一揆共合セテ惣勢拾万人余、雲霞之如く御城下を横行、其有様桑折宿同断、光田屋清次郎・信夫屋又次郎・志田や養助・絹屋藤次郎・米澤屋八十八・後藤屋久太郎・穀屋吉兵衛、并浅草や宇一郎・小関屋仙次郎、客自軒と申鰻屋、外ニ弐軒打毀、油屋庄次郎義は金千両米千俵差出し候積り、和泉屋幸四郎義も金千両旅籠屋渡［欠損］、立花屋・新布袋屋・小布袋や右三軒ニ而千両差出し候積りニ而、一揆共承服、十九日午之刻過、漸々福嶋城下引拂村々帰宅致し、一ト先穏ニ相成候得共、其後無宿同様之もの共百姓之体ニ紛し、村々横行いたし金銀を無心、押貸同様之振舞有之由、風聞御座候ニ付、追而御召捕、尚又乱妨人之頭取、并金銀を奪《ウバイ》候もの共、是又追々御召捕ニ相成、入牢被仰付、御吟味ニ御座候間、是迄ニ而

筆留、余は追々書記申候事、

此書本之義は桑折弥五郎ト云人写置候を、拙者貸請夜中写之置候、

慶應二寅八月下旬

丸屋辰蔵

豊盛

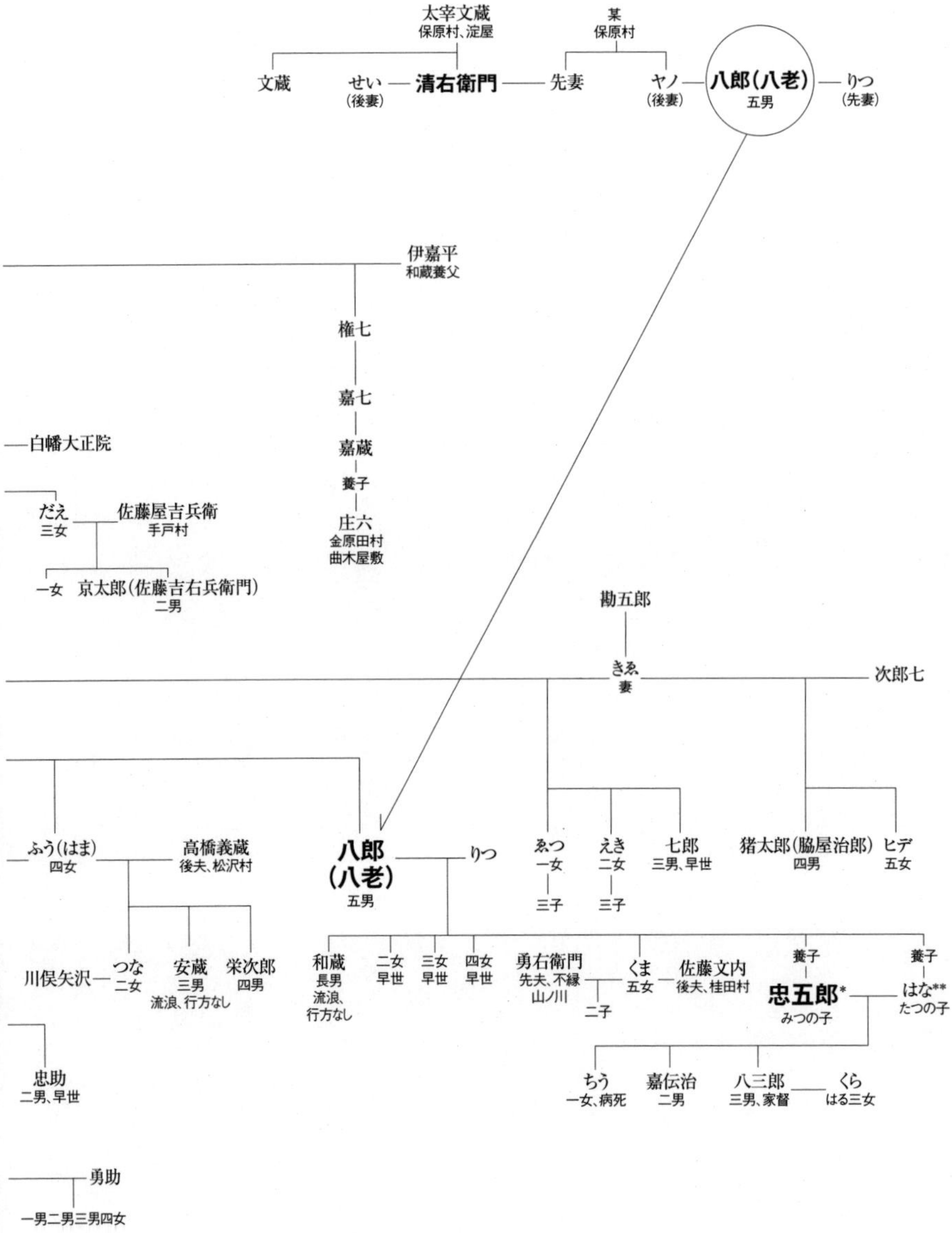
太宰文蔵
保原村、淀屋
某
保原村
文蔵
せい
(後妻)
清右衛門
先妻
ヤノ
(後妻)
八郎(八老)
五男
りつ
(先妻)
伊嘉平
和蔵養父
権七
嘉七
嘉蔵
養子
庄六
金原田村
曲木屋敷
白幡大正院
だえ
三女
佐藤屋吉兵衛
手戸村
一女
京太郎(佐藤吉右兵衛門)
二男
勘五郎
きゑ
妻
次郎七
ふう(はま)
四女
高橋義蔵
後夫、松沢村
八郎
(八老)
五男
りつ
ゑつ
一女
三子
えき
二女
三子
七郎
三男、早世
猪太郎(脇屋治郎)
四男
ヒデ
五女
川俣矢沢
つな
二女
安蔵
三男
流浪、行方なし
栄次郎
四男
和蔵
長男
流浪、
行方なし
二女
早世
三女
早世
四女
早世
勇右衛門
先夫、不縁
山ノ川
二子
くま
五女
佐藤文内
後夫、桂田村
養子
忠五郎*
みつの子
養子
はな**
たつの子
忠助
二男、早世
ちう
一女、病死
嘉伝治
二男
八三郎
三男、家督
くら
はる三女
勇助
一男二男三男四女

（*、** は同一人物）

二、菅野家略系図

『菅野実記 第一』福島県歴史資料館 庄司家文書Ｉ 2466・『八老遺書之信言』福島県歴史資料館 庄司家文書Ｉ2482・保原町歴史文化資料館『信達世直し一揆と金原田八郎展』より作成。

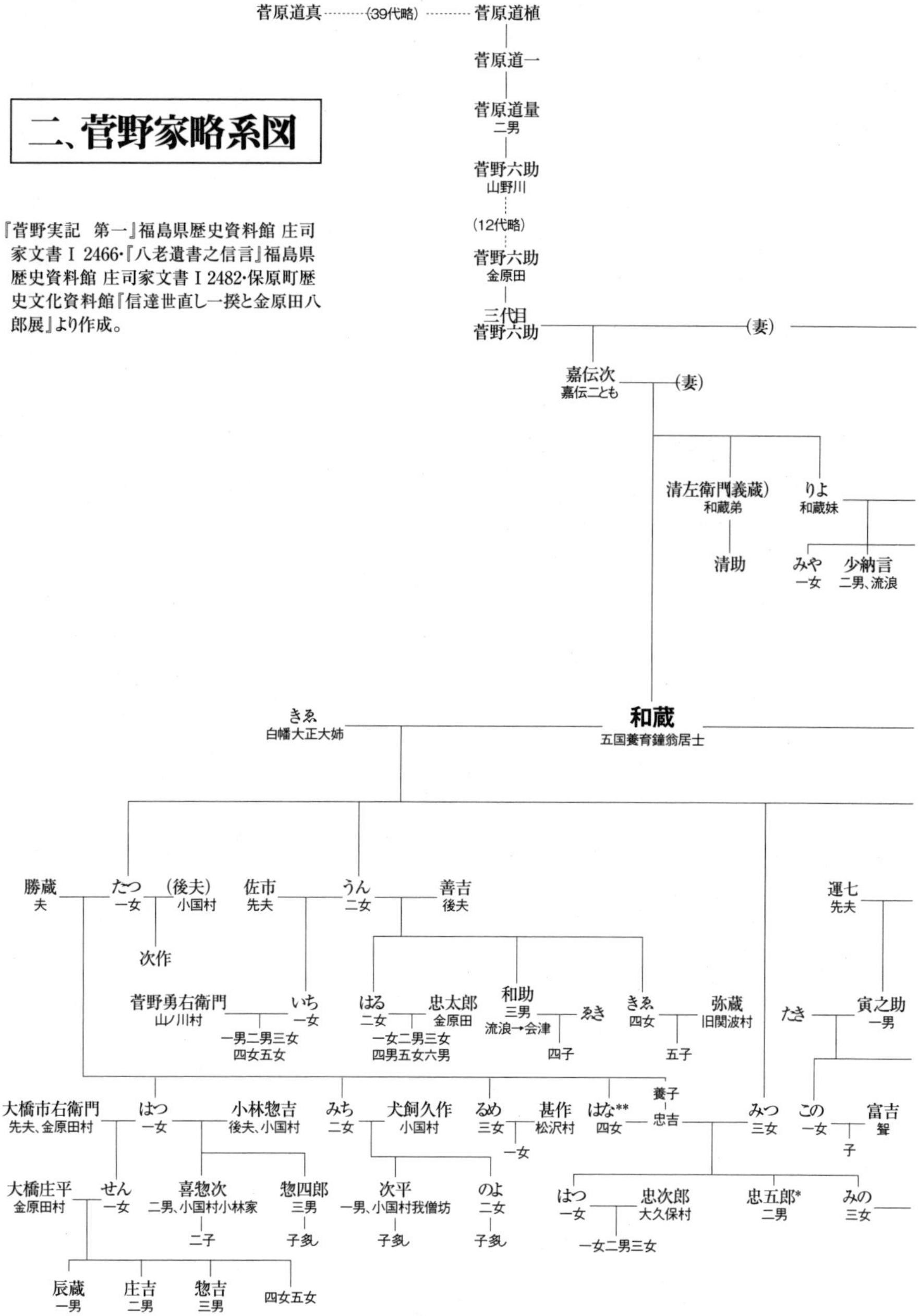

三、菅野八郎関係年表

＊西暦（和暦）	＊金原田及び菅野八郎関係事跡	＊政治・社会状況
一七九五（寛政 七）	菅野和蔵、間引き防止のため江戸訴訟を行う。	
一七九八（寛政一〇）	和蔵、信夫郡高子村の儒者熊坂定邦（台州）に学ぶ。	
一八〇一（享和 元）		6 村山一揆（出羽村山郡）。
一八〇三（享和 三）	金原田村、幕領となる。	
一八〇四（文化 元）		9 ロシア使節レザノフ長崎に来航。
一八〇七（文化 四）	金原田村、松前家領となる。	3 蝦夷地幕府直轄、松前藩は陸奥梁川などに転封。
一八〇八（文化 五）		8 フェートン号事件。
一八一二（文化 九）	この頃、和蔵、入牢となる。	
一八一三（文化一〇）	8・15 菅野八郎、伊達郡金原田村中屋敷にうまれる。	
一八二一（文政 四）		12 蝦夷地を松前藩に復領。
一八二二（文政 五）	金原田村、幕領となる。2 和蔵、出牢する。	
一八二五（文政 八）		2 異国船打払令発令。

一八二六（文政　九）	八郎、父の代役を務める。	
一八二七（文政一〇）	脇屋泰助、生まれる。	2　関東全域に改革組合村結成を指令。
一八三〇（天保　元）		おかげまいり大流行。
一八三六（天保　七）		天保の飢饉被害拡大。◇8、甲州騒動。
一八三七（天保　八）	和蔵、没。八郎、家督を相続する。 八郎、名主の不正摘発する。	2　大塩平八郎の乱。 4　将軍徳川家斉が将軍職を辞し、家慶が就任。
一八四〇（天保一一）	八郎、元名主莫蔵の横領につき訴訟。	
一八四一（天保一二）		12　幕府、天保改革始まる。
一八四二（天保一三）		7　薪水給与令発令。
一八四三（天保一四）	この頃、伊達郡半田村名主早田伝之助、心学講社を開始。	
一八四六（弘化　三）	この頃、八郎一五石一斗の高持百姓となる。	
一八四八（嘉永　元）	八郎、堰問題で水下の名主層と対立する。	
一八五三（嘉永　六）	9　八郎、菅野氏太祖五五〇年祭につき開祖の碑を建立。	5　嘉永三閉伊一揆。6　ペリー浦賀来航。
一八五四（嘉永　七）	2・20　八郎、老中へ駕籠訴する。 4・2　八郎、箱訴をする。 5　菅野八郎、『あめの夜の夢咄し』を著す。	3　日米和親条約締結。
一八五五（安政　二）	1・28、八郎『秘書後之鑑』を太宰清右衛門に送る。	2　松前城下を除く蝦夷地を幕府が直轄。

一八五六（安政 三）	5 八郎、病気を理由に養子忠五郎に家督を譲る。 金原田村、松前家領となる。	10 安政大地震。
一八五七（安政 四）	1 脇屋泰助、松前藩へ奉公願を出す。 3 八郎、「自刻の碑」建立。	10 ハリス登城、将軍家定に謁見。
一八五八（安政 五）	閏5・21 八郎、『半夏生不順ニ曰』を書く。 9 安政の大獄により攘夷派の志士らの捕縛続く。 太宰清右衛門逃亡。 11・2 八郎、町奉行石谷因幡守の捕手に捕えられる。 12・3 八郎への取調べ開始。	6 日米修好通商条約締結。 8 将軍家定逝去、家茂が将軍職に就任。 9 安政の大獄開始。
一八五九（安政 六）	10・7 八郎、遠島を申し渡される。	6 箱館・長崎・神奈川を開港。 10 吉田松陰処刑。
一八六〇（万延 元）	4・12 八郎ら、永代橋新堀端から出帆。 7・7 八郎ら、八丈島大賀郷に着く。 10・11 「利右衛門騒動」発生。 この頃、八郎、島の女に婿入、梅辻規清を訪問する。	3 桜田門外の変。 12 ヒュースケン暗殺事件。
一八六一（文久 元）	2・29 八郎、『闇之夜汁全』を水戸安食村の竹内専右	2 ポサドニック号事件。

三、菅野八郎関係年表

年	八郎関係	一般
	衛門に書き送る。	
	7・21 梅辻規清没。	5 東善寺事件。
一八六二（文久　二）	八郎、八丈島で執筆活動盛ん。	1 坂下門外の変。7、徳川慶喜を将軍後見職。 8 生麦事件。9、松平慶永を政治総裁職、松平容保を京都守護職。
一八六三（文久　三）	2 八郎、『小児早道案内 全』を忠五郎らに送る。 11初旬 八郎、『蚕飼八老伝』を著す。	3 将軍家茂上洛。5、長州藩攘夷決行。 7 薩英戦争。8、八・一八政変。
一八六四（元治　元）	8・30 八郎、赦免。 9・10 八郎、八丈島を出帆する。 9下旬 八郎、金原田の自宅に着く。 10・20 太宰清右衛門、出島宍倉の杲泰寺で自害する。 この頃、八郎、誠心講結成。	3 天狗党挙兵。 7 禁門の変、第一次長州戦争。 8 四カ国艦隊が下関を砲撃。
一八六六（慶応　二）	6・15 信達一揆発生。 6・19 八郎、梁川陣屋へ信達騒動に関する無実を訴願。 12・22 八郎、梁川役所で吟味が始まる。「深御勘考奉希上候事」を書く。	6 第二次長州戦争戦闘、武州世直し騒動。 7 将軍家茂逝去。 12 徳川慶喜、征夷大将軍就任。 この年、全国で一揆・打ち毀しが多発。
一八六七（慶応　三）	3 忠五郎、八郎の無実を老中井上河内守に駕籠訴、梁川	

	陣屋に入牢。	8 東海地方を中心に「ええじゃないか」が拡大。10、将軍徳川慶喜が大政奉還。12 朝廷が王政復古宣言。
一八六八（慶應 四）	3 八郎『乍恐以始末書赤心奉歎願候』を書く。 4・10 八郎、甥の安蔵を関東へ戦争の偵察に遣わす。 5 寅之助・安蔵・治作、八郎無実の訴願のため江戸へ。 5・19 安蔵、八郎へ諸国偵察の報告書を出す。 9 菅野八郎・忠五郎ら、官軍の手によって放免される。金原田村、仙台藩あずかりとなる。	1 鳥羽・伏見の戦い、以後戊辰戦争へ。 4 討幕軍江戸入城。 9 明治に改元。戊辰戦争で東北地方が戦場となる。
一八六九（明治 二）		5 榎本武揚投降、戊辰戦争終結。 6 版籍奉還。
一八七四（明治 七）	8 八郎、一年間入獄する。	
一八八〇（明治一三）	3 八郎、八丈島での宗匠石潤亭蘭風に師事し続ける。	
一八八二（明治一五）	この頃、八郎、「真造弁 八郎信演」などを書く。	
一八八五（明治一八）	この頃、八郎、『菅野八郎遺書之信言』を書く。	
一八八七（明治二〇）	4 八郎、『信達騒動実記』に、辞世句を記す。 7 八郎、詠草「月並衆議吐交／潜龍乞評」をのこす。	
一八八八（明治二一）	1・2 菅野八郎、没。	

あとがき

菅野八郎という魅力あふれる人物との出会いは、一九九九年の早稲田大学第一文学部、日本史学演習クラスでの史料構読であった。その時のゼミ参加二年生が、水村暁人・佐野智規両君であった。

わたしは、菅野八郎を社会文化史の視点から研究してみたいと考えていたが、研究は遅々として進まなかった。大学院に進学した両君は、会うたびに「八郎の研究はどうなっていますか」と声をかけてきた。そのプレッシャーから、いっそのこと、共同研究でさまざまな角度から八郎をとらえてみたらどうか、と考えるようになった。まず、水村・佐野両君に声をかけ、アジア民衆史研究会のワーキング・グループをリードし、日本近代政治外交史を研究している檜皮瑞樹さん、二宮尊徳に関する研究と村の由緒の論文を発表していた平塚市博物館の早田旅人さんも誘った。さらに、福島県の地域史を研究している福島県歴史資料館学芸員（当時）の阿部俊夫さん、そして、在村文化・在村文人の研究を拓いた杉仁さんにもお声をかけさせていただいた。杉さんの参加は心強かった。こうして「八郎研究会」には、三〇代～七〇代と幅広い世代の研究者が集まった。

二〇〇四年三月、「八郎研究会」最初の立ち上げをおこない、夏には八郎の在所、金原田・梁川・桑折で調査合宿をおこなった。あれから、本書の刊行まで六年もかかってしまった。この間の経過は水村暁人君による「八郎研究会の歩み」に詳しい。

わたしたちの共同研究は、メンバー各人の研究スタイル、歴史認識にもとづいて進められた。研究の出発点で共有でき、終着点で確認できたことは、菅野八郎を一人の百姓として金原田・梁川・桑折という在地社会のなかから抜き出し、そしてそこに戻すということであり、菅野八郎の個人史を論じるのではなく、彼を通じて一九世紀の社会を叙述しよう、というものであった。

「戦後歴史学」において、一九世紀、とくに幕末は変革期と措定され、百姓一揆・打ちこわし・騒動に参加した民衆は、無条件に変革主体と呼称されていた。研究史整理でもふれたが、菅野八郎はその典型とされてしまった。わたしたちの共同研究は、八郎をこの頸木から解放することから始まった。

共同研究の最初の三年間は、史料調査をおこない、福島県歴史資料館・保原町文化資料館で収集した八郎関係史料を整理しつつ、一九世紀の政治・社会情勢を確認する作業を繰り返した。

次の二年間は、八郎関係史料の翻刻・解釈と、八郎独自の心性・思想、政治意識を理解し、彼と菅野家・在地社会との関係を考察していった。

この段階では、菅野八郎という人物から逆照射して、一九世紀社会像を作り出そうと意識した研究報告と議論が続いた。八郎が流罪となった八丈島への巡見踏査を実行し、八郎が暮らした末吉地域を歩き、彼が関係した近藤富蔵・梅辻規清の碑・墓も確認した。この調査で、八丈島南東地域と北西地域との地理的環境の相違が、文人流人のコミュニケーションのあり方に影響を及ぼしているのでは、との論点をたてることができた。現地調査の重要性をあらためて実感した。

最後の一年をかけて、メンバーは論文を一気に書き上げた。既述したように、共同研究の形はとっても、執筆者それぞれの一九世紀社会像は、かならずしも共通したものとはなっていない。これは、メンバー各自の歴史認識の相違と、歴史研究者としての個性の問題である。共同研究といえども、これを抑制することはできない、というのがわたしの立場である。

幕末という時代は、混乱と混沌、ゆえに個人にとっては、自己実現のチャンスでもあったが、まぎれもない暴力の時代でもあった。東北地方、金原田・梁川・桑折という八郎の依拠した在地社会ももちろん例外ではなかった。一方、そこに生きた人びとの個性は多様である、という当たり前な事実も意識する必要があった。わたしたちの共同研究では、この二律背反をいかに乗り越えるか、がもっとも難儀な点であった

一九八〇年代以降、日本史研究が個別分散化し、タコ壺化していると言われ続けている――いまさら言うまでもないことであるが――。一九九〇年代後半から常態となってしまった経済不況のなかで、実学優先の気運は広がり、歴史を研究することの意味が問い直されている。歴史研究は隠者の学問でも、好事的な娯楽でもない。歴史の研究とは、現代社会との関係性の中から、現代的課題に答えようとする緊張感の中から生まれてくるべきものである。わたしたちは、あえて、菅野八郎というローカルな視点から実証をおこない、一九世紀の社会と文化を見通してみた。この六年をかけた共同研究が、日本近世・近代史研究に一石を投じ、現代社会への批判と、エールにつながることを期待してやまない。

出版事情は年々悪化の一途をたどっている。この絶望的状況のなかで、わたしたちの共同研究成果の刊行をこころよく引き受けてくれた、東京堂出版、編集者の堀川隆さんには感謝の言葉もない。

追記

八郎関係碑文の拓本収集、写真撮影をご許可くださった菅野家の現当主、菅野隆雄様に深謝いたします。

二〇一〇年　初秋

編者　須田　努

八郎研究会の歩み

本研究会の正式な名称をメンバー内であらためて議論したことはない。会の記録をまとめるにあたり、我々にもっともなじみのある「八郎研究会」という通称を用いることとしたい。

八郎研究会の発足は、二〇〇四年三月までさかのぼる。研究会の頻度や内容は時期により変化があったものの、八郎を通じて一九世紀を見通そうという構想は発足当初からまったく揺らいでいない。

会合は主に早稲田大学文学部深谷克己研究室、明治大学情報コミュニケーション学部須田努研究室にて行われた。大学閉鎖期間には、高田馬場の喫茶店に長時間居座りながら報告を行ったこともある。各自がテーマを持ち寄り、個別報告を行った。出版関連の打ち合わせなども含めれば、研究会活動は四〇回を数えた。

二〇〇四年七月、二〇〇五年八月、二〇〇九年一一月の三度にわたり、福島市や保原町（現伊達市）において史料調査及び八郎関連地調査を実施した。福島県歴史資料館、保原町歴史文化資料館では史料の撮影を行ったほか、菅野八郎生家とその周辺を踏査し、拓本採取も行った。三度目の調査では、八郎のご子孫に巡り合う幸運にも恵まれた。

二〇〇七年五月からは、個別報告と並行して史料の翻刻をすすめた。福島県歴史資料館が所蔵する八郎に関する基本的な史料は、すでにその多くが庄司吉之助・布川清司により活字化されている。しかしあらためて原史料にあたってみると、史料の存在形態が予想以上に複雑であることが判明した。八郎の著作とされていたものが実はある史料の中の一部にすぎず、庄司・布川編纂史料の位置付けを見直す必要が生じた。我々は史料の成り立ちや保存状況を再確認する作業を通じて、八郎の著作の筆記時期や意図を再検討した。その成果は各論考に十分生かされている。

二〇〇八年七月には念願の八丈島調査を実施した。八郎が八丈島流罪のおり居住した末吉地区などを実際に踏査できた。

二〇〇九年以降は各自論文執筆に取りかかり、その経過報告が行われ、本書刊行の運びとなった。以下、足かけ六年にわたり積み重ねられた研究会の記録として、日付と報告者を記しておく。

【二〇〇四年】
三月八日（構想提示　須田）／七月二三―二五日（福島調査）

【二〇〇五年】
三月七日（各自テーマ提示　全員）／六月四日（水村）／八月四―五日（福島調査）

【二〇〇六年】
三月一三日（研究計画　須田）／四月一〇日（研究史整理　須田）／六月一四日（早田）／九月六日（佐野）／一二月一二日（杉）

【二〇〇七年】
三月六日（檜皮）／五月二六日（佐野・須田）／七月二日（須田・水村）／七月三一日（水村）／一〇月四日（須田・佐野）／一一月二六日（須田・早田・水村）

【二〇〇八年】
一月二一日（早田）／二月二五日（佐野・水村）／三月三一日（杉・佐野・早田）／五月一二日（水村・須田）／六月一六日（佐野・水村）／七月二四―二六日（八丈島調査）／八月一一日（須田）／一〇月六日（水村）／一二月一五日（檜皮）

【二〇〇九年】
一月二六日（佐野）／二月二三日（須田）／五月一八日（須田）／六月二九日（佐野）／八月一六日（早田）／一〇月一二日（水村）／一一月七―八日（福島調査）／一二月一四日（檜皮）

【二〇一〇年】
一月二五日（須田）／四月一九日（論文読み合わせ　全員）／六月一三日（論文読み合わせ　杉・檜皮・佐野・早田）／六月二二日（論文読み合わせ　水村）／七月三一日（出版打合せ）／以下、出版関係打ち合わせ（省略）

（文責　水村暁人）

【執筆者紹介】 ※掲載順。生年・現職・最終学歴・業績

早田　旅人（はやた　たびと）

1974年生まれ
平塚市博物館学芸員
早稲田大学大学院博士後期課程単位取得
「藩政改革と報徳仕法―烏山藩仕法にみる報徳仕法と政治文化―」（『史観』162冊）2010年
「幕末維新期の神職・由緒・身分―相州六所神社と鍵取役出縄主水家をめぐって―」（『日本歴史』744号）2010年

檜皮　瑞樹（ひわ　みずき）

1973年生まれ
早稲田大学大学史資料センター助手
早稲田大学大学院博士後期課程単位取得
「幕末維新期のアイヌ観と統治政策」（趙景達他編『国民国家の比較史』）有志舎、2010年
「19世紀後半の日本における北進論と国民国家構想―笹森儀助の行動・思想を中心に」(趙景達他編『アジアの国民国家構想』)青木書店、2008年

杉　　仁（すぎ　ひとし）

1934年生まれ
元早稲田実業学校教諭
元早稲田大学非常勤講師
早稲田大学大学院博士後期課程修了
『近世の地域と在村文化』吉川弘文館、2001年
『近世の在村文化と書物出版』吉川弘文館、2009年〈徳川賞2010年〉

佐野　智規（さの　とものり）

1979年生まれ
早稲田大学台湾研究所客員研究員
早稲田大学大学院博士後期課程単位取得
「〈慈悲〉と資本主義：二〇世紀最初期における天理教教祖伝の分析」上・下（早稲田大学大学院文学研究科『早稲田大学大学院　文学研究科紀要』第五三輯・第五四輯）2008年・2009年
Ideologies of Integration Past: Universality, Revolution-phobia, and Integration, In: Waseda University Global COE Program, Global Institute for Asian Regional Integration (GIARI) (ed). April 2009. Asian Regional Integration Review, Vol. 1,. Tokyo: Graduate School of Asia-Pacific Studies, Waseda University, Global COE Office.

阿部　俊夫（あべ　としお）

1949年生まれ
郡山女子大学短期大学部文化学科講師
早稲田大学大学院博士前期課程修了
「一七世紀中葉白峯銀山争論の論所裁許とその特質」(『福島県歴史資料館研究紀要』26号)2004年
『近世ふくしまの国絵図』歴史春秋社、2010年

水村　暁人（みずむら　あきと）

1978年生まれ
麻布中学校・高等学校教諭
早稲田大学大学院博士前期課程修了
「慶応二年武州世直し騒動にみる「百姓一揆」の崩壊―北岡仙左衛門著「秩父領飢渇一揆」の記録世界―」（『民衆史研究』71号）2006年
「『文月浅間記』の流布・出版過程―天明噴火物語研究序説―」（『群馬文化』298号）2009年

【編者紹介】

須　田　　努（すだ　つとむ）

1959年生まれ

明治大学情報コミュニケーション学部准教授

早稲田大学大学院博士後期課程修了

『「悪党」の一九世紀―民衆運動の変質と“近代移行期”』青木書店、2002年

『イコンの崩壊まで―「戦後歴史学」と運動史研究』青木書店、2008年

『幕末の世直し―万人の戦争状態』吉川弘文館、2010年　ほか。

逸脱する百姓

―菅野八郎からみる一九世紀の社会―

初版印刷　2010年10月15日

初版発行　2010年10月25日

編　者　須　田　　努

発行者　松　林　孝　至

発行所　株式会社　東京堂出版

101-0051　東京都千代田区神田神保町１－17

振替　00130-7-270

印刷・製本　亜細亜印刷株式会社

ISBN978-4-490-20714-9　C3021　Printed in Japan.